·大学的邀请·

精装版

哲学的邀请

Las preguntas de la vida

[西班牙] 费尔南多·萨瓦特尔（Fernando Savater）著

林经纬 译

著作权合同登记号　图字：01-2007-4496 号
图书在版编目（CIP）数据

哲学的邀请.精装版/(西)萨瓦特尔(Savater,F.)著;林经纬译.— 北京:北京大学出版社,2014.11
（大学的邀请）
ISBN 978-7-301-23399-3
Ⅰ.①哲… Ⅱ.①萨… ②林… Ⅲ.①哲学–通俗读物 Ⅳ.①B-49

中国版本图书馆CIP数据核字(2013)第257038号

Simplified Chinese edition copyright ©2007 by Ariel and Peking University Press.
Original Spanish language title: Las preguntas de la vida
©Femando Savater, 1997
©Editorial Ariel, S. A. ,1997, 2007
Av. Diagonal 662-664, 8034 Barcelona
ISBN: 84-344-1185-7
本书中文简体翻译版由Ariel出版社授权北京大学出版社在全球范围内出版发行。

书　　　名：	哲学的邀请
著作责任者：	[西班牙]费尔南多·萨瓦特尔 著　林经纬 译
责 任 编 辑：	于铁红
标 准 书 号：	ISBN 978-7-301-23399-3/B · 1165
出 版 发 行：	北京大学出版社
地　　　址：	北京市海淀区成府路 205 号　100871
网　　　址：	http://www.pup.cn　新浪官方微博:@北京大学出版社 @阅读培文
电 子 邮 箱：	编辑部 pkupw@pup.cn　总编室 zpup@pup.cn
电　　　话：	邮购部 62752015　发行部 62750672　编辑部 62756934　出版部 62754962
印 刷 者：	天津联城印刷有限公司
经 销 者：	新华书店
	660 毫米 × 960 毫米　16 开本　18 印张　240 千字
	2014 年 11 月第 2 版　2024 年 5 月第 8 次印刷
定　　　价：	48.00 元（精装版）

未经许可，不得以任何方式复制或抄袭本书之部分或全部内容。
版权所有，侵权必究
举报电话: 010-62752024　电子邮箱: fd@pup.cn

目 录

序（赵敦华）............ 1
致读者............ 4

引言　为什么需要哲学？............ 7
第一章　从哪儿上路？............ 21
第二章　我只知道我一无所知？............ 40
第三章　我是谁？我是什么？............ 65
第四章　我们何以为人？............ 87
第五章　我们在哪里？世界是什么？............ 112
第六章　自由得不自由？............ 136
第七章　自然得不自然？............ 162
第八章　社会机器？大同世界？............ 190
第九章　美的战栗？............ 217
第十章　迷失于时间中？............ 239
结语　没有缘由的生命？............ 262

编后记　哲学的邀请　心灵的慰藉............ 280

序

黑格尔曾说，做哲学有两条道路，一条是"普通的道路，在这条道路上，人们是穿着家常便服走过的；但在另一条道路上，充满了对永恒、神圣、无限的高尚情感的人们，则是穿着法座的道袍阔步而来的"。黑格尔以后的哲学仍然走在这两条道路上，而且"普通的道路"更加宽阔，更加通畅。大众似乎不喜欢"穿着法座的道袍"的人板着面孔的一本正经的说教，而欢迎娓娓动听的哲学故事。前一段时间，挪威作家乔德坦·贾德写的《苏菲的世界》成为风靡全球的畅销书，证明了"穿着家常便服"的哲学故事是多么受人喜爱。无独有偶，在西班牙语世界，西班牙的费尔南多·萨瓦特尔也写了一本哲学故事书，这就是摆在我们面前的《哲学的邀请》。

《哲学的邀请》不是《苏菲的世界》的翻版，它的主角是作为哲学家的"我"，而不是少女苏菲；它邀请读者进入的世界是成年人的大千世界，而不是梦幻般的童话世界。在萨瓦特尔的哲学世界里，我们将会与从古到今的哲学圣贤对话(这些哲学圣贤的生平在注释中介绍,几乎囊括了西方哲学史上所有重要代表人物),将会探讨世界的罪恶、人的死亡、宇宙的来源、自由的抉择、人和上帝的存在、美的真谛等重要而严肃的问题。这本书共分十章,每一章讨论一个哲学问题,加上引言和结语中的问题,一共讨论了十二个问题,堪称一本哲学概论。

一般哲学教科书和理论著作,都会用严格的推理和证明、周详而细致的分析和综合来说明这些问题的答案。《哲学的邀请》却用轻松的笔调,与读者一起讨论这些严肃的问题。作者告诉读者,这些问题是从哪里来的,为什么要考虑这些问题,哲学家是如何考虑这些问题的,他们的思想有没有道理,我们要如何思考这些问题……在讨论问题时,哲学家的思想不是指导,而只是一个参考。更重要的思想来源是我们切身的生活经验,包括我们日常的衣食住行,以及对文学名著、世界名画的欣赏和评论,都是思考哲学问题的由头和线索。作者不是教导读者,而是邀请读者和他一起思考哲学问题。对于这些问题,作者没有下什么绝对的结论,每一章都留下一系列问题,它们是一个开放的空间,任由读者的思绪在里面自由驰骋。

确实如书名所示,这本书是哲学对读者的一份邀请,邀请读者进入哲学的殿堂。它是初学者的入门书,可以培养读者对哲学的兴趣,开始用自己的生活经验思考哲学问题。正如作者在书的前言中所说,这本书的目的是"教导大家如何骑自行车",他在一切关键环节上做一些示范动作。我也有一个比喻,学哲学如同开飞机,一定要有一个教练坐在身边。"骑自行车"和"开飞机"是学哲学的两个阶段,初学阶段看看示范动作就学会了，但入门以后则需要手把手的专业训练，这个专业训练的教练就是哲学经典和理论著述。虽然哲学的专业训练并不是人人都需要的，但我衷心希望，接受了哲学的邀请而入门的读者，可以进一步阅读哲学经典，继续在哲学的道路上做有趣的，但同时也是艰辛的探索。让我们伟大的时代拥有更多的哲学家，这对于提高全社会的精神气质和全民的文化素养是重要的，对于提升个人的思维能力和人生境界也是有益的。

应该说，中国学生的哲学素质普遍较缺。哲学是一种人生修养，它不仅可以启迪智慧，更是对一种思维方式的塑造。在中外文化碰撞如此激烈的今天，把握作为西方文化精髓的西方哲学，对大、中学生扩大视野，丰富知识，改变长期形成的思维定式是大有裨益的。本书可以点燃读者的"哲学热情"，是本上佳的入门书。书的译者林经纬是北京大学西班牙语专业毕业的高才生，志愿到哲学系外国哲学研究所学西方哲学。这本书的翻译，是他的外语水平和西方哲学水平的双重见证。

我国西方哲学基本上是英语世界、德语世界和法语世界哲学的"三国演义"，其中一个原因是研究者中懂西班牙语和其他现代西方语言的人很少，致使西班牙语世界的哲学，特别是现代拉丁美洲哲学一直被忽视。为了使我国外国哲学学科（西方哲学只是外国哲学的一个分支）全面而健康地发展和长期繁荣，我们希望林经纬和其他精通西班牙语、意大利语、葡萄牙语的研究者能够奉献出更多的作品。是为序。

赵敦华

2007 年 9 月于北京大学外国哲学研究所

致读者

本书的写作目的既谦逊，同时又非同一般地野心勃勃。

本书之所以是谦逊的，是因为它满足于作为那些西方哲学初学者的启蒙读物，这些初学者可能是第一次（或许也是最后一次）接触西方哲学的基本问题。本书的问题不是以哲学史的形式提出，而是以生命问题的形式提出。从这个意义上讲，它试图忠实地、同时又不乏个人色彩地对待教育部门为哲学这门课程定下的指导意见。

同时，本书又非同一般地野心勃勃，这是因为它非常乐意将任何对哲学这个滥觞于古希腊的伟大智识传统的爱好者引入哲学的殿堂。这本书的服务对象，尤其是那些不仅仅把哲学当做一个令人尊敬的传统，更将其视为一种至今有效的、能够有助于解答他们在日常生活中碰到的各种困惑的读者。它的首要关注点不是2500年前的苏格拉底如何使自己在雅典生活得更好，而是我们自己如何在一个以因特网、艾滋病和信用卡为显著标志的时代更好地理解和享受人生。

　　为了达到这一目的，我们无疑必须时常追溯到苏格拉底和其他一些大师的教诲，但是我们不应该仅限于记录和评论他们的发现。哲学不能也不可能只是一本名言录，恰恰相反，它应当像加塞特的名言所说的那样："哲学是一种与信息和博学完全相反的东西。"当然，哲学是一种研究，而不是聚会上的一连串奇思妙想，因此，要想深入其中，就需要学习与准备。但是，哲学思考并不是去重复他人的思想，尽管我们自己的思维很大程度上建立在他人思考成果的基础之上，而且我们对自己身上的这一必要债务也是有自觉认识的。有些介绍哲学的书籍就像是纪念环法自行车赛获胜者的功名簿，而我这本书的目的则是教导大家如何骑自行车，甚至于我本人还会在一些关键环节上要为如何骑自行车做个示范，尽管我的车技远远比不上像梅尔克斯和安杜兰这样的天才运动员。

　　但是读者必须尝试跟我一起骑车，甚至朝着跟我相反的方向骑。本书不想成为一位百科全书式的思想导师，而是要为思想的寻觅和探求提供一种个性化的路径。在每章结束的地方，我都会提出一系列问题，使读者能够回味刚刚读过的内容，这些问题很有可能会将大家引向与书中所讲截然相反的结论。没有什么能比这种练习更为必要的了，因为哲学不是无所不知者向全然无知者的启示，而是互相平等的个体之间的一种对话。他们共同为理性的力量所折服，而不是向强权的理性屈服。

一句话，应该将本书当做一封进行哲学思考的请柬来读，而不是当做一门枯燥无味的哲学教程来读。然而，本书所要讲的不正是中学课程所教的那些内容吗？试图让青年人理解，同时又将他们视为平等的对话者，而且还希望能对那些并非新手的成年读者有所裨益，这难道不需要很大的勇气吗？但这确实也正是我的一个大胆的企图。在此，我想借助20世纪初法国超现实主义诗人克勒韦尔的一句话自勉："没有一种大胆的尝试是致命的。"

[引言]

为什么需要哲学？

在现今这个时代，人人都只愿接受那些直接的和现成的答案，没有终极答案的问题总是会让人感到有些不舒服。也许在这个人人都自以为有所知的世界里，哲学家是唯一愿意承认自身一无所知的人……

在处于 21 世纪初的今天，坚持将哲学列入中学课程还有意义吗？它只是意味着过去的继续存在吗？保守主义者强调它的传统声望，进步主义者和讲究实际的人则以一种不耐烦的目光看待它。青年、少年甚至儿童能够从这些对他们的年龄而言晦涩难懂的话中悟出一些明白无疑的意思来吗？难道最好的情形也不过是像鹦鹉似的重复一些迂腐的所谓公理吗？也许哲学会让少数具有哲学天赋的人产生兴趣，假如哲学天赋这种东西果真存在的话，但即便是他们，也需要时间来对哲学作进一步的了解。这样就会冒出这样一个问题：为什么要把哲学强加给接受中学教育的每一位同学呢？在现今中学教育计划给同学们带来沉重负担的情形下，这岂不是一种无谓而反动的浪费时间的表现吗？

奇怪的是，哲学的最初反对者却恰恰斥责它为"小孩子的玩意儿"，只适合充当小孩子的消遣游戏，而不适合于有主见的成人。比如，卡利克勒就曾试图反驳苏格拉底说过的"与其犯下不正义，不如承受不正义"。根据卡利克勒的看法，不管法律说得如何动听，真正正义的是：强者统治弱者，身价高的人统治身价低的人，有能力的人统治无能力的人。虽然法律说犯下不正义要比承受不正义更为糟糕，但人们自然而然的想法却是，承受不正义要比犯下不正义更为糟糕。其余的哲学问题只是在细枝末节上的抬杠，关于这一点，作为成年人的卡利克勒是以这样一种鄙夷的眼光来看待的："苏格拉底，我的朋友，如果人们在年轻的时候适度地学习哲学，那它无疑是一样好东西。但如果超过必要的程度，过分地沉溺其中，那么它能把任何人给毁了。"卡利克勒并不认为向青年人教授哲学表面上有什么坏处，但却认为：一个人长大成人后仍然保持对哲学的嗜好，就是一种毁灭性的罪过。我之所以说是"表面上"，是因为我们不应忘记，苏格拉底就是因为被指控以思想和言辞败坏青年人而被鸩杀的。总而言之，如果哲学在小孩和大人面前彻底消失，卡利克勒这位信奉"强权即公理"的强者，显然不会有什么不高兴的。

如果要将对哲学的指责概括为四个字，那就是"毫无用处"。哲学家们比谁都更执著于一些想象的东西，而实际上他们只是一些爱耍嘴皮子的人。那么，谁才真正知道那些真正应该知道的关于世界和社会的知识呢？是那些科学家、技术工作者、专家，以及所有有能力给出关于现实的有用信息的人。归根结底，哲学家们只是热衷于谈论一些他们根本不知道的东西。苏格拉底本人就是这么认为的，他曾说过一句名言："我只知道我一无所知。"问题是：如果他一无所知，我们凭什么要听他讲呢？不管我们是青年人也好、成年人也好，我们应该从那些有知识的人那里学习，而不是从那些一无所知的人那里学习，尤其是在科学如此昌明、大多数事物的运行机制都已被人们认识（而且应用科学家们可以人为地制造出一些新事物）的今天。

我们处于一个伟大技术发现的时代，处于一个微芯片和电子加速器的世界，处于一个因特网和数字电视的王国之中……在这样的背景下，我们从哲学那里能够得到什么信息呢？我们能给出的唯一回答，也许正是苏格拉底本人早已给出的答案：什么也没有。自然科学、技术专家、报纸和部分电视节目都能提供我们信息，但却没有任何"哲学"信息。根据前文引用的加塞特的话，哲学与消息和由消息加工成的信息是不相容的。很好，但是信息是不是我们理解自身和周围世界的唯一方式呢？假设我们随便收到一条不管是什么样的信息，比如：世界上每天有 n 个人死于饥饿。当我们收到这样一条信息时，我们会问（或者扪心自问）：对于这样的事，我们应作何感想？我们收集到各种不同的意见，有些人把这些死亡归因于全球宏观经济周期的调整，有些人将其归因于地球上人口过剩，另一些人则会大声控诉财富拥有者和被剥夺者之间财产的不公正分配，或是诉诸上帝的意旨和命运的不可抗拒性……而且也不乏一些纯朴天真的人（比如我们的门房或是报亭卖报纸的人）会发出这样的感慨："看看我们都生活在一个什么样的世界里啊！"于是我们就像回音壁似的，只是将感叹号换成疑问号："我们生活在一个什么样的世界里呢？"

对这最后一个问题，不可能有一个科学的回答，因为我们显然不能满足于类似"我们生活在地球上"、"我们生活在每天有 n 个人死于饥饿的世界里"这样的答案，更不用说如"我们生活在一个不公正的世界"或是"我们生活在一个由于人类自身的罪恶而被上帝诅咒的世界"这样的回答（为什么发生的事是不公正的？上帝的诅咒表现在什么地方？又有谁能证明呢？等等）。总之，我们已经无需知道更多关于所发生的事情的信息，重要的是要知道：我们所拥有的信息意味着什么？我们应该如何解释它？如何将它与之前或同时产生的信息联系起来？这一切在我们所生活于其中的现实的总体条件下又意味着什么？我们在这样一个境遇中能够或者应该怎么去做？这些恰恰就是我们称之为"哲学"的东西所要严肃对待的。我们将理解分为三个层次：

    1. **信息**。即事实提供给我们的东西以及所发生的事件的原初机制；

2. **知识**。即反思所收到的信息，根据其意义上的重要性划分等级，并寻找总体原则将其整合起来；

3. **智慧**。即把知识与人生选择和我们能够选择的价值观联系起来，确立如何根据我们已知的东西更好地生活。

我认为：科学介于第一层次与第二层次之间，哲学则介于第二层次与第三层次之间。因此，并不存在单纯哲学意义上的信息，但的确可以有具有哲学意味的知识，同时我们也希望存在具有哲学意味的智慧。问题是：获得这种东西可能吗？尤其是，这种东西可教吗？

让我们从一个新的例子出发，或者更准确地说，通过一个比喻来寻找另一个视角。假想我们站在普拉多博物馆中一幅最有名的画——波希的《乐园》面前，我们从这样一幅天才的作品中能够获得什么样的理解呢？首先我们应做的，或许是对画家所使用的画布的质地，以及展现于画布上的各种色素的成分进行一番物理化学分析，甚至我们应该使用 X 光来找出隐藏于主画面之下的其他形象或是草稿的痕迹。总之，这幅画是一件物品，与其他东西一样，具有重量和尺寸，可被分析和弄碎等等。但是，它无疑也是一张平面，通过色彩的搭配和构造不同的形式，表现了一定数目的人物形象。因此，为了真正理解这幅画，我们还需要分析一下这幅画中呈现的所有人物和场景的总合，无论它们是人物、动物、鬼怪，还是植物和普通物件。此外，我们还需要弄明白这幅由三部分组成的画中每一部分的布局。然而，这些人物和场景并非无缘无故地在某一天出现在这块画布上。因此，理解这幅画的另一种方式，就是弄清楚作者生于1450年，卒于1516年。他是弗拉门科学派的一名卓越画家，以直接、干练、笔触细腻的风格标志了中世纪绘画的终结。然而他的画作所表现的主题，却属于中世纪的宗教和象征世界，尽管其阐释方式体现了高度的主观性和自由度。如果按照他所在的那个时代的肖像学去耐心琢磨他的作品，我们还可领会（或者说试图领会）他的作品中许多形象的隐喻内涵，而其余的则完全可以根据弗洛伊德精神分析理论中对梦的解释来进行阐释。另一方面，与收藏于里斯本博物馆的《圣安东尼的诱惑》一样，《乐园》是作者艺术生涯中期的一幅作品。在后期的创作生涯中，作者就改变了在这幅画中展现出来的表现序列和人物布局风格等。

我们还可以设想出另一种方式来理解这幅画，这种方式并不忽视或者舍弃上述任何一种视角，而是力图尽可能地涵盖它们，也就是说试图以一种整全的视角来把握这幅画。从这个更为野心勃勃的角度来看，《乐园》除了是一件物品之外，同时也是一位历史见证人、一个神话故事、一种对人类野心的讽刺和一种对作者本人更为隐蔽的人格的艺术表达。它尤其还是一件具有深刻内涵的东西，在诞生多少个世纪之后，还在向我们每一个欣赏它的人个人化地提出种种问题。它指向我们所知道的、所想象的和所欲求的关于现实的一切；它引发我们思考如何以其他象征的和艺术的方式居住于这个世界上，并传递所有使我们思考、欢笑和歌唱的一切；它使我们思考我们全体人类（不论是活着的、死去的还是尚未出生的人）所共有的生存条件……这种将我们从这幅画引向我们自身、又将我们从全部现实重新引回这幅画本身的视角，或许就可被我们称为哲学的思维角度。现在我们已经明白，关于每一个事物都存在着一种哲学的理解视角，而不仅仅是伟大的绘画作品才有。

让我们再次试着界定"科学"和"哲学"之间的区别。首先跃入我们脑海的，不是两者之间的区别，而是两者之间的相似之处：不论是科学还是哲学，都试图回答由现实产生的问题。事实上，从它们的起源来看，科学与哲学曾经是一个连体婴儿，只是在漫长的岁月中，物理、化学、天文学和心理学等学科，逐渐从它们共同的母体——哲学——中独立出来。今天，科学试图解释事物是如何构成、如何运转的，哲学则将自己的任务集中在事物对我们来说有什么意义上；科学在谈论自己的主题时（甚至当它研究我们人类自身时！）必须采取一种客观化的视角，哲学则总是自觉地保持这样一种意识：知识必然具有一个主体，人类必然是它的主角；科学渴望认识存在的事物和所发生的事件，哲学则会去思考为我们所知的发生的事和存在的事物对我们来说有什么意义；科学可以增加知识的视角和领域，也就是将认知分割和细化，哲学则坚持将一种知识与其他知识联系在一起，试图通过人类思考这个统一的活动形式，将每种知识都安置在一种超越多样性的统一理论框架之中；科学将现实的表象拆分成种种不可见的、波形的、粒子的、可量化的理论因子和无法察觉的抽象元素，哲学虽然既不忽视也不鄙视这种分析，但却强调要从表象中赎回人类的生命现实——我们就是在其中度过我们具体的生命旅程的（比如：科学向我们揭示树木和桌子都是由电子、中子等构成的，哲学虽然不贬低科学的这种揭示的价值，但它的主要任务是还给我们一个有树木有桌子的人类现实）。科学寻求知识而不是纯粹的假设，哲学则想要知道我们的知识整体对我们来说意味着什么……哲学甚至还要对到底是真正的知识还是经过伪装的无知进行发问！因为哲学通常要对科学家们（当然也包括普通人）认为是不言而喻的道理进行质疑。内格尔说得好："哲学的主要任务，就是质疑并澄清我们每个人日用不疑的极其普通的概念。历史学家可能会问自己在过去的某个时间发生了什么事，哲学家则会问：时间是什么？数学家可能会研究数与数之间的关系，哲学家则会问：数是什么？物理学家可能会问原子是由什么构成的、重力是由什么引起的，哲学家则会问：我们何以知道在我们的思维之外还存在着其他东西？心理学家可能会研究小孩子是如何学会一门语言的，哲学家则会问：何以一个单词能够表达某种意义？每个人都可以问自己不买票而偷偷溜进电影院是否不好，哲学家则会问：何以一个行为是好的或是坏的？"

无论如何，不管科学还是哲学，都是在回答由现实引发的问题。它们的不同之处在于，科学对这些问题提出解决方案，也就是说，对所提出的问题的解答十分令人满意，以至于由此而取消和化解了该问题。当一个科学的回答如此有效时，就再也没有必要坚持原来的问题了，因为它不再能引起人们的兴趣。（比如，一旦水的化学成分被

确定为 H_2O，我们就再也不会有兴趣去追问水的成分是什么，并且这个关于水的化学成分的确定的知识，自动废除了以往科学家曾经给出的种种解答，尽管同时它也开启了新的问题的可能性。）相反，哲学并不提供一劳永逸的解决方案，而只是提供各种回答——这些回答并不就此取消问题，而是允许我们理性地与它们共存，尽管我们仍不得不一遍又一遍地扪心自问。我们已知有很多关于什么是正义和什么是时间的哲学回答，但我们永远也不会停止问自己什么是正义、什么是时间，我们也永远不会将以往哲学家对这些问题的各种回答视为无关痛痒的或是已被超越的。哲学回答不能解决现实中的问题（尽管某些时候的某些哲学家自以为解决了），它们毋宁说是培育了问题，突出了问题的本质，并帮助我们继续追问下去，使我们一次比一次问得更好，使我们能够与追问永久性地和谐共存。因为，如果人不是一种能够追问的动物，一种能够继续不断地对任何一种可想象的回答进行进一步追问的动物，人又能够是什么呢？

  有些问题是能得到满意的解答的，这些问题就是科学所要处理的问题；另一些问题我们则认为永远不可能彻底解决。以一种永远不能尽如人意的方式回答它们，是哲学的任务。从历史上看，有些问题（比如行星的性质和运动）一开始属于哲学的任务，但后来得到了科学的解答。在另一些情况下，一些貌似已被科学解答的问题，在哲学质疑的刺激下，又被重新从新的科学视角来加以处理（比如从欧式几何向非欧几何的演变）。在今天的哪些问题属于前者、哪些问题属于后者之间划清界限，是哲学家和科学家共同面对的最为重要的批判性任务之一。有可能今天哲学面对的问题的某些方面在明天会得到科学的解答，并且可以肯定，未来的科学解答，将会对相应的哲学回答的提出提供决定性的帮助；同时，本属于哲学的任务对一些科学家产生灵感，也早已不是头一回了。哲学与科学之间根本没有必要形成势不两立的对抗，也根本没有必要相互看不起——只有坏的科学家和坏的哲学家才会这样。我们唯一可以确定无疑的是，不论是科学还是哲学，都永远不会缺乏需要做出回答的问题……

然而，科学和哲学之间还有另一个重要差别。这个差别不是体现在两者的结果上，而是体现在到达各自结果的途径上。一位科学家可以直接利用以往科学家所找到的解答，而无需自己再亲历一遍为找到该答案所需的推理、计算和实验。但是当一个人想要进行哲学思考时，他决不能满足于照搬其他哲学家的回答，或是以某位哲学家的权威作为其无可争议的论据。因为没有任何哲学回答对他来说是直接有效的，他必须重新亲历他的哲学先辈们已经走过的路，或是尝试以某种全新的视角为基础的新路程，而这种全新的视角，依然需要他独立思索才有可能获得。概言之，哲学历程意味着一个个体的独立思考，尽管其思考的基点是一个非常丰富的智识传统。科学上的成果可以随时为想查阅它们的人服务，哲学上的成果则只服务于那些决意独立思考它们的人。

用一种更加激进的说法（我不知道是否过于激进）：科学进步的目的是改善我们对现实的整体认知，而哲学探索的目的则是为了帮助改变投身这一任务的个体的世界观并扩大其眼界。一个人可以为了他人而进行科学研究，但却不可能为了他人去进行哲学研究——虽说有那么多的大哲学家帮助了我们每一个人去思考。也许我们可以进一步说，科学发现使得以后的科学家的工作变得简单，而哲学家的贡献却使得其后致力于思考的人的工作变得更加复杂（尽管同时也更加丰富）。正因为这样，康德可能早就已经发现哲学是不能被教导的，能被教导的只是如何去进行哲学思考；因为哲学并不是传播一种由他人总结出来的知识，并不是每一个人都能像学习欧洲每个国家的首都叫什么那样来进行学习，而是传授一种方法，或者说是一条进行思考的道路，一种看待问题和论证问题的方式。

"我只知道我一无所知"，苏格拉底曾这样说道。从柏拉图和色诺芬关于苏格拉底所做的评论来看，这实际上是一句嘲讽语。对这句话我们应该这样来理解："让你们感到如此兴奋的知识，我一条都不能满意。如果这就是所谓'知道'的意思，那我就应该是一无所知，因为在你们的确定性之中，我看到了相反的意见，同时，你们的确定性还缺乏可靠的根据。相对来说，至少我知道自己一无所知，也就是说，我找到了我不能对通常称为'知道'的东西感到信任的依据。也许你们知道的东西确实如同你们看起来知道的那么多，如果是这样的话，你们就应该有能力回答我的问题并澄清我的疑问。让我们一起来考察人们习惯于称为'知识'的东西吧，然后将所有经不起我的质询的东西统统舍弃。真正的知识，不同于重复习惯上被当做'知识'的东西。与其将我们并没有真正想透彻的东西当做知识，不如痛痛快快地承认我们一无所知。一种没有经过反思的人生，也就是那些从不权衡对重大问题的现有回答、也从不尝试亲自回答它们的人的人生,是根本不值得过的。"换言之,哲学的题中之义首先应该是感到困惑,其次才是提出能够解答我们所面临的困惑的理论。在做出真正的回答之前,首先应该弄明白为什么那些伪答案无法令人信服。一种态度是在经过思考和讨论之后才说自己有所知,另一种截然不同的态度则是直接接受没有被讨论的所谓"知识",目的只是为了使自己免于思考。在达到"有所知"之前,哲学首先要抵御那些自以为有所知实际上却无非只是重复他人错误的人。比建立知识更为重要的是,要有能力批评那些我们一知半解或者我们实际上一无所知却自以为已经有所知的东西。在知道为什么肯定所肯定的东西之前,哲学家至少应该知道自己为什么怀疑他人所肯定的东西,或者为什么自己不能也去肯定它们。这个否定的、防御的、批判的功能,自身就已经具有了价值,尽管我们有可能只能走那么远。也许在这个人人都自以为有所知的世界里,哲学家是唯一愿意承认自身一无所知的人,但至少他能看清自己无知的地方。

20 世纪与 21 世纪之交是这样一个时代:人人都只愿接受那些直接的和现成的答案,没有终极答案的问题总是会让人感到有些不舒服。在这样一个时代,我们难道还需要教哲学吗?我们也可以换一种方式来提这个问题:难道这不是将教育的主要任务完全人文化吗?是否存在另一种比数个世纪以来一直伴随着哲学探求的躁动不安更合适、更必要的人文维度呢?教育离了它,还能保持我们所生活于其中的民主社会所必需的自由和反教条主义的人文气息吗?

好吧，那就让我们接受完全有必要教青年人哲学，准确地说，教他们如何进行哲学思考。但是，如何贯彻这种以教育每个人进行独立的哲学思考为目的的教育模式呢？其首要问题是：从哪儿开始呢？

[第一章]

从哪儿上路？

死亡和太阳一样，都不能面对面地注视。

——拉罗什富科公爵

自由的人绝少想到死；他的智慧，不是死的默念，而是生的沉思。

——斯宾诺莎

至今我仍清楚地记得，自己第一次真正理解"我迟早会死"这句话时的情形。当时我应该十岁左右，或许九岁吧。那是一个与其他夜晚没有什么两样的夜晚，大约十一点钟的样子，我躺在自己的小床上。与我同住一屋的两个小兄弟，平静地打着呼噜。隔壁房间里，我的父母一边小声聊着天，一边准备上床歇息。我的母亲还将收音机调好，以防我夜里做噩梦受到惊吓。在一片黑暗中，我突然从床上坐起来：我也会死去！正是这个念头触动了我，不断地在我的脑海中刺激着我！我无处可逃！我不仅要承受我的祖母、外祖母的死亡，承受我亲爱的爷爷的死亡，承受我的父母的死亡，而且我，我自己，也会有一天不可避免地死去。这是一件多么怪异、多么可怕、多么危险、多么难以理解，同时又是多么彻彻底底的个人化的事啊！

　　人在十岁的时候，总是会认为所有重要的事只发生在大人身上；可是突然间，我发现了一件重要的事，其实也是最重要的事，也将发生在我的身上。我将会死去，当然是在很多年以后，在我的亲人逝去之后（除了我的小弟弟，他比我年幼，自然活的年头要超过我）。但不管怎样，我终究会死。我虽然是我，但却也会死去。死亡已经不再是一件与我无关的事，不再是他人的事，也不再是一条只有到我长大成人（也就是我成为别人之后）才会起作用的普遍法则。因为那时我开始意识到，当死亡到来时我仍将是我，就像我现在所意识到的我之为我一样清晰。我将不得不成为最真实、最重要的死亡的主角，而所有其他人的死亡都将只不过是一篇篇痛苦的散文。我的死亡！是我的、而不是你们的死亡，不管你们对我来说有多亲。是独一无二的我的死亡，而我将亲自认识它！当然，这要过很久以后才会发生……但我不是已经在某种程度上经历它了吗？意识到我自己将会死去，难道不正是死亡本身的一部分吗？虽然我还只是一个小孩，但是如此重要的事情，现在不是已经开始在我身上而不是在别人身上发生了吗？

我很确定：正是从那一刻起，我开始学会了思考。也就是说，我理解了学习或者重复他人的思想，与拥有真正是属于自己的思想（而不是像一辆用来兜风的自行车那样被租来或借来的思想）之间的区别所在。与其说是我抓住了死亡这个思想，倒不如说是死亡这个思想抓住了我。在死亡这个思想面前，我无法自如地上下进退。我不知道拿它做什么好，但它显然在促使我做些什么，因为我不可能完全忽略它。虽然那时我还不带任何批判地保留着我虔诚的宗教信仰，但是死亡的确定性一刻也没让我感到轻松过。在这事发生一两年之前，我曾在无意之中见到了我人生中的第一具尸体：一位刚去世的神职人员，静静地躺在圣塞瓦斯蒂安加里贝大街耶稣会教堂的阁楼上。我和我的家人在那里聆听了弥撒。他看起来如同一尊蔚蓝色的雕像，就像我之前在一些祭坛上所见的躺着的基督那样。区别只是我知道他之前还活着，但现在已经死去了。"他已经去了天堂了"，我妈妈为眼前的情景所触动，有点不自在地跟我说道。而这样的场面我原本也是极力想要避免的。我想："好吧，他将去天堂。可是他也在这里，死了。这也意味着他在世界上的任何地方都不再是活着的。也许进天堂要胜过活着，但两者终究不是一回事。活着就意味着活在人间，有一个能说话能走路的躯体，被人群所包围，而不是生活在一群精灵中间。尽管做一只精灵很棒，但精灵也得承受奇怪而可怕的死亡，甚至一直得承受。"就这样，从意识到我自己的不可思考的死亡起，我开始了思考。

也许人们会觉得很奇怪：一本旨在针对哲学问题进行启蒙教育

的书，为什么竟以一章关于死亡的内容开始？这样一个沉重的话题难道不会让那些刚迈入哲学殿堂的人感到泄气吗？从讲自由或者爱情开始不是更好吗？但是我已经指出了，我想以自己的亲身智识体验来邀请你们进入哲学天地，而就我而言，恰恰是对死亡（更确切地说是对我的死亡）的发现，成为我开始思考的确定无疑的基点。死亡的明证性，不仅使人陷入沉思，还会将人塑造成一位思想者。一方面，对死亡的自觉意识会使我们每个人都慢慢变得成熟起来。所有的小孩都以为自己是不死的（刚出生没多久的小孩甚至会自以为是无所不能的，整个世界都围绕着他转。当然在某些残暴的国度和家庭除外，生活在那儿的小孩子从小就受到暴力的威胁，童稚的眼神中时不时就会流露出致命的疲惫和反常的世故……）。但我们会逐渐成长，死亡的观念也会随之在我们体内成长。另一方面，个体对于死亡的确定性则使我们变得人性化，也就是说把我们变成真正的人，"有死的人"。希腊人用同一个词来表达"人"和"有朽者"，事实上，这两个词应该是同一个意思。

植物和动物不是有死的，因为它们不知道自己会死，不知道自己注定会死：它们都会死去，但它们从来都不知道自己与死亡之间的个体联系。野兽能够预感到危险，能够对疾病和衰老感到悲伤，但是它们不懂（抑或是看起来不懂？）自己将要拥抱死亡的必然性。不是所有会死亡的都是有死的，只有那些确定自己会死亡的才是有死的。同时我们也可以说，植物和动物并没有像我们活着那样活着。我们是唯一真正有死的生命体，因为我们清楚地知道我们将会死去，而在某种程度上来说，也正是因为有死才构成了生命。有人说有不死的神存在，也有人说他们不存在，但却没人会说他们活着。只有基督才被称为"活着的神"，因为他化成肉身，变成了人，像我们一样活着，和我们一样会死去。

因此，以谈论对死亡的自觉意识来开始我们的哲学，并非一种突发奇想，亦非一种哗众取宠的激情。我也不准备说：哲学的唯一话题或主要话题就是死亡。相反，我认为哲学所要讨论的是生命，是活着意味着什么，是如何生活得更好。但结果是，死亡在使我们变得有死（亦即人之为人）的同时，已经预见了使我们变成生命体的东西。一个人只有在认识到自己是有死的时候，才会开始思考生命。柏拉图在《斐多篇》中，借助苏格拉底之口说哲学就是"为死亡做准备"。但是，除了思索我们必须经历的有死的生命外，"为死亡做准备"还能作何解释呢？正是死亡的确定性，使得生命——我的唯一的和不可重复的生命——变得对我来说至关重要。我们生命的全部任务和使命，都只不过是在死亡面前的种种抵抗形式，尽管我们知道死亡是不可避免的。正是对死亡的意识，使生命变成一件对每个人来说都是十分严肃和值得深思的事情。也正因为有死亡的意识，生命才变得神秘和令人敬畏，变成一种我们应为之奋斗、为之努力、为之思索的宝贵的奇迹。如果死亡压根就不存在，那么我们一生中就能看到无限多的东西，也会有足够的时间去观看，但我们却几乎没有什么可做的（因为几乎我们所做的一切都是为了避免死亡），也没有什么可思考的。

一代又一代的哲学研习者都是从下面这个有名的三段论开始学习逻辑推理的：

> 所有的人都是有死的，
> 苏格拉底是人，
> 因此苏格拉底是有死的。

哲学的历程以记住一位被处死的著名前辈的名字开始，不能不说是一件十分有趣的事。这个推理也无疑将所有其他的人都判处了死刑。因为很明显，如果将苏格拉底的名字替换成你的、我的或任何一个人的名字，这个三段论都是同样有效的。但是，它的意义却远非仅在于逻辑上的正确性。如果我们说，

> 所有的 A 都是 B，
> C 是 A，
> 因此 C 是 B。

我们的推理在形式上依然是正确的，然而，事情的质料含义却已发生了明显的变化。如果我是 A，那么成为 B 并不会让我感到不安，但是我作为一个人，有死性仍然让我感到震惊。此外，在上面第一个三段论中，一种普遍和非个人的确证（对应于所有人的死亡）与某个个体的命运（比如苏格拉底、你、我……）之间的联系被明

白无疑地确立起来。这乍一看像是一件奇妙的事,并没有什么不好的后果,但它很快就会变成一个致命的宣判。在苏格拉底身上这个审判已经结束,但在我们身上还悬而未决。知道每个人都会发生一件可怕的事,与知道这件事将要发生在我身上是多么的不同啊!一个是普遍的确证,另一个则是以我的名字为主体,这两者之间的张力加剧了我的不安,也向我揭示了我这个个体的独特性和不可还原性。我所感到的震惊是这样的:

> 别人死去,但那发生在过去,
> 那是对死亡最为仁慈的季节(无人不知)。
> 可能吗?我,雅可布·阿尔曼苏尔的一个臣民,
> 会像玫瑰和亚里士多德一样死去?

别人死了,所有人都死了,所有人都会死,但是……我呢?我也会死吗?请注意,这里暗含的危险(不论是在前面引用的三段论还是在博尔赫斯的神奇诗句中)在于,作为个体的主角(苏格拉底、中世纪阿尔穆瓦希德王朝的雅可布或阿尔曼佐的摩尔臣民、亚里士多德……)都已经无可避免地死去了。他们在活着的时候也曾必然像我现在这样,为自己确立同样的无可挽回的命运,而且并不因为确立了就能逃离它……

因此,死亡不仅是必然的,而且还是我们生命中的必然性的原型(如果那个三段论换成"所有的人都要吃饭,苏格拉底是人,因

此苏格拉底要吃饭"等等,从哲学的观点看同样是千真万确的,但却不可能具有同等的说服力)。现在,除了知道死亡是必然的,并且它还代表着必然性本身("必然性"一词在词源上就具有不停息、不让步、容不下任何交易和契约的意思)之外,我们关于死亡还知道什么呢?肯定很少。其中一条就是:死亡是一件绝对个人化和不可转移的事情,没有人能够代替别人去死。这就是说,谁都不可能以自己的死亡来完全避免他人或早或晚都要到来的死亡。科尔伯神父曾在纳粹集中营中主动要求代替一名要被带往毒气室的犹太人去死,但是这一替代只是在刽子手面前,而不是在死亡本身面前。由于他英雄主义的牺牲行为,他获得了更长的生命期限,但却并没有获得不朽。在欧里庇得斯的悲剧中,温顺的阿尔刻提斯自告奋勇地要求去冥王哈迪斯那儿,也就是说去死,代替她的丈夫阿德墨托斯——一名危险的自私自利者去死。最后,还是大力神赫拉克勒斯下到冥界拯救了她,将此事摆平。但即便是阿尔刻提斯的无私忘我精神,也不能使阿德墨托斯永远逃离必死的命运,而只是延迟了死亡的到来:我们每个人欠死神的债,都必须用自己的生命,而不是他人的生命来偿还。其他的重要生理机能,比如吃饭、做爱,都没有如此的不可转移。无论如何,别人都可以代替我去消费本应由我出席的宴会上的份额,别人也可以与我本想爱的人做爱,甚至别人可以用强力迫使我吃饭,或是强迫我永远地放弃性行为。相反,死亡,我的死亡或别人的死亡,总是镌刻着不可替代的姓和名。惟其如此,死亡是最具个体化,同时也是最平等的事情。在生死关头,谁也不比谁强,谁也不比谁弱,尤其是谁都不能成为他者。在临死之际,任何人都完完全全只是他自身,而不可能是他人。正如我们在出生的时候带来了世界上从未有过的东西,在我们死去的时候,我们也带走了永远不会再度出现的东西。

关于死亡我们还知道一点:它不仅仅是确定无疑的,它还永远都是随时可能降临的。死亡不只是老人和病人的事,从我们来到这个世界上的第一刻起,我们就已经不得不准备迎接死亡的到来。正如一句充满智慧的民谚所说,"没有人年轻得不能死,也没有人年老得不能再活一天"。就算我们再健康,死亡也从未停止过对我们的窥视;不论是死于事故,还是死于犯罪,在身体完全健康的时候突然死去都不是什么稀罕事。这一点蒙田说得好:我们死亡不是因为生病,而是因为我们活着。把这一点想明白,我们就会发现我们每个人离死亡的距离总是一样远。根本的不同,不在于是健康还是生病,是平安还是处于危险之中,而在于是活着还是死去,也就是说是存在还是不存在。这两者之间没有中间状态。没有人可以真正感到自己"半死","半死"只不过是一种形象化的表达法,因为只要活着,一切皆有可能,而死亡却是无可挽回的。总之,死亡的一个特性就是:我们从不能说自己受到死神的保护,也不能说我们可以远离(哪怕只是暂时)死亡的统治,尽管有时死亡不是很可能,但它从来都是可能的。

绝对必然、永远都随时可能降临、不可转让、孤寂……所有这些我们对于死亡的认识,都是极其确定的(我们指的是一些最无可置疑的认识），但是这并不能使我们对死亡感到更熟悉，或使我们对死亡不觉得费解。从根本上来说，死亡仍然是人类最陌生的东西。我们知道某人死于何时，但我们不知道就内在而言，死是什么样的。我自认为对于何为死亡有或多或少的认识，但我不知道我自己的死亡是什么样的。有些世界名著，比如列夫·托尔斯泰的伟大小说《伊凡·伊里奇之死》或者尤内斯库的《国王死去》，或许可以有助于我们更好地理解死亡，但是我们对死亡所产生的根本性的疑惑还是不可能得到解答。此外，历史上一直都有很多关于死亡的传说和轶闻、许诺和威胁——它们几乎与人类自身一样古老，也就是说，与那种由于开始思考死亡因而变成人类的动物一样古老——正是它们，构成了各种宗教的普遍基础。我们只要仔细想想就会发现：人类历史上的所有神，都是有关死亡之神、占据死亡意义之神、分配奖惩或复活之神、在有死者面前掌管永生钥匙之神。首先，这些神是不朽的。他们从不会死，即使在他们玩死亡游戏时，之后也能复活或是变形为另外一种东西。不论在世界上哪一个地方，在历史上什么时候，宗教的一个意义就在于赋予死亡意义。如果没有死，就不会有神灵。或者更确切地说，我们这些有死的人自己就会是神，并会以一种有神的方式生活在无神的境遇之中……

最古老的传说并不试图因为死亡的存在而给我们以安慰，而只是试图解释它的必然性。今天保存下来的第一部伟大史诗《吉尔伽美什》，作于大约公元前 2700 年的苏美尔。吉尔伽美什和他的朋友恩奇都，是两位勇敢的战士和猎手，他们遇到伊什妲尔女神，女神杀死了恩奇都。吉尔伽美什便开始了寻找解除死亡之法的征程。有一种神奇的草药能够使人复活并永葆青春,但是吉尔伽美什却在草药即将到手的时候失去了它。然后恩奇都的灵魂出现了,它向吉尔伽美什讲述了冥界的秘密。可是吉尔伽美什到时却又不愿前往冥界。原来所谓的冥界只是我们所熟识的人间生活的不祥反映,是一个彻彻底底地让人悲伤的地方。就像古希腊神话中的冥王哈迪斯一样,在荷马史诗《奥德赛》中,尤利西斯召集亡灵,其中前来的就有他的老朋友阿基里斯。虽然在一群亡灵之中他的灵魂还是显得那么魁伟,一如他活着的时候,但他告诉尤利西斯,他宁愿在人间做一名最下贱的养猪人,也不愿在阴间为王。对于死人,活着的人是没有丝毫可羡慕的。相反,后世的宗教,比如基督教,则总是许诺一种比尘世生活更加幸福、更加光明的存在,只要人们能够遵守神的戒律(那些不顺从神的戒律的人将面临永久的酷刑折磨)。我使用"存在"这个词,是因为这些来世的许诺,并不适宜用真正的"人生"来命名。人生,就我们所认识的这个词的独特含义而言,是充满变化、充满好与坏之间的坎坷波折、充满未知数的。永恒的福祉和永恒的惩罚都只是一种情状的凝固,一种未完成的形式,而不是生命的真实形态。因此,即使那些极力许诺来世的宗教,也不能保证一种永恒的"生命";它们只是许诺了一种永恒的存在或延续,而这与人生,也就是我们的生活,是不一样的。

此外,我们如何能够在不存在死亡可能性之处真正地"活着"呢?乌纳穆诺坚持认为,知道自己作为一个"类"会死,但是作为人却不愿死，正是我们每个人的特征。他激烈地拒斥死亡——尤其是在他著名的《生命的悲剧意识》一书中——但却又以同样的热情坚持要在这个世界和另一个世界（如果存在的话）保留自己的人格，也就是说，不是要随随便便地继续活着，而是要继续作为乌纳穆诺而活着。现在就有一个严肃的理论问题出现在我们面前：如果我们的个体性来自对死亡和拒斥死亡的认识本身，乌纳穆诺如何还能继续是乌纳穆诺——当他变得不朽，也就是说当他没有死亡可以害怕和拒斥的时候？能与我们的个体性共存的唯一永恒生命，将是这样一种生命：死亡是确确实实存在的，但却只是作为一种无限延期的可能性，作为一种永远可畏然而永远都不会现实地到来的东西。想象这样一种东西并不容易，就连仅仅是将其作为一种超越性的希望也不容易，这就是乌纳穆诺所谓的"生命的悲剧意识"的东西。总之，谁知道呢？

当然，以某种或好或坏的方式在死后继续活下去的理想，是一种既令人不安又自相矛盾的东西，是一种不严肃地对待死亡的设想，是一种只考虑表面现象的表现，甚至是一种在某种意义上拒斥或是遮盖我们的有死性的企图。颇具悖论色彩的是，我们习惯于称那些具有宗教信仰的人为"信徒"，事实上，限定他们作为"信徒"的最大特征，并不是他们所信的东西（一些带有神秘色彩的模糊和多样化的东西），而是他们所不信的东西，其中最显然、最必然、最无处不在的东西，也就是死亡。所谓的"信徒"，实际上是一些"不信者"，因为他们否定了死亡的最终现实。也许直面这种不安的最质朴的形式——我们知道自己要死但我们却无法真正想象自己死去——是莎士比亚的悲剧《哈姆雷特》中主人公的话:"去死,去睡……也许会做梦!"确实,假设一种在死去以后的继续存在,我们的祖先在发现沉睡的人与死去的人之间的相似之处时,应该就已想到了。我想,如果我们在睡觉时根本不会做梦,也就不会有人想到死去之后的生命的不可思议的可能性。可是当我们安静地躺在床上的时候,我们会紧闭双眼,心神开始四处游走,直到进入熟睡状态。我们知道:在梦中,我们可以在不同的场景中穿行,我们能说话,能笑,能爱……为什么在死者身上就不能发生同样的事呢?这样,愉快的梦境就衍生出天堂的概念,噩梦则是地狱的预兆。如果我们能够说"人生如梦",正如卡尔德隆以此为名的著名戏剧一样,我们就有更充分的理由认为所谓的来世(死去以后的生活),正是由我们能够做梦的机能所激发的灵感。

然而,关于死亡最明证的资料是:别人的死会给我们造成痛苦,特别是当我们想起死亡本身时,我们会产生畏惧感。有些人害怕死后会有一些可怕的事情:惩罚或是任何不为人知的威胁。另一些人则害怕死后一切都会变成虚无,而这种虚无正是令他们最为害怕的东西。虽然成为某种东西(或者更准确地说,成为某人)充满了不适和痛苦,但是成为虚无似乎比这还要糟糕得多。但这又是为什么呢?智慧的伊壁鸠鲁在《致美诺西斯的信》中试图让我们相信,对于那些能够反思死亡的人来说,死亡没有任何可怕的地方。要知道,刽子手和地狱般的恐怖,只不过是人们编造出来吓唬那些不安分的人，因而在伊壁鸠鲁看来，小心谨慎的人是没有必要对死亡感到不安的。同时，对于死亡的自身特点，我们也没有什么好害怕的，因为我们从来都不与它共存：当我们在时，死是不在的；当死亡到来时，我们就已经不在了。伊壁鸠鲁的意思是说，最重要的一点是我们无疑会死，可是我们从来就不会经历"死"的状态。可怕的是对死亡的自觉意识，以及在世间保留某种形式上的存在但却深知一个人已经彻底地走了。这显然是一件非常荒谬的事，同时也是一个极大的悖论。伊壁鸠鲁的这个论点是无可反驳的，然而它还是无法使我们的内心完全安宁下来，这或许是因为我们之中的大多数人都不能做到像伊壁鸠鲁所希望的那样理性。

难道不存在就真的如此恐怖吗？可是归根结底，我们在之前的很长时间都是一直不存在的，而这并没有让我们感到丝毫的痛苦。在死后，我们又将去往（姑且假设我们使用的动词"去往"在此处是正确的）同一个地方，或者去往一个不是任何我们出生之前去过（抑或是我们从未去过？）的地方。卢克莱修在几行令人难忘的诗中确认了这种平行关系：

> 回头瞧瞧，那些我们出生之前的
> 无尽的岁月，
> 对于我们是如何不算一回事。
> 并且自然拿这个给我们作为镜子，
> 来照照我们死后那些未来的时间。

第一章 从哪儿上路？

> 难道里面有什么东西显出这样可怕？
> 难道这一切中有什么东西那样悲惨？
> 难道它不是比任何睡眠更平静更好？

为那些我们已经不在人世间的将来的岁月感到不安和忧虑，与为那些我们尚未来到人世间的过去的岁月感到不安和忧虑一样怪异。我们在出生之前从未因不存在而痛苦，因而，假设我们死后会因自身的最终消失而痛苦，就是不合情理的。从根本上来说，当死亡通过我们的想象给我们造成痛苦时（我真可怜！所有人都在幸福地享受阳光和爱，除了我，我再也不能，再也不能了……！），我们应该明了，至少现在我们是活着的。或许我们应该稍微思考一下出生所带来的惊喜，这种惊喜应该与死亡的惊恐同等强烈。如果死亡就是不存在，那么我们至少战胜过它一次，那就是在我们出生的那一天。卢克莱修本人在其哲理诗篇中谈论过永恒之死，那种从未有过也永远不会有的永久性的死亡。不错，我们是有死的，但我们已经逃离了永恒之死。我们已经从永恒之死中偷走了一些时间——那些我们已经活过的年、月、日，以及我们将继续活着的每一刻——这些时间不管我们怎样度过，它们终归是我们的，属于我们这些已经胜利出生的人，而不属于死神，尽管我们以后终将无可避免地死去。18世纪历史上最有洞察力的灵魂之一利希腾贝格，在他著名的警句中支持了卢克莱修的观点："难道我们不曾复活过吗？确实，我们来自一个对现在的了解少于对未来的了解的状态。我们过去的状态之于现在，就如同我们的现在之于未来。"

对于卢克莱修的观点，也不乏反对意见，而且有些正是以利希腾贝格的观点为出发点。当我还不存在的时候，并没有任何一个渴望存在的"我"；没有人会从我身上剥夺任何东西，因为我还不存在；也就是说，既不存在，就没有任何失去的意识。但是现在我已曾活过，我知道什么是活着，也能够预见随着死亡会失去的东西。因此，死亡如今就成了困扰我的东西，也就是说，我已经事先产生了失去我所拥有的这一恐惧感。此外，坏的未来比坏的过去更糟糕，因为从现在开始我们就被对坏的未来的恐惧所折磨。三年前，我的肾脏做过一次手术，这里我们假设我已经确切地知道，三个月后我还得做一次类似的手术。尽管过去的手术已经不会让我再疼了、未来的手术现在尚且不能让我感到疼痛，但是很显然，我对这两次手术的感觉是不会一样的：即将到来的手术让我忧虑得多、恐惧得多，因为它在向我逼近，而过去的手术则在渐渐远去……尽管两个手术在客观上是同样的，但在主观上则完全不同，因为一个不愉快的回忆，并不像一个即将到来的威胁那样让人如此不安。在这个例子中，过去的镜子并不能对称地反映未来的伤害。就死亡而言，也是同样的道理。

所以说，死亡使我们思考，强行将我们变成思想者，变成一种沉思的存在者。尽管如此，我们仍然无法确知该对死亡作何思考。拉罗什富科公爵在他的《箴言集》中曾经说过："死亡和太阳一样，都不能面对面地注视。"我们最近才被开启的思考的官能，与死亡发生了碰撞，却不知从哪里能够抓住它。当代法国思想家扬科列维奇批评我们面对死亡却不知该做些什么，因此我们只能"在睡眠和痛苦之间"徘徊。这就是说，在死亡面前，我们或者试图通过自我麻痹来避免颤抖，或者我们颤抖到猥琐的地步。有首西班牙民谣倾向于赞同睡眠，它大致这样说道：

当我有时想到
我注定会有一死，
我就把毯子铺在地上，
痛痛快快地酣睡一场。

但当痛苦是唯一的选择时，这就只是一个可怜的托词，甚至根本就不存在这样的选择。因为我们完全能够时常从一端滑向另一端，在不想正视的茫然和想正视却看不到任何东西的痛苦之间摇摆不定。这是一种多么让人无奈的两难境地！

然而，历史上最伟大的哲学家之一斯宾诺莎却认为，这个困境不应该让我们气馁。他说："自由的人绝少想到死；他的智慧，不是死的默念，而是生的沉思。"如果我没搞错的话，斯宾诺莎想要指出的是：关于死亡，没有任何肯定性的东西可以思考。当死亡让我们痛苦时，是由于某些否定性的东西：如果是自己死亡，我们会因一同失去生命带给我们的享受而痛苦；如果是他人死亡，我们则会因生命中少了亲爱的人而痛苦。当我们轻松地看待死亡时（在某些情况下，将死亡看成一件好事并不是不可能的），也是由于某些否定性的东西：死亡的到来可以为我们省去生命中的种种痛苦和劬劳。不论是被人畏惧还是被人渴求，死亡就其自身而言都是一种纯粹的否定，是生命的背面，它总是通过种种方式投射到生命本身，就像照片的底片总是要求被制成正片，以便我们能更好地看清。因此，死亡的作用就在于引发我们思考，但是思考的却并不是死亡，而是生命。仿佛在一个无法穿越的回球场，被死亡惊醒的思想在死亡上发生反弹，一次又一次地反弹回生命之中。我们可以做的绝不只是为了不看见死亡而紧闭双眼，或是任由自己惊慌失措地在死亡面前盲目游荡，因为死亡提供给了我们一种可以试图理解生命的选择。但是，我们怎样才能真正理解生命呢？我们能够利用什么工具来思索生命呢？

请思考……

在什么意义上,死亡使我们真正成为人?还有比死亡更个人化的东西吗?思考不正是让我们对自己的人性产生自觉意识吗?死亡可以算是必然性(甚至是逻辑必然性)的一个范例吗?动物之有死与我们人类之有死是在同一个意义上吗?为什么可以说死亡是不可转让的?在什么意义上,死亡永远是即将来临的,而不依赖于年龄和疾病?在梦和对不朽的希冀之间存在着联系吗?为什么伊壁鸠鲁说我们不应害怕死亡?卢克莱修是如何来支持这个论点的?他们真正有效地给我们安慰了吗?抑或他们只是寻求给我们一种心灵的宁静?关于死亡是否有某些肯定的东西可以思考?何以死亡能在我们身上激发一种以生命为主题的思想?

[第二章]

我只知道我一无所知？

> 人类不可能找到绝对真理，因为它是超越于每个人具体的思维的……因为它根本不构成一种视角。
>
> ——桑塔亚纳

死亡急促地唤醒了我了解生命中事物的渴望。我想回答千万个问题，关于我自己，关于他人，关于围绕我们的整个世界，关于其他的生命体和无生命体，关于如何活得更好……我扪心自问我所投身其中的这一切，这必然有死的一切，到底意味着什么？我该如何应对这一切？所有这些问题一遍又一遍地敲打着我，我试图从中超脱，朝它们冷笑，麻痹自己不去思考，但是在短暂的休战之后，这些问题又义无反顾地杀了回来。幸好它们回来了！要是它们不回来，也就意味着"我终有一死"的观念只不过是被用来吓唬我，意味着在某种意义上我已经死了，意味着我只能将脑袋深深地藏在床单底下，而不能用它来思考。想知道，想思考：这等于想真正地活着，面对死亡而活着，不被吓傻、不被麻痹地等待它的到来。

关于生命，我有许许多多的问题。但在所有这些问题之前，还有一个最为根本的问题，那就是如何回答它们的问题，尽管可能只能片面地回答。这个先于一切问题的问题是：如何回答生命向我提出的那些问题？如果我不能令人信服地回答它们，我又怎能更好地理解它们？有时候，更好地理解一个人提出的问题，几乎就已经是一种回答了。我问的是我所不知道的，我尚且不知道而且也许永远也不会知道的东西，甚至有时候我连我所问的是什么问题都不知道。总而言之，在所有问题中，我应该努力回答的第一个问题就是：我如何才能知道我所不知道的东西？又或者：我如何才能知道什么是我想要知道的东西？我通过提问想要寻找什么？大致有效的回答会来自哪里？

首先，问题绝不可能产生于纯粹的无知。如果一个人什么也不知道，或者不相信自己至少略微有所知，他就绝不可能提出问题。我从我所知道的或者我自认为知道的东西开始提问，因为它们让我觉得存在的理由不够充分和有些可疑。假设我的床底下有一口会出现各种各样罕见奇迹的井，而我却不知道它的存在。由于我压根都不知道有这么一个掩藏所，我就永远不可能去问自己那里面有多少个奇迹、都是些什么样的奇迹，也不可能去问它们为什么会如此神奇。相反，我可以问自己：我的床单是什么做的？我的床上有几个枕头？做这张床的人是谁？在这张床上休息时最舒服的姿势是什么样的？甚至我还可以问我是应该与某人共享这张床还是独自去睡？我之所以能向自己提出这些问题，是因为至少我是以下列基础为出发点：我躺在一张床上，床上有床单、枕头等东西。甚至我还有可能被这样的疑问所袭击：我是否真的在一张床上，而不是在一个趁我休息之际一口将我吞下去的巨大无比的鳄鱼体内。所有这些关于"我是否在一张床上"以及"我的床是什么样的"之类的问题之所以可能，是因为我至少相信我对自己的床多少有些了解。而关于那些我绝对一无所知的问题（比如我们刚才假设的我床下充满奇迹的井），我们根本不可能对其产生怀疑或提出问题。

因此，我应该从质疑我自认为已经拥有的知识入手。关于这些知识，我至少可以向自己提出另外三个问题：

1. 我是如何获得这些知识的？（我是如何知道我所知道或者我自认为知道的东西的？）
2. 我对它们的确定性有多大？
3. 我如何才能扩展和提升这些知识，或者有可能的话，用其他更可靠的知识来代替它们？

有些事物为我所知，是因为别人曾告诉过我。比如，我的父母曾教我饭前洗手是好习惯，我的床有四个角，有四个小天使在守护着我。我知道玻璃弹球要比泥做的弹球值钱，是因为跟我一个班的小伙伴曾在操场上对我说过。在我年轻的时候，一位非常有人缘的朋友告诉我：当你接近两个女孩时，应该先与其中比较难看的那位搭话，这样你就能引起那位比较漂亮的女孩的注意。后来又有一位非常爱好旅行的朋友告诉我，纽约最好的餐馆名叫四季（Four Seasons）。今天我从报上读到，俄罗斯总统叶利钦很爱喝伏特加。我大部分知识的来源都与这些情况相似。

另一些事物为我所知，是因为我曾学过它们。从我童年时期关于地理方面的模糊的记忆中，我得知洪都拉斯的首都有一个十分古怪的名字：特古西加尔巴。我那少得可怜的几何学知识让我相信，直线是两点之间的最短距离，两条平行线只有在无限远处才能相交。同样，我还记得水的化学式是 H_2O。由于小时候学过法语，我能够说"j'ai perdu ma plume dans le jardin de ma tante"，来告诉一位法国人"我在我姨妈的花园中丢失了一支钢笔"（顺便说一下，在我身上从来没有发生过这样的事）。你永远用不着遗憾自己太过好学，因为你完全可以用同样的方法学到多得多的知识。

但与此同时，还有好多东西我则是通过自己的亲身经历得知的。比如，通过这种方式我证实了火会烫手、水会湿手。我也能够区分彩虹的不同颜色，因此当有人跟我说"蓝色"时，我就能联想到我时常在天上或海里看到的色调。我去过威尼斯的圣马可广场，因此我能确凿无疑地相信，它比位于我出生地圣塞瓦斯蒂安我心爱的宪法广场要明显大得多。我知道什么是疼痛，因为我曾得过好几次肾绞痛；我知道什么是痛苦，因为我亲眼目睹了父亲的去世；我知道什么是快乐，因为我曾在某个季节得到过一个女孩的热吻。我知道冷热、饥渴，还有许多各式各样的情感，其中有些情感我甚至无法叫出它们的名字。同时我还保留着我从童年过渡到成年时所经历的变化，以及我逐渐老去时各种令人警惕的变化的体验。通过经验，我还知道当我睡着时会做梦，这些梦境像极了我每天醒着的时候所看到和感到的东西……因此，经验教育我，我能感觉、享受、受苦、睡觉，或许还能做梦。

现在的问题是，我对我所知道的每一件事物有多大程度的把握呢？当然，不是对每一件事物我都同等程度地确信，也不是每一样知识在我看来都同等可靠。如果仔细去思考，其中的每一件都能在我的脑海中唤起疑问。仅凭别人告诉我就去相信，并不是一种很谨慎的做法。他们自己就有可能出错，或者他们有可能想要骗我：或许我的父母因为太爱我而不敢每次都告诉我真相，或许我那位爱好旅行的朋友对烹调艺术并不在行，或许我那位非常有人缘的朋友在研究女性心理方面从来就不是什么真正的专家……而对于我在报纸上读到的那些东西，我该说什么好呢？我只能把一些报纸报道的与另一些报纸报道的内容进行对比，结果是：上面所有内容都是可疑的。学习这种方式虽然相对来说要更可靠些，但却也并非所有学习材料的内容都绝对可靠。我年轻时学过的许多东西，今天都以另一种方式来解释了，各国的首都也在不断发生变化（洪都拉斯的首都还依然是特古西加尔巴吗？），现今的科学抛弃了过去的无数理论……既然如此，又有谁能向我保证：今天被认为正确的事物，明天一定不会遭到遗弃的命运呢？甚至我能够亲身经验的事物，也不完全是知识的可靠来源。当我将一根棍子插入水中，我感觉水面以下的棍子发生了弯曲，虽然用手一摸就能告诉我这样的印象是一种错觉；我还几乎能发誓说太阳沿着天空移动，并且它比一个足球大不了多少（如果我躺在地上，一抬脚就能完全遮住它！），但是在这方面天文学告诉我的却是完全不同的东西。此外，我还时常能体验到幻觉和错觉，尤其是在我喝多了或是困得直栽盹的时候……

　　上面所说的这一切是想说我永远不该相信别人告诉我的、我所学习到的、我所经验过的东西吗？绝不是。但绝对有必要不时地去修正一些我认为自己知道的东西，将它们与我能够找到的其他知识相对照，用批判的态度检验它们，以及与一些能够帮助我更好地理解它们的人进行辩论。一句话，就是要去寻找支持或驳斥它们的论据。这种在将我自认为知道的东西作为正确的东西接受下来之前寻找和斟酌论据的做法，用通俗一点的话来说就是运用理性。当然，理性并不是一种简单的东西，它不是我们每个人心中都有的、用来照亮现实的发光的路灯，也不是与此相类似的东西，它更像是一连串推理、摸索与审慎的习惯的集合体，部分受经验指使，部分以逻辑准则为基础。所有这一切的结合，就构成了"一种能够（至少是部分地）建立和捕捉使事物之间互相依赖的关系，并使事物以某种特定的方式而不是以另一种方式构成的能力"。（这个定义我抄自一位17世纪的哲学家莱布尼茨，根据我个人的风格有所改动。）在有些情况下，我能够获得一些理性的确证，并将其作为奠定我的知识体系的基础。比如，两件与第三件事物完全一样的事物，必定互相之间也完全一样；一个事物不可能在同一个方面同时既是又不是（一个事物可以是白的或黑的、黑白相间的、灰的，但却不可能同时既是完全白的又是完全黑的）。在许多其他情况下，我只能满足于理性能够确定的最可能的或最可信的。比如，鉴于有无数证据都碰巧能够证实，我能够接受在澳大利亚有袋鼠；认为我在厨房中用来加热比萨饼的用具是一个微波炉而不是一艘外星航天器，也不是一件荒唐的事；我有一定把握我家的看门人（他与昨天一样叫做胡安，与昨天一样有着同样的面貌和声音，与昨天一样向我打招呼，等等）与我昨天在门房所看见的人正是同一个人。尽管我并不希望有任何事情改变我在逻辑和数学原则上的理性信念，我却必须承认（同样是出自理性的审慎）：在另一些领域，今天对我来说可信或者依然很可能的东西，需要随时接受修正。

因此，理性不是一种我从别人那里听来的东西，也不是我的学习或者经验的结果，而是一种批判性的智力程序，我可以用它来组织我接收到的消息、我学到的东西和我所拥有的经验。在这个过程中，我接受了一些东西（至少是暂时地接受，并等待更好的论证），也抛弃了一些东西，并总是试图将我不同的信念以某种和谐的方式融合到一起。理性首先试图将我纯粹个人化或主观的观点，调和成一种更加客观或跨越主观的观点，一种任何另一个理性人都能当成事实接受的观点。如果我的一个信念以一些理性的论据为依托，那么这些论据就不可能仅仅对我来说才是理性的。理性的一个特性是：它从来就不仅仅是我的理性。从这里我们可以得出理性的根本特征：普遍性。柏拉图、笛卡儿等伟大哲学家都坚持过这一点。这种普遍性首先意味着，理性为每一个人所拥有，包括那些最不善于使用理性的人（为了便于理解，比如说那些最蠢的人），因此，只要有热情和耐心，我们每个人都能就一些问题得出一些共同的论点。其次，理性推理的说服力对于每个人来说都是可以理解的，只要他决心遵从理性的方法，因此，理性可以作为一种仲裁工具，来解决人们之间的许多争议。这种称作理性的能力（抑或是一系列能力的集合体？），正是我们每个人所共有的，我们共同的人性也正是以此为基础。所以，苏格拉底阻止青年斐多去厌恶理性推理，他说："厌恶论证的危险，就像有人厌恶人类那样；因为一个人最坏的毛病就是厌恶论证。"厌恶理性就是厌恶人性，不论是自己的人性还是他人的人性；一个对抗人性的人，也就无异于一个自取灭亡的敌人。

　　理性方法的目的是发现真理，也即在我们所相信的事物和在我们作为组成部分的现实世界中发生的事物之间，所存在的最大限度的一致性。"真理"和"理性"具有同样普遍性的含义，对于我自己和我的人类同类都构成同样有效的目标。马查多在他的诗中曾用十分简洁的语言准确地表达过这个意思：

　　　　你的真理？不，普遍真理；
　　　　与我一起来寻求它吧。
　　　　至于你的真理，你可以自己保留它。

通过我们的知识的理性检验来寻找真理，就是努力使我们自己更加接近真实；在理性上保持诚实，应该等同于达到最大限度的现实主义。但并不是所有真理都属于同一类，因为现实包括了许多不同的维度。比如，若我告诉我女朋友"我是你心灵的小鸽子"，告诉我酒吧的朋友"我是道路工程师"，在这两种情况下我都说了真话，虽然几乎不会有"鸽子"能成为工程师。中世纪的城市通常在它的外围有一片叫做"真理之场"的空地，人们经常在那里进行旨在调停纷争和诉讼的辩论；按照当时的逻辑，纷争的获胜者便根据神裁法的裁决或者上帝的意志拥有了真理。所以，理性的首要使命之一就是，界定分布在现实（我们也是其中的一个组成部分）之中的不同的真理之域。比如，对于太阳我们可以做多种考虑：我们可以说它是一颗个头中等的恒星，可以说它是一个神，也可以说它是苍穹之王。上述每个断言都对应于一个特殊的真理之域：第一个断言对应于天文学，第二个断言对应于神话，第三个断言对应于诗意的表达。在其相对应的领域中，上述关于太阳的三个断言在理性上都是正确的，但是当人们混淆不同的领域（将只适合于某个领域的答案运用于其他不同的领域）时，谬误和错觉就产生了，或者更糟糕的是，根本不区分不同的领域，认为各种不同的真理只存在于唯一的领域中。不久以前，我曾听过一位物理学教授怀着最真诚的普及知识的意愿，向一群记者解释复杂的"大爆炸"理论。其中一位记者不耐烦地打断他："很好，我同意你说的，可是……造物主上帝到底存不存在？"这就是一个混淆不同真理之域的典型案例，因为上帝并不是一个物理学原则。

同时，我们所希求的真实性种类，也因人们试图认识的现实场域的不同而不同。比如，在数学中，我们应该要求计算的准确性；在伦理问题或政治问题上，我们应该期待的是推理论证的严密性（根据亚里士多德在他的《尼各马可伦理学》的开头部分审慎地指出的）。到了诗歌领域，我们则应努力做到情感表达栩栩如生（哪怕只是像我们在爱人面前自称"小鸽子"那样平淡无奇！）。如果我们试图理解发生在某个历史时期的事件，我们则应努力达到有根有据的真实性。有些真理是纯粹习俗性的（比如"火"还可被称为"fuego"、"fire"、"feu"），有些真理来自我们的感觉印象（比如火会烫手的印象，不论我们如何称呼这种现象）；许多习俗性真理都会随着我们所处国家的改变而改变，但是另一些真理却并不因此而改变。有时候，某个真理之域中的必然和充足的可靠性，在另一个领域却是不可能的，甚至是有害于理智的，如果我们在其中强求的话。最后，我们的生命包含了各种截然不同的形式的现实，因此，理性在为我们服务时，应该能够自如地从一种形式转换到另一种形式。

加塞特曾在"概念"和"信念"之间作过区分：我们的理智构建是概念（比如某些植物的显花功能或者相对论），而那些我们一直视作正确的以至于从来都不假思索的东西（比如走出家门，我们来到一条熟悉的大街上，而不是面对月球上的风景；或者我们看见从眼前驶过的一辆汽车在尾部还备有一对轮胎）则构成了我们的信念。

我们有这样或那样的概念，但是我们处于这样或那样的信念之中。或许哲学的奇特任务，就是不时地针对我们的信念提出质疑（哲学问题之所以经常给我们带来不快，正是因为这个原因！），并用能够经受住论证检验的概念来代替它们。所以亚里士多德说，哲学起源于好奇心，也就是对我们周围被每个人当做显而易见和安全无误而接受的东西感到吃惊的能力。然而，哪怕是最顽固的哲学家，在日常生活中也会需要一些常识性的有用信念（但这并不意味着它们就无可辩驳地是正确的！）的支撑，而不是没完没了地去质疑它们。

没错，理性正是用来检验我们所谓的知识，从中拣选和保留正确的部分，并以此为基础，试探着迈向新的真理。我们就是这样从传统的、半被察觉半未察觉的信念，过渡到经过理性检验的信念。但是，理性的信念本身又如何呢？有人认为理性也只不过是一个"爱骗人的老女人"，就像尼采对语法的评价那样。对真理的信念本身又如何呢？对理性和真理的信念难道不会也只是一些毫不可靠的错觉，并且可能成为其他有害的错觉的来源吗？很多哲学家都曾问过自己这样的问题，他们远非都是坚决的理性主义者（即相信理性的有效性的人），相反，他们中有很多人都曾对理性和理性试图达到的真理概念本身严肃地提出过疑问。他们有些是怀疑主义者，也就是说，他们质疑或者断然否认理性发现不容置疑的真理的能力；另一些人是相对主义者，他们相信世上没有绝对的真理，而只有相对真理，这些相对真理因种族、性别、社会地位和每个人的利益而异，因此，理性没有任何普遍形式可以对所有人有效；还有一些人则因为理性前进得步履维艰、充满错误和谨小慎微而看不起理性,他们宣称自己是一种更高级、更靠直觉、更直接的认知方式的信徒,这种认知方式不是通过演绎和归纳来发现真理,而是通过直接的启示或者显灵的方式来发现真理。在我们继续赶路之前,我们有必要简要地考察一下上述持异议者的反对意见。

我们首先考察质疑所有人类知识的怀疑主义,怀疑主义甚至怀疑人拥有获得任何真正名副其实的知识的能力。但为什么理性不能察觉现实是什么样的呢?假设我们在听贝多芬的交响乐,手里拿着纸和笔,试图描画我们听到的旋律。当音乐很强烈的时候,我们会蜻蜓点水式地描画差异很大的不同线条;当音乐柔和下来的时候,我们笔下的线条会往下弯;当感觉音乐舒服地包围着我们的时候,我们会不由自主地画圈圈;当音乐使我们的心情跌宕起伏时,我们笔下的线条会呈锯齿状;当音乐听起来很悦耳时,我们通过画鲜花来表达;当军号响起的时候,我们通过画军靴来表达,等等。然后,我们会很满意地认为贝多芬交响乐的"真理"就在这张纸上。然而,会有人单是依靠这些纸上涂鸦的帮助,就能真正理解这首交响乐的真谛吗?人类的理性在试图复制和捕捉现实时,或许会以同样的方式宣告失败,我们对现实的记录,就像对音乐旋律的描画一样邈远。对怀疑主义者来说,所有所谓的人类知识至少都是可疑的,并且总的来说,我们的知识能够向我们揭示我们试图知道的东西少而又少,甚至根本不能揭示任何东西。如果我们刨根问底的话,根本就没有真正安全和可靠的知识。

对怀疑主义的第一个回答非常明显。怀疑主义者不是至少认为自己对怀疑主义的信念是安全和可靠的吗？那么说"我只知道自己一无所知"的那个人，难道不是至少接受了"自己一无所知"这样一个真理吗？如果什么都不是真的，难道就连"什么都不是真的"本身都不是真的吗？一言以蔽之，人们可以批评怀疑主义的自相矛盾：如果"我们不认识真理"是真的，至少我们已经认识了一个真理……而这样的话，我们不认识真理也就不再是真的了。（对于这个反驳，怀疑主义者可以辩解说，他们不怀疑真理本身，而是怀疑我们总是能够以可靠的方式把它与虚假区分开来……）但是这样一来就出现了另一个矛盾：怀疑主义者可以给出反对理性认知可能性的很好的论据，但要做到这一点，他们必须运用论辩的理性。他们必须通过理性思考来说服我们（并说服他们自己！）：理性思考没有任何意义。对怀疑主义的第三个疑问是：我们可以坚持认为我们的每一个具体信念都有可能是错误的（昨天我们相信地球是平的，今天我们则相信地球是圆的，那明天呢……谁知道！），但是如果我们犯错，那也应该被理解成我们有可能正确，因为如果不存在正确的可能性，也就是说存在真理的可能性（尽管真理暂时还未被发现），那么也就不存在错误的可能性。怀疑主义最坏的一点不是阻止我们证实某些正确的东西，而是它从根本上禁止我们说错话。我们对怀疑主义者的第四条反对意见有些失礼：那些不相信我们任何信念真实性的人，应该能够自如地坐在铁轨上等待下一班火车的到来，或者自如地从七层楼上跳下去，因为这些行为在我们心中激起的恐惧有可能只是基于误解而已。当然，我知道，这样的反驳方式有点犯规了。

无论如何，怀疑主义还是指出了一个令人十分不安的问题：不管我们对现实的所知是多是少，我们何以能够对现实有所知呢？我们人类只有非常粗糙的感觉和智力手段，如何能够抓住真正的现实呢？一种简单的哺乳动物竟能掌握某些阐释整个宇宙的线索，不能不说是一件匪夷所思的事情！物理学家爱因斯坦，这位称得上是20世纪最伟大的科学家曾经说过："自然中最令人无法理解的事情，就是我们竟能至少部分地理解它。"连爱因斯坦也怀疑我们至少能够部分地理解它。这样的奇迹可以归因于什么呢？是因为我们身上带有某种神性，我们分享了神的一部分东西（尽管我们身上的神性只是最微不足道的）吗？可实际上使得我们能够认知的，恐怕并不是我们与神灵的相似性，而是我们属于我们希望认识的那个东西本身：我们能够（至少部分地能够）理解现实，是因为我们正是现实的组成部分，而且我们自身也是按照相类似的原则被构成的。我们的感觉和我们的思维都是真实的，惟其如此，它们才能或好或坏地反映现实的其余部分。

迄今为止，对于认知问题最富洞察力的答案，也许是康德于18世纪末在他的《纯粹理性批判》中所给出的。在康德看来，我们所谓的"知识"，是现实所提供的一切，与我们的感性形式和我们的知性范畴的结合物。我们不能认识物自身，而只能认识我们通过我们的感官感受并经由知性整理之后所呈现的那个样子。换句话说，我们并不能认识纯粹的现实，而只能认识对于我们来说是现实的东西。我们所认识的东西是真实的，但我们的认知只能达到我们的官能所允许的限度。由于我们不能通过我们的感官（它们负责提供我们知识的原材料）接收到足够的信息，我们也就不能真正地知道任何东西。当理性在虚空中思索上帝、灵魂、宇宙等绝对者时，就会陷入不可救药的矛盾之中。思想是抽象的，或者说思想是从我们的感性材料出发，以一系列的综合为基础的。比如，我们综合我们所认识的所有城市，然后获得一个"城市"的概念；又如，我们从上千种可以想象得到的痛苦的形式中，通过把知性上相关的特征从其他特征中区分开来并加以归类，就能得出"痛苦"的概念。思考于是就在于重新从最遥远的综合下降到具体的情形，直到个案，反之亦然。在这个过程中，我们并未遗失任何与所经验到的东西的接触，也不仅限于对具体细节没完没了的分解。这样的解释在某种意义上已经在亚里士多德尤其是洛克的理论中出现过了。当然，康德的回答要远比这里所概括的复杂得多。但是应该指出的是，他天才的努力中突出的一点是，他试图同时拯救两样东西：一样是怀疑主义的怀疑，另一样就是体现在现代科学中的人类知识的有效真实性（对于康德来说，伟大的万有引力定律发现者牛顿是现代科学的代表）。

同时，相对主义有时也怀疑我们能够通过理性思考的方式来获得真理。前面我已经说过，理性论证应该将主观和个人化的观点调和成客观和普遍的观点（任何一个在我思考时说"请站在我的肩膀上看问题"的人的观点都属于后者）。而相对主义者则会说这样的事是不可能的，因为我的主观条件总是会被强加到任何普遍客观性的意图之上。每个人都是只根据他的种族、他的性别、他的社会阶层、他的经济和政治利益，甚至他的性格来进行理性思考。每种文化都有它不同的逻辑，每个人也都有他独特和不可转让的思维方式。所以，有多少种文化、性别、社会阶层、利益，甚至于有多少种个性，就有多少种真理！谁要是不讲多元的真理，而只讲真理本身，谁要是坚持我们之前所引用的马查多的诗行中的观点是正确的，谁就会被相对主义者扣上一堆让人避之不及的帽子：种族中心论者、逻各斯中心论者、大男子主义者，总而言之，以自我为中心者。相对主义者认为他们头脑不清，自私自利，总是把自己的观点错当成普遍理性的观点。

否认我们的社会—文化条件和心理条件对我们进行理性思考的重要性，显然是不可能的，无疑也是不受欢迎的，但是，难道我们能说这些具体条件会使得以它们为出发点（尽管是以它们为出发点）取得的某些真理的普遍性变得完全无效吗？居里夫人这位唯一两次获得诺贝尔奖的女性的科学发现，难道只是对女士们有效，而对先生们无效吗？难道20世纪的日本人不应该相信由17世纪一个叫做牛顿的英国人发现的万有引力定律的价值吗？难道我们欧洲文艺复兴时期的祖先们放弃罗马数字——一种极具文化个性的符号，而采用更加便利的阿拉伯数字是做错了吗？难道秘鲁的土著居民在先于欧洲人几个世纪之前发现金鸡纳霜的退烧性能时，所使用的是一种与我们完全不同的逻辑和观察自然的方法吗？马克思属于小资产阶级这一毫无疑问的事实，难道就使得他对无产阶级所做的分析变得无效了吗？难道马丁·路德·金因为自己是个黑人，就应放弃要求得到当年美国国父们所规定的人人都应同样享有的公民权吗？要知道，美国国父们可都是清一色的白人。最后，符合客观理性的普遍真理不存在（或者人类不可能认识它）这一点本身，难道就是一个符合理性的普遍和客观的真理吗？

很显然，主观条件的分量，会随着具体情况下我们所考虑的"真理之域"的不同而有很大的不同。如果我们谈论的是神话、烹饪和诗歌的表达，我们的文化或个人特性的分量，就会比我们谈论自然科学或人类共同生活的原则时重得多。无论如何，为了弄清我们的知识在多大程度上沾染了主观主义的色彩，我们需要一个可以进行比较的客观视角……而所有这些知识都指向超越它们之上的某种真理！总之，为了对理性和真理的普遍观点提出质疑，我们需要某种理性和某种真理之类的东西作为普遍标准。然而，相对主义最可贵的贡献就是，它强调了人们不可能找到某种能作为所有真正知识之母的最终和绝对来源。这不是由于我们的知识暂时有限，会随着科学的进步而得到挽救，而是由我们的认知能力本身决定的。或许正是因为这个原因，波普才会坚持不存在任何标准可以宣称发现了最终的真理，唯有时间才能为认识论保留一个评判真理的最终和绝对的标准（塔尔斯基的真理观）。根据波普的看法，大多数情况下，我们唯一能做的，就是发现存在于我们所提出的命题中的一系列错误并清除它们。于是，理性的任务与其说是肯定性的（发现某种作为所有真理的源泉的绝对权威),毋宁说是否定性的(指出我们知识中的各种谬误和前后不一贯之处)。

让我们还是谦虚一点吧,因为说某事物"是真理",也就意味着它比关于同一主题同时存在的其他断言都"更具真理性",虽然它可能并不代表绝对真理。比如,哥伦布向欧洲人揭示了美洲大陆的存在是一个"真理"(尽管毫无疑问的是,斯堪的纳维亚半岛的海盗们在这之前早就到达过美洲,但他们并没有将他们的发现公布于众,也未曾试图殖民),又比如,里奥哈酒是一种比砒霜更健康的食物也是一个"真理"(尽管里奥哈酒喝得太多也可能是致命的,而据药典记载,少剂量的砒霜则可用来制药),如此等等。正如当代一位伟大哲学家桑塔亚纳所精当地概括的:"人类不可能找到绝对真理,因为它是超越于每个人具体的思维的;它与活着不相容,因为它排除了所有个别的情境、机构、利益乃至探索的日期:绝对真理之所以不可能被发现,正因为它根本不构成一种视角。"但是,我们理性上能够达到的全部真理都对应于某个视角这一点,非但未使它们的真理性失效,反而恰好表明它们是"人类的"真理。

最后一拨理性的反对者(更准确地说是通过理性方式来论证的反对者),并不像前两拨反对者那样同时也是真理的反对者。恰恰相反,他们相信真理,甚至是大写的真理、熠熠生辉的永恒真理。这种真理,与人类认知所需的辛苦构建没有丝毫关系。总而言之,这种无可争议的绝对真理并不需要我们去做任何事情。他们也不认为我们可以通过辛劳而不稳固的理性手段获得绝对真理。我们是被绝对真理所启示的，这或是因为某个超人类的大师（比如神灵或得到神启的先知等）向我们揭示了绝对真理，或是因为绝对真理以某种显灵的特殊形式展示在我们面前，或是因为绝对真理只能通过非理性的直觉、感觉和激情等方式获得。奇怪的是，这些喜欢在求知道路上走"崇高"的捷径的人，却常常抨击理性主义者的"骄傲自大"（而理性恰恰是以一种谦卑的态度为特征，它对自己、对自己的探求、对自己辛劳的前思后想、对自己的证明和反证都感到不自信），或是嘲笑他们对于"无所不能的理性"的信念，然而，任何一个神志健全的理性主义者，都没有相信过理性是无所不能的——这在他们看来只能是一种非理性的胡话。当然，以这种方式被启示的绝对真理（显灵的真理），是无可反驳的，因为任何质疑它的企图，都恰好表明了不相信这种真理的人身上不具备享受这种真理所需的"光辉"，不管是由于他们对永远正确的"大师"的不虔诚，还是由于他们感觉过于迟钝而不能直觉到它的存在。

可是，我们对它们的主要反驳，也恰恰就在这一点上。因为这种接近大写的真理的方式，是一种仅限于少数人才能拥有的特权，那些不那么幸运的人只能通过在精神上服从那些受启示的人，才能间接地分享真理，否则就只能默默期待类似启示的降临了。如此获得的真理只能不加质疑地一揽子接受，而不能接受怀疑、反对等一系列考验——后者恰恰是理性思考的果实。理性的方法与此完全不同。它首先向所有人开放，并不在人与人之间做出区分。在柏拉图的《美诺篇》中，苏格拉底证明了哪怕是一个没有受过任何教育的青年奴隶,也能通过自己的演绎推理在几何学领域中取得成绩。理性的运转不需要任何特别的东西,它不需要信仰,不需要精神上的准备,不需要灵魂和感情上的纯净,也不属于某一特定的血缘和特定的种族:它唯一的要求就是被使用。启示选择少数几个人,理性则可以被任何一个人、被所有的人选择。它是全体人类所共有的。我们可以伪造一次崇高的启示,或者一种激动人心的直觉,但我们不可能伪造一次理性活动,因为任何人都可以和我们一样以同样的方式去重复它。如果其他人(任何一个有着进行理性思索意愿的其他人)都压根儿不能跟随和分享我们的理性论证,或者指出我们理性论证的错误,我们也就不可能得出理性的结论。我们面前有很多私人交通工具,它们据说速度极快,但却或许永远都只能在原地打转,而理性则是一项公共的智力服务:一辆公共汽车。

在这个意义上,理性不只是一种用于认知的工具,而是同时也具有深远的政治含义。理性论证的过程——论据、数据、疑问、证明、反证、各种刁钻的问题、反驳等等——正是采用了我们与我们的同伴讨论我们感兴趣的话题时所使用的方法。也就是说,所有的理性论证都是社会性的,因为它复制了我们在与他人辩论时所采用的一问一答的程序。这就是理性的起源,在这一点上我们有必要听听库里是怎么说的:"古希腊许多代的辩论家发明了一种理性系统,即逻各斯系统,这是一个有活力的、具体的、纯粹口头的现象。显然,讨论的口语性在此是至关重要的:被书写下来的讨论,像柏拉图《对话录》那样被转化成文学作品的讨论,只是原初现象的苍白的代替品，这或是因为缺少最基本的即时性，缺少对话者的存在，缺少声调的变换，缺少目光的投射；或是因为描述的只是一个人的思想竞争，这种思想是排他性的，没有裁判，缺少新意，缺少不可预见的东西，只有在两个有血有肉的个体之间的口头交锋中，才会有新意和出其不意的东西。"理性论证不是一种能够在孤独中学习的东西，它只能通过交流和与他人的碰撞来学会：所有的理性从根本上来说都是对话。但是有时候，现代哲学家却似乎忘记了问题的这个本质方面。

"对话"绝不等同于聆听布道或者等候他人的发号施令。它只意味着平等的个体之间的对话，尤其是争论。因此，哲学的传统是与民主的政治体制一道诞生在古希腊的。没有人能与亚述巴尼拔或尼禄争论，也没有人能在一个等级制度森严的社会中公开自由地交谈。当然，古希腊并不是一个完全平等主义的社会（历史上曾有过一些完全平等主义的社会，将来的某个时候还会不会再有呢？），妇女和奴隶并不享有与自由人同等的公民权。但是在柏拉图的《会饮篇》中，第欧蒂玛作为一名对话者参与进来，在《美诺篇》中，苏格拉底帮助一名奴隶去正确运用理性。这就是说，运用理性必然要求理性具有对全体人类敞开的普遍性，而不能将任何人从发生争论的对话中排除出去。因此，在古希腊，理性总是走在其社会制度的前面，并总是引领着我们所知的不平等社会制度，迈向所有能够思想的人的真正共同体。总而言之，哲学思辨的气质，就在于决意将其他人也当做哲学家来对待：向他们提供理性，聆听他们的理性，并总是抱着一种怀疑的态度，从不同个体之间的交锋中构建真理。

目前，关于理性辩论的能力和民主的平等之间的关系，流行着一种在我看来是错误的看法。人们常常毫不犹豫地认为，每个人都有权利坚持自己的意见，试图寻找普遍真理（既不只是你的真理，也不只是我的真理）是一种武断的、几近专制主义的做法。从根本上来说，确实没有比这更直接的反民主的做法了。民主是建立在这样的预设之上：没有人天生就是统治别人的，也没有人天生就是服从别人的，所有人都生而具有思考的能力，因此都具有处理我们所组成的共同体的事务的政治权利。但是，为了使每一个公民能够在政治上相互平等，必须认为不是每个人的意见都是相互平等的：在一个非等级化的社会中，必须要有某种将不同的观点等级化的方式，来加强其中最正确合适的观点，丢弃其中错误和有害的观点。这正是我们每个人都能运用（以前，社会真理是由神灵、传统、专制君主等规定的）的理性的使命。在一个民主社会中，每个人的意见并不是一座碉堡或城堡，供他们躲在里面寻找自我确证。"拥有"一个意见，不同于"拥有"任何人都没有权利夺取的私有财产。我们将自己的意见提供给他人，目的是为了让他们去辩论，然后决定是接受还是驳斥，而不仅仅是为了让他们知道"我们在哪儿、我们是谁"。当然，并不是所有的意见都具有同等的价值。那些有更好的论据支持自己，那些能更好地在辩论中经受住各种反驳的意见，才是更有价值的意见。

如果我们不想让神灵或某些有特权的人从我们手中剥夺社会权威（也就是说，决定什么是适合于我们共同体的真理），我们唯一的选择，就是将理性的权威作为通向真理的唯一道路。但是，理性并不是一种高悬于我们头上的半神的仲裁者，来裁决我们之间的一切争端，而是在我们内部、在我们不同个体之间起作用的东西。我们不仅必须有能力在我们的争论中运用理性，而且必须锻炼被更好的理性（不论它来自谁）说服的能力。这一点异常重要，并且做起来也可能更有难度。那些只知道利用理性为自己的论点服务而把被相反的理性说服当做一种耻辱的人，并不是真的尊重理性的权威。仅有理性是不够的，有理性只意味着能够将理性论证运用到具体事物上，做到具有合理性同样必不可少。具有合理性，意味着能将别人同样是通过理性方式表达的主观意见的分量，吸收到自己的理性体系中。从理性主义的角度来看，人们所追寻的真理总是作为结果，而不是作为起点——这种追寻包括具有平等地位的不同个体之间的对话、交锋、辩论和争端。它不是作为自身主观性的确证，而是作为通过多个主观意见的交锋与融合，最终通向客观真理的道路。如果我们只知道理性争论，却不懂得如何让自己被人说服，那就必须要有一个高高在上的长官、一个神灵或一位伟大的专家，来最后裁决什么才是适合于所有人的真理。在接下来的章节中，我们还会继续深入探讨关于理性和合理性的问题。

　　但暂时我认为我们所说的已经够多的了。让我们概括一下吧：由于受到死亡观念的困扰，我们不得不思考生命。思考生命，也就意味着更好地认识它，更好地认识它所包含和意味的东西。我们的认知有许多不同的来源，但是所有这些来源都必须经受理性的批判性的筛选，以核实、组织我们的知识，并寻求它们之间的连贯性，尽管这一切不可能一劳永逸。生命总是充满了各种问题。那么，在我们扪心自问该如何回答生命的这些问题之后，我们接下来应从哪个问题开始呢？所有问题中最重要的一个问题或许就是：我是谁？抑或是，我是什么？

请思考……

生命中先于其他一切问题的首要问题是什么？我们自认为有所知的东西来自哪里？我们能够对这些知识有大致的把握吗？我们把什么称作"理性"？理性和真理之间的关系是什么？理性中有多少主观的东西？有多少客观的东西？一个人能与其他人（甚或是和所有人）共享理性和真理吗？怀疑主义者的论点是什么？该如何回应他们？相对主义的观点是什么？如果一切都是相对的，相对主义本身是否也是相对的？不运用理性，而是通过信仰或直觉，甚或是预感，能够获得真理吗？为什么不可能有缄默的理性？"对话"与"运用理性"有什么关系？通过理性来获得真理的方式有什么政治意义吗？为了正确地使用理性，单是有理性就足够了吗？还是同时也需要做到具有合理性？我可以理性地反对自己，但是我可以合理地反对他人吗？认为有权利公开捍卫自己的意见，或者有义务将所有的意见都视为具有同等价值，算是一种民主吗？允许自己被理性的论证说服，是不理性的表现或丢人的事吗？

[第三章]

我是谁？我是什么？

> 我的身体是世界的一部分，而我的思想能够改变世界。
>
> ——利希腾贝格

没错，我们可以对任何事物进行理性思考，但是，我们能够真正地对一些东西有所把握吗？真正的怀疑主义者会老调重弹，他们决不会认输（毕竟，一个真正的怀疑主义者的最大特点就是他们从不会认输，更不用说承认被说服了！）。在上一章，我们已经试着解释了我们是如何通过理性方式来为某些信念奠定基础的，但是一个激进的怀疑主义者（或许我们自己内心深处就藏有这样的声音），则会继续嘟哝着说出他的种种反对意见。他会对我们说：很好，我同意你们说的，你们满足于知道人们为什么相信他们所相信的，但是，你们能向我解释一下为什么人们不相信他们所不相信的吗？我们会不会只不过是冷酷无情的火星智者用来做虚拟试验的、一堆在装着某种营养液的瓶子中漂浮游荡的脑子而已呢？会不会是外星人通过某种花招使我们看见一个实际上并不存在的世界，一个他们为了欺骗我们而发明的充满虚假的因果链条，充满虚假的情境，充满貌似科学实则虚假的定律的世界呢？会不会他们仅仅是在五分钟前在他们的实验室里创造了我们，却使我们带有对不存在的前世的虚假记忆呢（就像电影《银翼杀手》中的那样）？尽管这些假设听起来好似天方夜谭，但至少我们有可能想象它们。并且如果它们是真的，还真能解释我们自认为看到、听到、触摸到和回忆到的一切。如果我们连抛弃普遍假象的能力都没有，我们还能对一些事物有把握吗？

笛卡儿这位 17 世纪法国伟大的思想家，正是因为第一个提出类似的巨大疑问并以自己独特的方式回答了它，才被公认为现代哲学的奠基人。当然，笛卡儿并没有提到外星人（外星人在他那个时代远没有在我们这个时代流行），也没有提到储存在瓶子中的人造脑子。相反，他提出了一个设想：所有我们认为真实的一切都可能只是一场梦——他生活的时间大致与《人生如梦》的作者卡尔德隆同时代——并且所有我们认为感觉到的东西以及看起来好像发生过的事情，实际上都只不过是梦中的场景和片断而已。一切完全只是一场梦，一场无止境的梦，在梦中我们有时梦见自己入睡，有时梦见自己醒来（难道我们不曾在梦中以为自己醒着，醒来后又对之前的梦一笑了之？），梦中充满了我们想见的人和景，在梦中我们是国王或乞丐。总之，梦中的一切都是那么活灵活现；但是归根结底，梦还是梦。笛卡儿对于这样一个震撼人心的假设仍然感到不满足，又提出了另一个令人更加毛骨悚然的假设：也许我们只不过是一个恶的精灵、一个强大如神灵邪恶如魔鬼的实体手里的一颗棋子而已。它以无休止地欺骗我们为天职，使我们看到、触摸到、闻到根本就不存在的东西，目的只是以看到我们无止境地犯错误为乐。根据第一个关于永恒的梦的假设，我们是在自己欺骗自己；根据第二个关于恶的精灵的假设，我们是在被某个无比强大的人（某个类似于外星人的人，由于他也身处地球上，我们就不能称他为外星人）故意欺骗。在这两种情况下，我们都在无可救药地犯错误，并无时无刻不在将虚假的当成真实的。

对于一个现代人来说，这些巨大的疑问显得十分怪异：笛卡儿是否有点疯了？如果我们承认梦的概念只是相对于醒着的时候才有意义，那我们又如何可能永远都在做梦呢？此外，我们所梦见的只是我们醒着的时候认识的事物、人物和场景；我们梦见现实，因为我们时常与一些未被梦到的现实相接触。如果我们永远都在做梦，那跟从未做过梦就没什么两样。还有,笛卡儿所谓的"恶的精灵"是从何得出的呢？如果真的存在这样一个神灵或魔鬼，一心要策划一个在我们看来天衣无缝的现实,那我们何不就称其为"现实"并在这一现实中终了呢？如果一切都从来不是现实，那又何来欺骗呢？如果我们永远都在被欺骗，那么这种欺骗又如何与真实相区别呢？认识一个其中有很多事物的真实世界，与认识由一个顽皮但却真实的魔鬼制作的各种事物，又有什么根本不同呢？

当然，笛卡儿既没疯，也没有因泛滥成灾的想象力而乱说胡话。

作为一位大哲学家，他一生都致力于提出一些表面上看起来十分古怪的问题。这些问题探索的是我们认为最显而易见的事物，以求证它们是否真像我们所想的那样不言而喻，就像有人在抓着一根绳子放心地向上攀登之前，需要反复地押几下绳子试试它是否安全一样。有可能看上去这根绳子绑得十分结实，有可能所有人都说我们可以对这根绳子感到放心，但是……现在涉及的事关我们的人生，哲学家笛卡儿希望在开始攀爬人生的绳子之前尽可能地把绳子系牢。不，这位哲学家不是疯子，也不是个怪人（至少在大多数情况下并不是），他只是比其他人对人们习以为常的事物更加没有信任感。他希望通过自己来认知和证明自己所知的东西。因此，笛卡儿将自己的质疑方式称为"方法论"，他在试着找寻一种认识现实的可靠方法（"方法"的希腊语意就是"道路"）。他的怀疑主义是探索研究的开端，而不是拒绝任何形式的探索和认知。

那好，就让我们假设我想知道的一切，都只是"恶的精灵"为了欺骗我而设计出来的梦境或幻象。在这种情况下，尽管我会无止境地犯错，可是难道就没有任何可以立足的确定性的东西吗？难道就没有一种确定无疑的东西，连精灵都不能将它变为虚假吗？有可能世界上根本就不存在树木、海洋或星星，有可能世界上除了我之外并没有类似的"人"这个物种，有可能我实际上根本没有我自以为拥有的躯体和外貌……但至少有一点我是确定无疑的。不论我是对还是错，至少我能肯定我是存在的。如果我怀疑，如果我做梦，那我必须首先毫无疑问地存在，才能够做梦和怀疑。我有可能被骗得一塌糊涂，但是我必须首先存在，才有可能被骗。因此，笛卡儿在他的《第一哲学沉思集》的第二部分中写道："在充分考虑了这一切后，我最终必须得出这个结论：我是，我存在。这一命题，无论我在什么时候提出它或在心里思考它，它都必然是真的。"Cogito, ergo sum：我思故我在。当笛卡儿说"我思"的时候，他指的并不仅仅是运用理性的能力，而是也包括怀疑、犯错误、梦想、知觉的能力，以及所发生的一切精神活动。一切都可能只是幻象，除了我存在这一点——我可能存在于幻象中，也可能存在于真实中。如果我说"我看见有一棵树在我面前"，我有可能是在做梦，也有可能是被一个滑头的外星人给骗了。但是如果我断言"我看见有一棵树在我面前，因此我存在"，那我必然是正确的，在这一点上没有神灵可以欺骗我，也不是梦在起作用。此处绳子已被牢固地拴好，我可以开始往上攀爬了。

这个关于其存在无可置疑的"我"到底是谁或什么呢？对笛卡儿来说，它就是 res cogitans，一个思考的事物（此处的"思考"应从前文所提过的广义上来解）。也许将拉丁词"res"翻成"事物"并不十分合适，把它翻成"者"甚至"事情"可能会更好，就这个词在"res publica"（公共事务，国家）中的语义而言："我"是某种能思考的东西，一个精神事件。无论如何，此处正是后来人们对笛卡儿的命题提出最严肃的反驳的地方。为什么这个"思考"因而存在的东西是我，一个人格化的主体？难道我们不能只是以无人称方式谈"思考"或"存在"吗，就像我们以无人称方式说"下雨"或者"现在是白天"那样吗？为什么思考和存在者必须是一件东西，某种延续地存在和稳定的东西,而不是一系列接连发生的瞬间片断呢?存在着思想,存在着存在,但是,为什么笛卡儿要将那个维系思想和存在的所谓主体称为"我"呢?我看见树木,产生感觉,我推理、计算、有所欲求、感到害怕……但是我从来都不曾感觉到一种可以称之为"我"的东西。

笛卡儿之后100年,苏格兰人休谟在他的《人性论》中写道:"就我而论,当我极密切地体察我称之为我自己的时候,我总要碰上某种知觉,冷或热、明或暗、爱或憎、苦或乐的知觉。在任何时候,我从不曾离了知觉而把握住我自己,除知觉而外我从不能观察到任何东西。"根据休谟的看法,这里同样存在一个幻象,尽管笛卡儿曾想方设法避免受骗。正如我看见一根棍子插入水中时(由于光的折射作用)发生弯曲一样,我在感知到一系列接连不断的印象之后,也会"感觉"到一种绵延不断并且是稳定的、我可以称之为"我"的物质:由于我总是能注意到一些东西,因此我相信有某种总是在注意着并且感觉着的东西。但是对于笛卡儿似乎不得不舍弃的同一个人格性主体(请原谅我这个大玩笑),我从来就不曾感觉到,因此,它只不过是另一个幻象而已。

或许这不是一个幻象,而只是我们所使用的语言的一个要求。也许"我"这个词并不是一件事物的名称,不论该事物是能思想的还是不能思想的,而是一种语言定位器,就像"这里"或"现在"等词语一样。难道我们真认为有一个固定不变的场所叫做"这里"吗?或者在所有的时刻中,真的有一个特殊的、明确可变的时刻,我们可以一劳永逸地叫做"现在"吗?说"我思,我感知,故我在",就如同说"由于存在着思维和感觉,因此存在着这里和现在"一样。根据康德的看法,"我思"的公式可以伴随我所有的精神活动,关于"这里"和"现在"也是同样的道理。我不可能以另外一种方式表达我自己,而且毫无疑问,我在这样说的时候是在表达某种东西,但是如果说这些词语揭示了一种固定不变、延绵不断的事物或人则未免有些太过了。在这种情形下,与在许多其他情形下一样,也许哲学的目的就在于力图澄清由于我们所使用的语言造成的许多混乱。其中一个很大的误解就是,假设每个词汇都对应着世界上某种物质的、切实可感的东西。而实际上,许多词汇所指的只不过是一些抽象的位置、关系或原则而已。另一个语言上的虚妄之处在于,认为所有的动词都是行为的名称,因此不加区别地去寻找实施该行为的主体。比如我说"我存在","存在"这个动词在我的想象中发生意义,就像和我说"我散步"或"我吃饭"的情形下一样,都指示了某种行为。但是,如果"存在"与一个普通行为没有任何相似之处,并因此根本不需要具体执行它的主体呢?如果"存在"更多地是在"现在是白天"或"下雨了"的意义上,也就是作为一种虽然发生但却没有人去实施的东西表达含义呢?

当笛卡儿把他的"我"(同时也是我们的"我")的存在,作为一种无可辩驳的东西提出来的时候,他很可能思考的是他的灵魂。当然,灵魂这个概念带有浓厚的宗教色彩(其基督教含义相当明显,同时也带有前基督教时代的宗教含义),很可敬也很有趣,尽管它本身是可疑的，远不符合这位法国哲学家通过他的怀疑主义方法论寻求的绝对真实性的要求。虽然笛卡儿试图质疑一切，但是他却似乎未加批判地就径直接受了"灵魂"或者人格性的"我"的概念。而对这两个概念的确实性，我们同样应该根据他自己的方法进行质疑。那些最激烈的怀疑主义者可能会说，笛卡儿并不真正是他们中的一员，而只是一个伪怀疑主义者，因为他太急于尽早走出怀疑。根据笛卡儿的意见，灵魂是一个截然不同于身体的分离的现实，受到位于松果腺（我们大脑系统中的一个辅助物，在笛卡儿时代还没有发现它任何具体的生理功能）的控制室的控制。现代的神经学家和精神病专家会嘲笑这种观点，但是他们自己对我们的思维功能和我们的生理器官之间的关系也没有一个清楚和令人信服的解释。现代人，包括你们和我（你们之中的任何一个人也都自称"我"），难道我们真的就完全不相信我们确实在相当程度上就是笛卡儿意义上的"灵魂"吗？

　　让我们再次回到"我"的问题上去。我们能够简单地把它当做语言上的错误打发掉吗？我们每个人都相信，在某种意义上我们拥有某种身份，某种通过我们的感觉、欲望和思想得到持续和绵延的东西。我相信我是我，首先是对我自己而言，同时也是对他人而言。我是我，因为我通过时间来保持我自己，因为我区别于其他人。我相信我与昨天的我是同一个人，甚至与40年前的我也还是同一个人；不仅如此，我还相信，只要我仍然活着，我就仍然是我。如果我担心死亡，那正是因为死亡意味着"我"的终结。但是，我如何能够如此确信我与那个五岁或十岁的小孩是同一个人呢？要知道，那时候的

"我"与现在的我，无论在生理上还是精神上都有巨大的不同。难道是记忆解释了这种延续性？但事实是，我已经忘记了我过去生活中的绝大多数感觉和事件。假如有人向我展示一张我几十年前的照片，这张照片是在我小时候的一个宴会上照的，而我已经完全不记得了。我看到这张照片，然后高兴地说："没错，这是我。"尽管我实际上已经遗忘了，尽管我什么都回忆不起来了，但我可以确定无疑的是，那时我的感觉是如此之"我"，与现在的我并没有什么两样，而且这种感觉几十年来从来没有中断过。同样，在我睡着的夜晚，我相信我仍然是我，虽然我很少记得自己做过什么梦，并且做梦的时间一般也都不太长，甚至在我因全身麻醉而完全无意识的情况下，我仍然是我。再假设一场事故让我完全失去记忆，再也想不起我过去的生命中所发生的事，甚至连昨天发生了什么都不记得，也许我仍会认为（在这种情况下或许存有一些疑问）：过去的我与现在的我是同一个"我"，虽然我什么也记不得了。

　　精神病学家萨克斯在其《错将妻子当帽子的人》一书中，讲述了他的一位病人汤普森先生的案例。柯萨柯夫综合征摧毁了汤普森先生的记忆，因此他时常会狂热地编造新的过去。这是他能够通过时间来认为自己是"同一个我"的表现，在你我身上也是如此。"同一个我"就意味着，虽然表面上我们一年不同于一年，一天不同于一天，但是在这些变化之下仍有某种稳定不变的东西（某物要发生变化，必须在某些方面保持不变：否则就不是变化，而是被摧毁，被另一物所代替）。但是，一样东西到底能够承受多少变化，才能使我们仍能说它还是原来的它，尽管它在形态上发生了改变？有一把刀，如果我把刀片弄坏了，换上一个新的刀片，这把刀还是原来的刀；如果我换一个刀柄，这把刀也还是原来的刀；但如果我同时把刀片和刀柄都换了，即便我继续称这把刀为"我的"刀，它还是原来的刀吗？关于未来又如何呢？我如何能说服自己在明天或明年，哪怕在我身上发生了天翻地覆的变化，哪怕阿尔茨海默氏症摧毁了我的所有记忆，使我甚至忘了自己的姓名或我的孩子的姓名，我仍是"我"呢（如果我还活着的话）？我又为什么会为那个与现在的我绝少相似之处的未来的"我"如此牵肠挂肚呢？

然而，在捍卫笛卡儿意义上的"我"的时候，同时也就是在对休谟等人的一些观点提出异议。这位苏格兰哲学家说，当他进入自己内心深处去寻找"我"（寻找自己？）的时候，只找到了不同的观念和知觉：他找到了意识的内容，却从未找到意识本身。但是，是谁或者是什么做了这个有趣的证明呢？毫无疑问，不论是观念还是知觉，都不等同于证明一个人有某种知觉或观念。比如，前者是注意到寒冷，后者则是发觉有人感到冷，也就是说，将这种不愉快的感觉进行分类，想象它可能带来的消极效果，并寻找快速的补救措施。我身上有冷的感觉,同时又有某种东西发觉我正在感觉到它（而不是另一样东西），并将它与我所回忆到的、所欲求的或所害怕的一切，或者与我的整个生命联系起来。我在此刻所感觉到或知觉到的东西，并不是游离徘徊于由我的回忆和期待构成的综合体系，而是马上井然有序地寄居其间。正是在这个意义上，它们构成了我可以称为我的感觉和知觉的东西：既在于我对这些感觉和知觉所感受到的连贯性,也在于我将它们与其他也属于我的 z 感觉和知觉联系起来考虑的必然性。比如，如果我感到牙疼，我不会假装不知，不会对牙疼的意义熟视无睹，而对自己说："你看，这里有一个叫做牙疼的东西。我希望它不属于我！"不论以何种方式，我总是会不仅注意到它，而且会郑重地将它当一回事。这种郑重其事地对待它的做法，在大多数情况下不仅是一种条件反射，更是一种反思。通过这种反思，我对在我身上所发生的事产生认同感，并将它与我生命中的其他经验联系起来。一言以蔽之，我不仅具有意识，这是任何一种动物都具有的，我还具有自我意识，即关于我的意识的意识，这是一种将我感到有意识的事物客观化，并将其置于一个序列之中的能力，由于这个序列的连续性，我才特别地感到自己置身其中。我不仅感觉和感知，而且能够扪心自问我感觉到了什么、感知到了什么，并能探索我所感觉和感知到的东西到底意味着什么。

也许在我们西方传统中，这种反思的第一个文学上的证明是在《奥德赛》里。在《奥德赛》的末尾，经过长时间流浪的尤利西斯，最终到达了伊塔卡的宫殿。当看到自己的妻子被一群寄居在他家、坐吃他的家产的毫无廉耻的追求者骚扰的时候，尤利西斯心中不由得燃起复仇的怒火。但是他没有莽撞地径直冲过去扑向他们,而是克制地对自己说："要冷静，我的心！"这位英雄对自己简短的告诫，确证了自己心中炽热的怒火，也表达了暂时平息胸中怒火的意志。根据罗米利在一本恰好以被引用的尤利西斯的话为名的精彩书中所指出的，这或许是我们全部心理学的开端，或许是我们文化史上第一次被记录下来的自我意识。

这岂不是类似于笛卡儿以 res congitans（即"会思想的东西"或者"经过思考的事件的总和"，我可以将其概括为一个公式"我存在，我思想"）来表达"我"时所指示的含义吗？不也类似于笛卡儿以"灵魂"所指称的含义吗？（此处"灵魂"或许有滥用之嫌，或许这里的"灵魂"比从一个实在论者的视角所表达的含义要复杂得多。）

总而言之，我的"我"不只由我们一直以来所说的良心或精神世界所构成。这种内心（内在）的维度，同时也伴随着我们所感知到的世界中的我的外在化，外在于所感知的事物的领域：我的身体。就像在我的意识历程中，尽管会有遗忘或是无意识的间断，我仍会将这些意识看成我的意识；同理，尽管我的身体有可能遭受变化、损失毛发、指甲或者牙齿，甚至有可能被摘掉器官、截去四肢，但是我仍会将这个身体看成我的身体。从我童年时期的小身体到我成年时期已经成熟甚至衰老的身体，对我来说，仍然构成了一种无法轻易解释但却是无可辩驳的延续性。我从不会去怀疑它，除了将它当做理论探索的对象——这已经是哲学的任务了。那么，我的身体到底是什么呢？

假设我们之前提到过的外星人中的其中一个（我们姑且不怀疑他是出自一种邪恶的居心，而只是出于好奇），来到了我们生活的这个世界，并开始研究你我。在他面前有一个活的存在物，甚至他还有可能认为这个存在物是具有智力的（让我们乐观些吧！），但是他问自己的其中一个最重要的问题将会是：这家伙到底从哪里开始又从哪里结束呢？这个问题并不荒谬：很多人在看到躲在壳里的寄居蟹的时候，也都闹不清壳是不是寄居蟹的一个组成部分。同样，这个外星来客有可能认为我是我的房子的组成部分，我一直到面朝大街的门口才结束，或者至少我最心爱的大扶手椅和睡袍是我的组成部分，并且还可能会认为我正在抽的雪茄烟是我身上的一个附件，而呼出的烟雾则是我难闻的口气。如果你有车，并且成天在车里待着，那么这位火星人肯定会把你当成一种有四个轮子的地球居民的组成部分。但如果这个星际来客来和我们进行交流，我们就会向他解释说他搞错了，我们的边界实际上是我们的细胞组织，并且尽管我们很爱我们的财产和居所，我们作为生命体的"我"的范围却是只能以我们的皮肤所覆盖的、也就是我们的身体为界。对此，火星人可能会这样回答我们："很好，可是，你们是怎么知道的呢？"

　　要正确地回答他们，并不像表面上看起来那么容易。我们不能向他们解释说：当我说"身体"的时候，我指的是那个永远伴随着我的东西，而不是我所拥有的财产。因为我的毛发、我的指甲、我的牙齿、我的唾液、我的尿液、我的盲肠等等，都是我身体的组成部分，但只是暂时地属于我的身体。迟早它们会不再属于我，而我则仍将是我。就像蛇在春天会褪去旧皮一样。我们也无法有十足的底气向那个好奇的星际来客确定无疑地说，所谓身体就是我们离开了它就无法继续生存的全部东西，因为有时候我们为了不死去，不得不换一个心脏；如果得了某些疾病，还不得不依靠透析装置来代替肾的功能。更不用说空气和食物了，它们就像肺和胃一样，对我的身体来说是必不可少的，但是，它们并不是"我"的组成部分。

如果被外星人选作研究样本的是一个怀孕的女人，这个问题就会变得更加复杂，因为很难判定胎儿到底是这个女人身体的一个组成部分，还是完全是另一个东西。这一切可以说是要多复杂有多复杂！利希腾贝格在他的《格言集》中曾说过："我的身体是世界的一部分，而我的思想能够改变世界。"这是一个天才的想法，因为对现实所做的绝大多数改变，比如移动一把椅子，启动一辆轿车，换身衣服，我都需要通过我的身体来操作，而要抬起胳膊或张开嘴巴，我只要通过欲望和思想就行了。然而，我不会认为使我呼吸或消化的东西也是我的思想，我的意志也不能把我失去的毛发和牙齿还给我……更不用说改变我的肤色或者性别了！迈克尔·杰克逊和变性人身上的那些变化，需要外部事物的介入才能实施。坦率地说，要满足外星人的好奇心，可能会将我们置于一种让我们非常窘迫的境地。

然而，我深信，我开始于我的身体，并将结束于我的身体，不管这种确定性会给我带来什么样的理论困境。也许看到我紧张不安的样子，和善的火星人会暂时接受我的观点；尽管之后他可能会再向我提出无数个问题："很好，您从您的身体开始，也在您的身体结束，但是……我能否认为您有一个身体或者您就是一个身体？"诸如此类的问题，很可能会变成一场星际战争的一个充分理由！笛卡儿认为灵魂是一种精神，身体是一种机器（根据他的意见，动物没有灵魂，因此只不过是机器而已，它们连痛苦还是欢喜都不能感受），因此他很可能会回答外星人说：我——精神——拥有一个身体，我可以想怎么用它就怎么用它。根据一些大众的观点，我们是在我们的身体之内，就像幽灵被关在一个受人指挥和控制的机器人的体内那样。甚至有些神秘主义者认为身体就像监狱一样坏，如果没有身体的话，我们就可以更加灵活地四处移动。在古希腊，俄尔甫斯教派曾经玩过一个诡异的文字游戏：soma（身体）= sema（坟墓）。灵魂被关在一个活死尸中！因此，身体的最终死亡使得灵魂可以自由翱翔（古希腊语中表示"灵魂"的词 psyche，同时也有"蝴蝶"的含义），这是一种真正的解放。也许苏格拉底最后的遗言中所指的就是这一点：根据柏拉图在《斐多篇》中的记载，当苏格拉底感到毒酒的作用达到了心脏时，他跟他的学生们说道："我还欠阿斯克勒庇俄斯一只公鸡。"当时的风俗是，当人们从任何疾病中痊愈时，都要向医神阿斯克勒庇俄斯奉献某种动物作为牺牲，以表达谢意。苏格拉底是否认为这杯毒酒就要将他从灵魂的疾病（即灵魂不得不忍受身体的束缚）中解救出来？但是这个如此善于反讽的人心里究竟是怎么想的，谁也无法确知。

可是，我们真的相信我们在自己的身体中处于高高在上的地位吗？我们真的能像驾驶员驾驶汽车一样驾驭我们的身体吗？如果真是这样的话，我们到底位于身体的哪一部分呢？笛卡儿提到了松果腺，但是大多数人都不知道这玩意儿到底在哪儿。当我们说"我"的时候，我们一般会指向我们胸部大致是心脏的位置。如果我们作进一步的反思，或许我们会得出结论说：我们位于我们的头部，具体而言就是位于两只眼睛的中轴线与两只耳朵的连线的相交点。因此，我的一位朋友费洛西奥，他有时就像苏格拉底一样擅长反讽，有一天跟我讲起那些不可忍受的牙痛、耳痛、头痛等等，他说："这些疼痛糟透了，因为它们离我们很近。"在我所认识的人当中，没有一个人相信我们位于比如说我们左脚的大拇指上。通常，那些认为自己有一个身体并居住于其内部的人，指的不是一个装满各种器官、血管和肌肉的肉袋的内部，而是一个完全不同意义上的"内部"：它在身体的各个部分中无处不在，却又无处可见，唯有大脑才能期望成为他们的"我"的得天独厚的所在地。此外，如果我不等同于我的身体，我又从何而来并最终栖息于身体的内部呢？

也有一些人认为，不是我们拥有我们的身体，而是我们就是我们的身体。亚里士多德认为灵魂是身体的形式，他所谓的"形式"不是指外在的形象，而是指我们得以存在的至关重要的原则。现代神经生物学几乎一致认为，我们意识中的思维现象是由我们的神经系统产生的，而神经系统的操作中心则是大脑。因此，当我们说到"灵魂"或"精神"时，我们指的是我们身体运行过程中的一种效果，就像我们说到从一只灯泡中发射出的光线的时候，我们指的是由灯泡产生的一种效果一样，而这种效果一旦灯泡熄灭或烧毁也就停止了。如果有人认为光线是位于灯泡中的一种截然不同的、与灯泡相分离的东西，那就未免太过天真了；如果有人问我们灯泡熄灭时光线跑哪儿去了，那他就更加天真了。但同样十分明显的一点是：灯泡发出的光线也为灯泡本身提供了某些东西，并且光线也有一些不同于灯泡的属性：没有灯泡，就没有光线，但是光线既不同于灯泡的一些部件，比如灯泡的玻璃外壳、钨丝，也不同于将灯泡与电流开关相连接的那根线，等等。如果说光线只不过是灯泡或为其提供电的电路的一部分，至少是不公平的。同样道理，虽然思想是由大脑产生的，但它也绝不能等同于大脑。人们通常会把那些无论是光线也好还是思维也好，当做"只不过是"灯泡或者大脑一部分的态度，称为还原论。有些还原论者愿意接受思维（光线）是大脑（灯泡）的一种状态，也就是说，对他们来说，具有首要意义的是一种"方式"，其中的内容只具有次一等的意义。像这些看法，都将一种本来要复杂得多的现实太过于简化了。

在英国作家赫胥黎的一部小说中，我们可以读到这样一个段落："颤动的空气振动着爱德华勋爵的耳膜，他耳朵中的一系列骨头——锤骨、砧骨和听小骨开始运动起来，摇动着卵圆窗膜，并在耳道中激起一场微型风暴。听觉神经末梢仿佛起浪的海面上的水藻一样颤抖个不停；暗中有无数不为人知的奇迹在大脑中发生，爱德华勋爵心醉神迷地低声嘟哝道：巴赫！"毫无疑问，爱德华勋爵是由于具备听觉的功能才能感知到音乐的；假如他是聋子，或者假如他的大脑皮层的某个区域被摘除了，那么乐队演奏得再好，他都不可能欣赏。但是，他所聆听的音乐自身的悦耳，他的鉴赏能力和对作曲者的认同，以及这一切所包含的对于聆听者的重要意义，绝不能简单地还原为听觉器官和大脑的功能。如果没有这些功能，这一切都不会发生，也不可能存在，但这一切就是不能简化为这些功能。正如由灯泡产生的光线不能等同于灯泡自身，巴赫的音乐所带来的享受也不能等同于捕捉到这些音符的生理系统，虽然它作为生理基础，没有它的存在一切就不可能发生。有时候，被产生者的性质来自产生者，但却又完全不同于产生者的性质。因此，古罗马伟大的唯物主义者卢克莱修深信，我们是由众多原子以这种或那种方式构成的一个整体。他指出，这些原子本身既不能笑，又不能思想，但是我们却能做到这些。我们是一个由作为物质的原子构成的整体，但是这个整体具有原子自身所不具备的性质。我们就是我们的身体，离开了身体我们既不能笑也不能思想，但是笑和思想同时也具有新增的（精神上的？）维度。我们必须超越纯粹生理上的解释，尽管它是必不可少的物质基础，才有可能完全理解这些新的维度。

内在的我，外在的我。我是一个身体，居住在一个充满身体的世界中；我是一个客体，周围有很多其他客体；我移动，并与他们发生碰撞和摩擦。但同时我又痛苦着，享受着，我做梦，想象，计算，我认识一个内心历程，它总是不得不与外部世界相联系，但是它又不属于外部性的范畴。因为如果有人能够在一本书（最好是用一张CD）中记录在现实中占有一席之地的一切事物，那么这份列表中甚至会出现组成我的最后一个原子、亚马逊河、大白鲨和北极星……但是我今天晚上做的梦和我现在所想的东西，却不会被包括在这份列表中。因此，有两种阅读我的生命的方式，两种阅读什么是我的方式：一种是外在的方式，可以根据我的各种运作方式来加以评判，主要是评价我的各种器官是否正常运转（正如我们通过看一个家用电器上的指示灯来判断机器是处于运行状态还是关闭状态），判断我的体能和职业能力如何，我的所作所为是否符合法律规定，我有没有违法犯罪等等；另一种是内在的方式，它是一种体验，唯有我自己从自己的内心才能斟酌判断我的所得与所失，比较我所想要的和我所不想要的，等等。当然，我的运作方式会对我的体验产生决定性的影响，反之亦然。

至于我的灵魂（我的灵魂除了产生于身体之外，还能产生于哪儿呢？）和我的身体（难道我能把一个没有灵魂的身体称为我的身体吗？）之间的关系这个由来已久的争论，或许会暂时把我从哲学家那里引开，带我前往诗人那里：

灵魂返回躯体，
走向眼睛，并与它们碰撞。
——光！它占据了我整个的生命。
真令人吃惊！

——（西）纪廉

于是我发现，我被我全部的存在（既包括灵魂内部的目光也包括世间的光线，两者都是不可分离的、无可置疑的）入侵和占有了。难道这就是大哲学家笛卡儿所追寻的确定性吗？

在努力探索"我"是什么之后，又一个疑问向我袭来：在外部世界还有其他人吗？我是孤单的吗？除了我的"我"之外，还存在其他的"我"吗？当然，我明白在我周围有很多看起来与我相似的人，但我只认识他们的外在表现、他们的表情和话语等等。我如何能知道他们是否也与我一样，有一个会感到快乐和痛苦的真实的内心世界呢？我如何能知道他们是否也有痛苦、快乐、梦想、思想和意义呢？这个问题显得有点莫名其妙，甚至有些疯癫（现在我们已经看到，许多哲学问题乍听起来都是怪怪的！），但是要想清楚准确地回答它们却是一点也不容易。在哲学史上，曾有一些人得出这样的结论：在这个世界上，除了自己的"我"之外，没有其他的"我"，因为对所有的其他人，我们只能认识他们的行为和表象，而行为和表象并不能提供一个与自己的内心世界一样真实的内心图景。人们把持这种观点的人称为"唯我论者"。别不相信，历史上的唯我论者还真不少，因为很难驳斥他们那种看似夸张的信念。毕竟，既然从定义上看，我的思维指的是唯有我才能直接接触到的那个东西，那我们怎么才能知道其他人也和我们一样具有思维呢？这是一个非常严重的问题。20世纪最伟大的哲学家之一罗素，说他曾收到一个唯我论者写给他的一封信，这位唯我论者讲述了自己的理论观点，深信自己的观点是无可辩驳的，并为世上没有更多的唯我论者而感到诧异……

　　我认为，对唯我论者观点最有力的反驳来自当代另一位大哲学家，也是罗素的朋友和学生，奥地利人维特根斯坦。维特根斯坦认为，不存在任何私人语言。人类的所有语言要得以存在，都必须能够为其他人所理解。语言的目的,就是能与他人一起共享意义的世界。从我开始思考自身起,我就在我的内心世界找到了一种语言,没有它我就不可能去思考,甚至连做梦都不可能。这种语言不是由我发明的,而是和其他所有语言一样,必须是公共性的,也就是说,我与其他和我一样具有理解词义和使用词语能力的人共享这种语言。"我"、"存在"、"思想"、"恶的精灵"等词语,不是一个孤立的人自发的产物,而是具有象征功能的创造物,在人类历史和地理上有其特定的位置:十个世纪之前或者在地球上一个不同的纬度,就不会有人问笛卡儿问过的那些问题。语言赋予了我的内心世界以形式,通过语言,我能假定且必须假定其他人的内心世界的存在——语言在不同的内心世界之间起着揭示性的桥梁纽带作用。我是一个"我",因为通过语言,我可以在一个"你"面前这样称自己为"我";通过语言,"你"也可以在"我"的位置自称为"我"。建立公共语言的意义范围,就是为人性划定界限:难道不正是在人性(这是我与其他具有言说和思考能力的同类共享的)这一点上,我才能找到关于"我是谁"或"我是什么"这一问题的最佳答案吗?

请思考……

在我的知识体系中,真的有我真正能够有把握的知识吗?是否可以想象我一直都是处于梦中,或者一直都在被某个强大而邪恶的东西所欺骗?为什么笛卡儿提出了这些假设,并把它们当成一个系列疑问的一部分?在寻找理性的确定性方面,笛卡儿是最大的怀疑主义者,还是现代探索者的先驱?"我"的存在是无可置疑的吗?抑或只是"某种东西"的存在,且这种东西还是非人格和片段式的?对笛卡儿来说,"我"是什么东西?他是如何理解"res cogitans"的?"我"是一种稳定的人格化的物质吗?抑或只能是语言的定位效果?当我内省的时候,我曾找到过笛卡儿意义上的"我"吗?还是只能找到休谟所说的各种知觉?有意识与有自我意识是一样的吗?我的身体是单纯用来感知的,还是同时在这个充满可感知物体的世界上具有广延性?从外部来看,我的"我"的界限在哪里?我为什么把我的身体称为"我的"?我就是身体,还是我拥有一个身体?如果灵魂拥有身体,但自身并不是身体,那它占据的是身体中的哪个部位?灵魂是从哪儿到达身体的?如果灵魂或思维要通过大脑,我们能说灵魂或思维就只不过是大脑吗?尽管没有大脑就没有意识,大脑与意识具有同样的性质吗?我如何才能知晓世界上是否还有与我的思维类似的思维呢?什么是唯我论?我们每个人都能是唯我论者吗?是我发明了我自身的语言吗?是否有可能存在一种仅供我个人使用的语言,而不指涉我的任何其他同类的思维呢?

[第四章]

我们何以为人？

> 语言是人类真正的遗传密码。每一种语言都开启了一个不同的世界。
>
> ——萨丕尔

寻求关于"我"、关于我的思维和／或我的身体的确切知识的探索性尝试，带给我的困惑远比能够确定的东西要多。但是我所获得的屈指可数的能够确定的东西，至少使我摆脱了未经反思的天真状态，而我的困惑现在也变成了哲学上的疑问，也就是说，变得如此扣人心弦，以至于我并不急于摆脱它们。关于我自己，我最有把握的一点就是，我是一个能说话的人（首先是与自己说话），一个拥有语言能力因而应该拥有同类的人。为什么？因为我使用的语言不是我发明的，而是别人教给我的。既然所有的语言都是公共的，用来将主观的东西客体化并与他人共享，它就必然能为所有与我相类似的、具有智力的存在者所理解。语言是我属于我的种群的证明，是人类真正的遗传密码。

　　请冷静，我们别着急，我们不想知道得太快。让我们再次回到最初的问题（哲学以圆形或螺旋形的方式前进，它总是一遍又一遍地涉及同样的问题，但是在转过一圈之后它会以一种更进一步的方式提出）：我是什么？或者我是谁？让我们试着这样回答：我是一个人，是人类这一种群中的一员。或者就像古罗马剧作家特伦希奥所说的那样："我是人，凡是人所具有的东西我都有。"他说的当然没错，我们暂且同意他的说法。但是"人"的含义是什么？我所认同的"人"到底体现在哪里呢？

　　大约公元前 500 年，伟大的古希腊悲剧作家索福克勒斯，曾在他的作品《安提戈涅》中以合唱的形式作过关于人的反思，值得我们在此摘录："奇异的事物虽然多，却没有一件比人更奇异；他要在狂暴的南风下渡过灰色的海，在汹涌的波浪间冒险航行；那不朽不倦的大地，最高的女神，他要去搅扰，用变种的马耕地，犁头年年来回地犁土。他用多网眼的网兜捕那快乐的飞鸟、凶猛的走兽和海里的游鱼——人真是聪明无比；他用技巧制服了居住在旷野的猛兽，驯服了鬃毛蓬松的马，使它们引颈受轭，他还把不知疲倦的山牛也养驯了。他学会了怎样运用语言和像风一般快的思想，怎样养成社会生活的习性，怎样在不利于露宿的时候躲避霜箭和雨箭；什么事他都有办法，对未来的事也样样有办法，甚至难以医治的疾病他都能设法避免,只是无法免于死亡。他拥有的能力超出一般人的想象,他善于运用各种资源,只是有时把它用于正途,有时难免用于邪道上。"

在这段著名的描述中,人所具备的所有突出特征都被集中起来了:控制自然力量以为我们服务的技术上的能力(比如航海、农业,今天我们还要再加上星际旅行、电能和原子能、电视、电脑等等);猎取并饲养许多其他生命体的能力(只有一些微生物和细菌仍在抵抗我们);语言和理性思维的能力(索福克勒斯认为语言是人类自己为了便于相互之间进行交流而发明的,而不是来自外部世界,比如作为神灵的礼物);躲避恶劣气候条件的聪明才智(人类发明了房子和衣服);对未来和对威胁的预见力,以便事先想办法应付;能从疾病中康复的能力(尽管人们无法死而复生,在死亡面前我们无处可逃);尤其是正确地或错误地使用所有这些聪明才智的能力(这种能力预先决定了区分行为和目的中善恶的倾向和立场,也预先决定了在善恶之间进行选择的能力——也就是自由)。但是,或许真正最具人性的一点,正是索福克勒斯笔下的合唱队在人性面前所感到的惊奇。这种惊奇是钦佩、骄傲、责任和人类的业绩和罪行(索福克勒斯并未过多地涉及人类的罪行,但我们不应忘记,这个片段正对应于震撼人心的悲剧中的描述)在人类自身(内心)激起的恐惧的混合物。人类的首要命运似乎是:一些人对另一些人(不论是为他们的善还是他们的恶)感到惊奇。

人类这一令人惊异的特征,在 15 世纪佛罗伦萨作家皮科《论人的尊严》一书中,以一种欢乐的语调得到了突出的表现。有人甚至将这部作品视作文艺复兴人文主义的宣言书。但是皮科不仅再次证实了索福克勒斯的观点,而且自认为找到了人类之所以如此强大的真正根源。他说:"我似乎理解了为什么人是最幸福、因而也是最值得羡慕的生命体;理解了是什么条件使得人成为整个宇宙的幸运儿。人类的这种幸运,不仅会引起动物的嫉妒,甚至还会引起日月星辰的嫉妒,引起尘世之外有智慧生命体的嫉妒。真是太不可思议、太令人赞叹了!"这位胸中充满了激情的人文主义者到底是在指人类哪种神奇的能力呢?

　　皮科的观点显然是新颖独特的。在他之前的哲学家,一般都认为人类的业绩来自我们的理性能力,都将其归因于我们是按照上帝的形象被创造出来的,以及我们所具有的统治其他生命体和相类似事物的能力。也就是说,之前的哲学家之所以高抬人类,是因为人类是某种多于世界上其他事物的东西。而根据皮科的意见,我们具有独特的尊严,恰好是因为我们是某种少于其他创造物的东西。确实,所有存在着的事物,从大天使到石头,更不用说处于半醒半睡之间的野兽、植物、水、火等,都在整个宇宙秩序中拥有一个上帝事先安排好的位置,它们必须永远不变地占据那个位置,不论它是高是低。世间的一切事物都不得不成为它们本来应该成为的那样,或者说成为上帝希望它们成为的那样。所有事物、所有事先被安排于某个固定位置的存在物……除了人类。

　　在皮科看来,最高造物者将整个宇宙都有条不紊地安排好之后,就对第一个人这样说道："哦，亚当！我们没有给你任何固定的位置，也没有给你任何固定的形象和特定的职业，你若想拥有自己想要的位置、形象和职业，这些你都可以按照自己的决定和选择去拥有。我们赋予了其他万事万物一种特定的属性，它们必须受到一定的法则的限制。而对于你，我们并没有强行约束在一定的范围内，你要成为什么样子，完全可以根据我们赋予你的自由意志来自己决定。我们将你置于世界的中心，是为了让你能够更加自如地环顾四周，看清世上存在的一切事物。你既不属于天界，也不属于尘世；既非有死，亦非不朽。这样你才能根据你自己的意愿和尊严塑造自身，赋予你自己最想拥有的形象。你可以堕落到下界，与野兽为伍；也可以升华自己，与有神性的事物平起平坐。这一切都要由你自己来决定。"

因此，根据皮科的看法，人类最让人吃惊的地方就是：在一个一切都各安其位、一切都必须循规蹈矩地按照自身性质行事的宇宙中，人类却始终保持一种开放和不确定的状态。上帝创造了一切存在物，但却使人类处于一种"半被造"（让我暂且这么说）的状态：上帝赋予人类通过创造自身的方式来自己完成神的作品的可能性。于是，人类也就拥有了一些神性，因为上帝给予了人类创造的能力，至少是将创造力运用于自身的能力。人有可能错用这种自由决定权，堕落到植物和岩石的层次上，但同时也有可能使自己升华为天使，直到不朽本身。毫无疑问，皮科在人类能力的问题上要比索福克勒斯乐观得多！接下来在本书的第六章和第 7 章中，我们还要进一步思考从人文主义视角（这种视角是如此的坚决果断，简直可以傲视现代的观点）提出的关于人性的问题。这里我们只需要强调皮科对《安提戈涅》中以合唱形式提出的观点的贡献。根据索福克勒斯的看法，人类"值得钦佩"（该词同样可被理解为"震撼人心"或"可怕的"）之处就在于，人类能够作用于这个世界，不论是通过技术手段，还是通过大胆的设想和理性的语言；但是这位来自佛罗伦萨的人文主义者尤其想要强调的则是：人类能够根据自己的意志和裁夺，如神灵般地进行自由选择，并通过这种方式作用于自身。我们还注意到，对皮科来说，人类的尊严就来自他是所有被造物中最"幸福"和最"幸运"的一个，索福克勒斯显然是不敢做出这样的断言的！

不论如何，人们似乎总在试图通过将人性与动物性和神性进行对比（同时也通过类比的方式），来界定人性的含义，也即所谓的"人就是一种既非动物又非神灵的东西"。在我们现今所处的时代，最显而易见的一点就是我们不是神灵，这部分是由于我们的缺陷，部分是由于在我们这个时代，人们已经远远不像往昔的时代那样信奉神灵或者上帝了。但是关于我们不是动物这一点，还存在着严重的疑问。甚至就连我们通常所自诩的我们是一种与一般动物不同的动物，也是大为可疑的。在动物和人类之间存在着相似之处，甚至存在某种形式的亲缘关系，这是不言而喻的。虽然在历史上总有人为表明我们不是动物而辩论不休，但却没有人会庸人自扰地想要证明我们不是石头或植物。另一方面，在几乎所有国家的传统神话故事中，都有一些动物象征着人类想要拥有的某些美德，比如公牛象征着勇气,狗象征着忠诚,猞猁象征着谨慎,鹰象征着精明等等。同时,人们也通过用某些动物的名字侮辱他人的方式,来表达对某些品行不好的人的谴责。比如,人们骂无知者是"驴",骂肮脏或好色的人是"猪",骂胆小懦弱的人是"母鸡",骂敌人是"狗"或"老鼠"。这些肯定性或否定性的类比,是认识人和动物之间存在显著相似性的一种方式(尽管其中有相当大部分都是出自人们的想象!),同时也表达了人类害怕自己与其他动物相混淆的一种永恒的潜在的恐惧。

然而,自从达尔文发表人是从其他动物形式的生命体进化来的理论之后,我们与动物之间存在着亲缘关系就成了一种几乎被普遍接受的科学信条。我用"几乎"这个词,是因为仍有一些人出于宗教上的原因,顽固地拒绝接受人类这个一点也不尊贵的起源。我们会惊奇地发现,在大多数宗教信仰中都存在着谦卑和骄傲的混合现象:我们应该服从上帝,但是由于这种服从将我们与神性联系起来,从而又将我们置于自然界中所有其他生命体之上。近代以来,理论上的三次成就教会了人类不得不学会谦卑,这三次成就每一次都与科学相联系,每一次都与宗教教条针锋相对。第一次成就是在16和17世纪由哥白尼、开普勒和伽利略取得的:地球这个人类所居住的星球被从宇宙中心的位置上移开了,失去了其庄严而又得天独厚的静止性,而围绕太阳旋转。第二次成就发生在19世纪:达尔文以十分令人信服的方式证明了,人类这个种群只不过是整个生物界中的其中一员,而且我们并不是由上帝按照自身形象直接创造的,而是由类人猿经过一系列偶然的基因突变转化而成的。19世纪末20世纪初的弗洛伊德第三次教育人类必须学会谦卑。他把我们的意识本身或者灵魂，转变为某种毫不透明的、复杂的东西，受种种无意识的冲动控制，而我们自己则并不是这些无意识冲动的主人。在这三种情况下，我们每次都失去了一些我们原本引以为豪的独特性，而我们一直以来都在为这些独特性寻找神学上的根据。我们越来越变成某种我们不想成为的东西……

然而，尽管我们接受了很多关于动物和人类之间无可置疑的关联性，但这决不意味着我们就可以因此而抹杀两者之间的根本差别。相反，这些根本性的差异更加佐证了通过索福克勒斯笔下的合唱队和皮科所表达的对于人类的"惊叹"。正如我们在上一章中指出的，存在着两种态度：一种态度是说某个东西（不论能力也好，存在物也好）来源或产生于另一个东西（无论是某种生理过程还是类人猿）；另一种态度是以一种确定的口气断定两者是相同的，前者只不过是后者的一种，或者前者可以还原为后者。人类同时也是一种动物，并且作为一个物种，我们应该在动物之间而不是在神灵和天使之间寻找我们的亲缘（正如一些神话中所说的，我们不是从天上掉下来的，而是从地上长出来的）。但这一点并不妨碍我们在人性中发现一些特有的东西，正是它们使得我们相对于我们的动物祖先有了实质性的飞跃。准确地指出它们无疑是重要的（尽管一点也不容易！），但却并不是出于苦苦坚持我们受到损害的优越性的热情，而是为了更好地理解我们到底是什么。因此，现在的问题就是：如果简单地将我们划入动物的行列是不够的，那么我们还能是什么？是否有某种深层次的东西，能够从根本上将人类与其他动物区别开来呢？

传统上一般将人类视为一种"有理性的动物"，也就是说，视为所有生命体中最富智慧的种类。要对理性的含义作一个基本的界定并不容易（虽然我们在第二章中已经进行过一些尝试），因为如果定义得太窄，一般动物就事先被排除出去了。英国哲学家罗杰·斯克鲁顿说得好："人们关于理性的定义通常相去甚远。它们之间的区别是如此之大，以至于让我们不由得感到，当哲学家试图用理性来界定人类和动物之间的区别时，他们实际上是在用人类和动物之间的区别来界定理性。"首先我们可以说，理性是为了达到特定的目的而寻求最有效的手段的能力。在这一意义上，显然一般动物也具有自己的理性，并且为了自我保存和延续物种发展了一定的智慧和计谋。当然，除了人以外，没有任何动物能够制造原子弹和使用电脑。但这是由于缺乏智慧还是由于它们不需要呢？难道我们可以因为动物为了生存只做一些必不可少的事，而不去做超出它们需要的种种复杂的事，就说它们缺乏智慧吗？这里我们可以看到动物的智慧和人类的智慧之间的首要差别：对于一般动物来说，智慧是用来获得它们所需要的东西；而对于我们人类来说，智慧则是用来发现新的需要。人类是一种永不满足的动物，总是在满足一些需要的同时，又觊觎着生命的地平线上冒出的新的需要。为了便于理解，我们可以换一种方式来表达：动物的理性是为达到某种稳定和确定的目的而寻找最好的手段，人类的理性则既是用来达到确定的目的，同时也是用来达到新的、不确定或非特定的目的。或许皮科在关于人类尊严的描述中，所指的正是人类理性的这个特点。

动物的智慧似乎是专门为它们的本能服务的。动物依靠本能而知道它们基本的需要和生存目的。也就是说，它们的行为仅仅是对一系列周而复始的场景的对应，比如进食的需要、交配的需要、自卫的需要等等。这些行为的重要性来自物种的生存，而不是来自每个个体的自主选择。服务于本能的智慧有条不紊地运转，但却从来不能发明任何新的东西。无疑，有些灵长类动物会发明一些精巧的小手段来获取食物或防御天敌，甚至能将这些技巧传给族群中的其他分子。但是它们种种努力的基础总是不超出其本能的尺度。而人类的智慧则既用来满足我们的本能，又用来阐释以新的形式出现的本能需要：从进食的需要中我们发展出了烹饪，从交配的需要中我们发展出了爱欲，从自我防御的本能中我们发展出了战争，等等。对于动物来说，最重要的是种群，包括种群的利益和该种群基因上长期积累下来的经验，而个体的特殊目的或者个体性的经验则几乎不占任何重要地位。动物似乎一生下来就知道的东西要远远多于在它的一生中所学的东西，而人类则几乎凡事都要通过学习才能知晓，我们刚出生的时候几乎什么都不知道。有些人曾用不同的字眼——动物的"行为"（预先决定好的）对应于人类的"表现"（不确定的，自由的）——来表示这一差异，尽管这种术语上的区分仍显含糊，并不足以完全澄清两者之间的差别。

有一点是确定无疑的：动物总是做一些没有多少新意的事，并且在这些事情上成功率极高,而我们人类则总是在不断地试探,我们犯的错误比动物多得多,但是我们也因此而知道如何应对环境的剧烈变化。如果某个动物个体因其物种的本能得到了一个不好的结果,它就很难以另一种它自己学到的或发明的东西来代替本能。西班牙加里西亚的幽默大师胡里奥·康巴,讲述了一个捕捉"林格绒"的风趣故事来说明这个道理。"林格绒"是一种外形像折刀的海贝,它生活在海滩的泥沙之中,只在周围留一个小窟窿,作为它洞穴的出口。当潮汐来临的时候,它就从泥沙中出来觅食。捕捉它的方式通常是:将一粒沙置于那个小窟窿中(它会一直都在窟窿下等待),使它相信现在窟窿已经被海水覆盖了并因此引它出来。康巴评论道:"我用整个夏天来不停地折腾它,现在已经使它完全茫然不知所措。涨潮的时候,这个不幸的家伙总以为是我在窟窿中摆放了一粒沙;而当我真的安放了沙粒的时候,它却以为是涨潮了。这只不幸的'林格绒'终于对自己的本能失去了信心,变得几乎像一位沉思者,连靠碰运气都总是犯错。"除去玩笑的成分之外,有一点是千真万确的——如果一个人处于与那只"林格绒"一样艰难的境地之中(对于"林格绒"来说,康巴就是笛卡儿所说的某种"恶的精灵"),他很可能会想出某种方式来确证潮汐是否真的来了……或是想方设法改变生活习惯和饮食制度。

到目前为止,我们一直都是在从一个人类中心主义的角度来对动物和人类进行比较。但是,那些从动物学视角看待这两者的人们又是怎么说的呢?虽然我们总喜欢自我称赞,先是将我们所属的物种称为"能人",然后又称为"智人"。但实际上,将我们作为一种高级哺乳动物来研究的人,并没有将我们技术上的能力和我们的智力作为区分标准。毕竟,我们与大猩猩 90% 多的染色体成分是相同的。1991 年,一批研究灵长类的学者比较了人类群体和与我们在动物学上最接近的灵长类群体,发现了一系列重要特征。第一个特征是:不论他们(它们)是否放弃家族群体,不论是男(公)是女(母),人类中的成人在一生中都保持了与其关系最近的亲戚之间的感情纽带,而其他灵长类动物则只是与继续组成同一个族群的同血缘、同性别的个体保持联系。在一般灵长类动物中,社会的组织方式或者建立在一夫一妻制的基础上(比如白手长臂猿和猩猩),或者形成一个集团,其中居于领袖地位的雄性垄断了所有的雌性个体(比如大猩猩)。也许其中唯一的例外是一种具有较高智力的倭黑猩猩,据说它们发展出了一种令人羡慕的异性杂居的部落生活。唯独人类能使一夫一妻制与群体生活共存,这很可能是因为人类一直保持着与子女(不论是男是女)的联系,哪怕他们长大成人之后依然如此。人类还发展出不同群体之间的合作关系,并在觅食、防御等方面进行分工,这些都是在其他灵长类动物中所看不到的现象。此外,人类最典型的一个特征是:他们是唯一能够与所交往者——即使所交往者很久不在身边——保持重要关系的物种。这就超越了团体或部落的有效限制。总而言之,人类的一些个体即使不与其他个体住在一起,也能社会性地记起他们。

从这一切中我们能够得出什么样的结论呢?似乎其他的灵长类

动物,还有许许多多其他的各种动物,都是一成不变地生活在对它们来说非常合适的生存环境中(巴塔耶在他的《宗教理论》中曾描绘它们的状态是"如水之于水中")。它们总是不可救药地依附于与它们一起生活的同类,依附于它们本能的目标,依附于为了生存和繁衍而需要寻求的东西。它们不能远离周围的其他个体,也不能远离构成其物种基本需要的那些东西。它们与其所需和所欲的东西,乃至与那些威胁它们因而必须躲避的东西构成了一种连续。它们不能客观地看待任何事物,不能从事物自身看待事物,总是带着它们的物种特有的想望。当代生物学家冯·俞克斯屈尔曾说过,在一个苍蝇的世界中,我们只能发现"苍蝇的东西",在一个刺海胆的世界中,我们只能发现"刺海胆的东西"。人类则不然。我们似乎拥有远离各种事物的能力,可以在生物学的意义上摆脱它们的束缚,从而将它们作为具有独特性质的对象来看待。在很多情况下,它们的性质往往与我们的需要或恐惧没有任何关系。正因为这一点,当代的一些哲学家(比如舍勒在他那本趣味盎然而又有影响力的著作《人类在宇宙中的位置》中)区分了两个世界:一个是动物特殊的生存环境,另一个是我们人类居住的世界(关于这一点我们在下一章还会有更详尽的阐述)。在动物的生存环境中,没有任何中性的事物,一切不是有利于该物种的生存延续,就是不利于它们的生存延续;而在人类的世界中,一切都可以被容纳,甚至包括那些与我们毫不相干的东西,或者那些过去曾相干而现在已无关的东西、我们失去的东西,以及我们尚未得到的东西等等。而且,我们具有客观地看待事物的能力，也就是能从其自身出发真实地看待它们（当代西班牙思想家哈维尔·朱比利将人类定义为"一种基于现实的动物"），这种能力甚至可以拓展到将我们自身的需要客观化，并重新阐述我们这一种族生物需求的程度……也就是说，我们甚至可以远离我们自身！我们人类可以从世界万物自身的角度来研究它们，可以将我们自己客观的生存条件当做真实世界的一种成分来研究，一般动物学意义上的动物则显然不具备这些能力。

在一些动物园里，有一个专门为昼伏夜出的动物安排的活动区域。在这些经过专门布置的场所，人们复制了这些动物的生存条件，并通过对光线的控制颠倒了真实的时间，使那些动物以为夜晚的时候是白天、白天的时候是夜晚。通过这种方式，游客可以观察蝙蝠、猫头鹰和其他类似昼伏夜出动物的活动。内格尔在一篇相当有名的散文中曾经问道："作为一只蝙蝠是什么样？"当然，内格尔感兴趣的不是他自己，也不是同为人类的你和我像蝙蝠那样张着嘴巴以极快的速度盲目飞行，并通过超声波来辨别方向，用脚支撑在天花板上倒挂着脑袋或以昆虫为食会有什么样的感觉。这样问题就太过琐碎了，回答显然是：我们会觉得很怪异。这种奇怪的感觉来源于我们事实上不是蝙蝠，却要我们像蝙蝠那样行为。内格尔所问的不是一个人变成蝙蝠之后会有什么样的感觉，而是身为一只蝙蝠（本来就是一只蝙蝠）感觉是什么样的，即对于蝙蝠自己来说！（我们同样可以问，比如身为一只"林格绒"会有什么样的感觉，尤其是在康巴到来并欺骗我们——假定我们就是那只"林格绒"——之前。）

回答这个问题是不可能的，因为要回答它，我们就必须不仅拥有蝙蝠或"林格绒"特有的感觉系统，还要拥有与它们一样的生存环境。但即便我们与它们生活在一起，我们的环境也与它们的环境有着根本的不同。或者更确切地说，我们在它们的环境中是作为一种干扰而存在，我们对于它们的生活来说，只意味着某种障碍或是某种该受排斥的东西；而它们则是作为某些独立的个体居住在我们的世界中，并因此区别于它们在我们心中激起的各种反应（比如害怕、喜欢等等）。无论如何，确定无疑的一点是，我们不可能在一个假想的动物园中复制智人的生存条件和自然环境。我们的自然环境是各种环境的总和，一个由一切现有的、曾经有过而现已消失的和现在尚未有的全部东西组成的世界，一个每天都在发生一些变化的世界。不仅蝙蝠和"林格绒"的生活方式，甚至包括猩猩以及其他一些与我们更像的动物的生活方式，在本质上也都是一样的，尽管它们生存的地点可能相距几千公里；而对于我们人类来说，几百米的距离就足以显著地改变我们的行为，尽管从生物学的角度看我们都属于同一个物种。这是为什么呢？

最主要的一点就是由于语言的存在。人类的语言（无论哪一种语言）与所谓的动物语言之间的差别，比起人类在生理上与其他灵长类动物或哺乳动物之间的差别要深刻得多。因为有语言，那些已经不存在或者尚未开始存在的东西，甚至是那些根本不可能存在的东西对人类来说也具有了意义……所谓的动物语言，总是指向该物种某种生物学上的目的：羚羊阻止其同类靠近狮子或者一场大火，蜜蜂通过圆形舞告诉蜂房中的其他伙伴花在哪里、距离有多远,等等。但是人类的语言并没有预先设定好内容,而是用来谈论不论是现在还是未来的任何主题,以及设计尚未发生的事物并议论其发生的可能性或不可能性。人类语言的意义是抽象的,而不是质料上的具体对象。在一次虚构的旅行中,斯威夫特笔下的格列佛遇见了这样一个村落,那里的居民对精确性的要求特别高。他们为了交流思想,不是通过说话的方式,而是通过把所有想要表达的东西装进一个袋子里,到时再在对方面前将这些东西一件一件地取出来。这种程序会不断地引起麻烦。正如现代伟大的语言学家雅各布森所指出的,假设有一个想要表达世界上全部鲸鱼的人,成功地把那么多的鲸鱼都装到了他的口袋中,但真到那时就会有新的问题出现:他怎么能够表达这些鲸鱼就是"全部"?在表达情绪的领域中,困难也丝毫没有减少:一只为所在群体放哨的羚羊可以提醒其他羚羊一只狮子可怕地出现了,但是它如何能在狮子不在的时候告诉同伴它对狮子感到害怕,或者告诉它们它其实认为狮子并没有它们想象的那样凶猛?它又如何能跟同伴开玩笑,骗它们说狮子来了而其实并没有?或者如何回忆上个星期遇到的狮子的凶恶的样子呢?而这类思考,实际上恰恰构成了所谓人类"世界"的本质部分。

所谓的动物语言(它们的语言与我们的语言是如此不同,称其为"语言"简直有点滥用的味道),主要是用来发出有用的警告或信号,维持种群的生存。它被用来表达必须表达的信息,而人类语言的典型特征则是用来表达我们想要表达的,不管我们想要表达的内容是什么。这种"想要表达",正是我们人类语言的本质特征。当我们从一种陌生的语言中听到一句话,我们会问自己它想表达什么意思。有可能我们听不懂或不知道这种语言,但是我们深知的一点是,这些声音或书面文字表达了一种交流的意愿,正是这种意愿将其同我们自己使用的语言联系起来。语言(一种不涉及封闭的生存体系的"想要表达",它可以谈论可能的与不可能的,谈论现实、过去和未来,甚至可以谈论言说本身,就像我们现在正在做的那样,这是任何其他动物都不能做的事情;它还可以用来对命题进行辩论,动物则只能用语言来进行警告或威胁,而不能用语言来进行"讨论")是共有的这一事实,是我们的生存状态最根本、最特殊的特征(另一个重要特征是我们知道自己有死):我们与人类的其他个体彼此相似、我们都有言说的能力这一点,远比我们之间的区别和使用不同的语言要重要得多。

"想要表达"这一点,甚至在学习语言的过程中也是至关重要的。那些试图用画有图画的卡片教会猩猩最基本的语言交流能力的学者(有时他们也会取得显著的成效,比如普雷马克的团体在那只有名的猩猩莎基(Sarah)身上取得的效果),经常指出灵长类缺乏学习符号方面的进取心和兴趣,因此不得不十分费劲地强迫它们去学习。它们确实能够做到自己言说某些事物,但这只是由于激励机制的作用,在获得了这个新的能力之后它们没有表现出任何愉悦。它们感兴趣的不是交流,而是通过交流可以从人们手中得到的东西。儿童则与它们恰好相反,他们简直是兴奋地扑向语词为他们开启的交流的可能性，他们不是仅仅通过被动的接受来学习，而是积极地、尽管是有些跌跌撞撞地参与到掌握词汇的过程中，就好像他们有好多东西要说，却没时间去知道如何表达。与阅读和写字不同，没有一个小孩会拒绝学习说话，也不需要通过提供某种奖赏来使他们完成这个公允地看来绝非微不足道的成就。似乎儿童学习说话是因为一开始他们就被激发了说话的意图，而这种意图正是其他灵长类动物所缺乏的，尽管它们一直都是清醒的。

有人说，人类甚至在掌握工具之前，就已有了通过符号来互相交流的意图。也许相对来说唯一的反例是18世纪法国南部阿韦龙地区一个在动物中被养大的小孩，当时的教育家伊塔曾试图教会他说话。这个例子表明了我们人类第一个交流的欲望是在人类中成长时才产生的。没有什么比在学习语言中犯错能更好地表明小孩对语言的热情——当他认识了语词向他开启的可交流的世界时。这些错误并不表明小孩记忆力不好或注意力不集中，恰恰相反，它表明了一种自发的热情，正是这种热情使得他们学习语言的速度远远快于一般语言教育的那种按部就班的步骤。费洛西奥说他女儿小时候有一次切开一个苹果，发现里面被虫子蛀了许多小洞，就说苹果里有许多"管道"。这种天真并不表明她犯了一个笨拙的错误，而是表明她想通过意义之间的关联，为自己的表达开辟一条道路，这种方式比起通过正常方式学习词汇表的速度要快得多。

我们已经指出，人类语言的主要特征不是可以表达主观情感（害怕、愤怒、享受，以及其他同样可以通过表情或态度来表达的心灵活动，这是任何动物都能做到的），而是将一个具有特定现实的可表达的世界客观化，在这个世界中，他人可以和我们一块参与。人们常说，一个嘲讽的表情或耸肩，可以比任何口头语言都更富表现力。也许嘲讽的表情和耸肩确实要比我们内心世界中发生的事情更有表现力，但是它们从不可能更好地表达外部世界中的东西。语言的主要任务不是向世界揭示"我"，而是帮助我理解这个世界，参与到这个世界中来。

由于语言的存在，我们人类就不再仅仅居住在一个生物环境中，而是居住在一个具有独立的、有意义的现实（即便有时它们不能切实存在）的世界中。因为我们所居住的这个世界依赖于我们所讲的语言，所以有些语言学家（其中最突出的是萨丕尔和沃尔夫大胆假定：每一种语言都开启了一个不同的世界。受他们的影响，有些当代的相对主义者推断说：每一个语言团体都有他们自己的宇宙，这个宇宙对于那些不懂他们语言的人来说，或多或少是封闭的。但是这种说法似乎太夸张了。人类学家罗施通过关于新几内亚达尼人的一个有趣的实验，在这方面做出了重要贡献。在达尼人这个群落所使用的语言中，表达颜色的词语只有两个：一个表达浓烈、炎热的色调，另一个表达暗淡、寒冷的色调。罗施让他们进行一个实验，具体内容是区分40种色调和亮度不同的颜色。要求首先给每一种颜色命名，稍作间隔之后重新在那么多颜色中辨认出每一种颜色。这些达尼人在给每一种颜色命名这一环节上表现得很是糟糕，但是在随后从众多其他颜色中辨认出每一种颜色这个环节却并没有遇到很大困难。这就说明了语言（不论哪种语言）能使我们拥有一个世界，但是一旦获得了这个世界以后，它并不将我们的感觉拒之门外，更不排斥我们理解其他同类以及同他们进行沟通的意愿。因此，一种语言中最人性的部分，就在于它的本质内容能被翻译成任何一种其他语言，但是如果没有"想要理解"，没有"使自己被理解"的意愿，就不存在想要表达的内容。

当然，人类的语言和一切我们真正感兴趣的东西一样，也充满着各种各样的谜团……第一个谜团就是语言自身的来源问题。如果人类标志性的特征是语言，那我们又是怎么获得它的呢？语言是由最初的人类发明的吗？如果是那样的话，只能说明他们在拥有语言之前就已经是人类了。但要说它不是人类发明的，又与我们今天所知的关于我们这个物种的一切相矛盾。那么会是某些前人类的灵长类动物发明了语言吗？可是这些动物又是如何开发出这样一个距离动物性如此之远的符号世界的？要获得这样的成就，它们似乎应该已经获得了经过充分发展的智慧，而这么高级的智慧，我们一般认为正是从语言的交流中产生的。总之，如果是语言使我们成为人类，那就不可能是我们人类自己发明了语言……但是如果是其他动物发明了语言，抑或是某些几千年前到达地球的外星人（这些外星人又是如何开始说话的呢？）或一些爱好语法的神灵教会人类语言，那就显得更加不可思议。因此，最明智的做法，尽管这种做法也未能使问题变得十分清晰，就是假设在语言的起源和人类的起源之间有一个互动：某些半动物半人类的叫声逐渐转换成语词，同时某种高级的灵长类动物日渐变得越来越趋向于人类。一者影响着另一者，反之亦然。19 世纪末，伟大的语言学家叶斯柏森假设，一开始的时候有的只是情绪上的感叹，或者一些音乐般的有节奏的句子，来表达集体的情绪或热情（18 世纪时卢梭已经暗示了类似的观点）：叶斯柏森认为决定性的一步发生在"交流的重要性超过了感叹"之时。我们应该问他："可是这一步又是怎么发生的呢？因为这一点恰好是我们想要知道的……"

无论如何，卡西尔所说的"人类是一种使用符号的动物"显然是很有道理的。什么是符号？这是一种用来表达一种观念、一种情绪、一种欲望和一种社会形式的信号。这是一种习俗性的信号，是由人类社会中的成员约定俗成的，而不是指示另一个事物存在的自然标记，好比烟表示有火的存在、野兽的足迹表示之前曾有野兽经过。在人类的符号中，人们约定通过某种特定的符号来指涉或表达某种东西，因此这些符号需要被学习，也因之会随着地域的变化而表示不同的含义。相反，烟或野兽的足迹等信号就不是这样。语词和数字是符号最明显的例子，在某种意义上也是独一无二的。此外，有些生物或物体也被人类赋予了某种符号性的价值：比如格尔尼卡的树是一种与其他植物一样平常的植物，同时也是西班牙巴斯克地区人民尊严的象征；交通信号灯的绿灯和红灯分别表示可以横穿马路和必须驻足等待；已经去世的戴安娜王妃对许多人来说已经变成了多重美德的象征，等等。只要我们愿意，任何天然的或人造的事物都可以成为一种符号，即使用来象征的东西和被象征的东西之间可能没有任何表面上的联系，也没有直接的相似性。或许一个知道弓箭如何飞行的人能够推测出公路上一个箭头符号的作用是指示路该怎么走，但是任何人无论如何都无法仅凭自己就猜出黑色是吊丧的颜色（事实上，在一些东方国家，吊丧的颜色是白色），或者"perro"、"chien"和"dog"都是表示同一种动物的名字。符号仅仅间接地指示某种物理上的事实，但它却能直接地表明精神的、思维的、想象的、由意义构成的事实。就后一种事实而言，我们只是作为人类，而不是作为具有一定智力的灵长类动物居于其中。神话、宗教、科学、艺术、政治、历史、当然还有哲学……都是不同的符号系统。这些符号系统都以语言这个尤为突出的符号系统为基础。我们如此珍视的生命本身，和我们如此畏惧的死亡，都不仅是生理上的事件，也是符号的过程。因此，既有人随时准备为了捍卫自己的生命符号而牺牲自己物理意义上的生命，也有一些符号上的死亡，我们畏惧它们更甚于畏惧我们纯粹肉体上的死亡。正如诗人波德莱尔所说，我们居住在一个"符号的丛林"中，意思就是说我们徘徊于其中的人类的丛林是由符号构成的。

符号性是我们的根本特征，这也是教育在我们生命中具有特殊重要性的基础。有些事情，比如火会烫手、水会湿手，我们通过自己就可以认识到。但是要想认识符号，就必须由其他人（我们的同类）教给我们。也许正因如此，我们是一些童年被延长了的灵长类动物，因为我们需要很多时间来学习各种各样的符号，这些符号在我们长大成人之后会相互交织构成我们的生存方式。在某种意义上，我们永远都只是小孩,因为我们从来无法停止学习新的符号。符号性想象力的开发,决定了我们看待一切事物的方式,以至于有时在一些我们认为不可能建立任何人类共同约定的地方也发现了符号。由于我们首要的现实是一种符号性的存在,有时我们就会不由自主地认为一切真实的事物都是符号性的,一切事物都表示某种我们很难窥测到的隐秘含义。在梅尔维尔的代表作《白鲸》里,一名船员指责船长亚哈像追捕恶的化身那样追捕大白鲸,事实上大白鲸只不过是一只没有任何理性意图的野兽。亚哈是这样回答他的:"一切看得见的东西,都只不过是纸板做的假面具。但是,在每件事中,在人的行动中,在人的不容置疑的行为中,某种尚未发现但是可以推断的东西,在冥顽不灵的面具后面显示了它的本来面目。人类要是愿意捅破那层假面具,就让他捅破好了!囚犯除了打穿围墙怎么能跑出来?对我来说,那条白鲸就是那道围墙,它箍着我。有时候我觉得外面什么也没有……"对于比较清醒冷静的大副斯达巴克来说,亚哈的这番话无疑像是疯子的胡言乱语。问题的关键是:我们究竟如何才能知道什么是符号性的、什么不是符号性的?我们的信念能够到达哪里?具有可阐释的含义的东西到哪里结束?只能被简单地描述或解释的东西从哪里开始?因为只有将这些领域界定好之后,我们才能明白明智与疯癫或虚幻之间的差别。

我们是独特的符号性动物(你,亲爱的读者朋友,从你现在正在阅读我的书这一点,我可以推出你和我一样也属于人类)。关于这种符号性动物提出的那些问题,我们在接下来的章节中还会进一步详细展开。但在这样做之前，我们最好还是先问问我们符号性地生活于其中的世界是什么样的。在试着模模糊糊地回答了"我是谁？我们是谁？"的问题之后（这些问题我们以后必定还会再次触及），让我们暂时先过渡到另一些问题上："我们在哪里？我们是如何到达这里的？世界是什么？"

请思考……

为什么语言能够证明我不是唯一存在的能思考的生命？当我说"我属于人类这个物种"时，我真正想表达的是什么？索福克勒斯是在什么意义上说"人类是地球上最值得钦美的事物"？他认为人类只是某种令人惊异的东西呢，还是认为人类同时也是一种可怕的和悲惨的东西？皮科的人文主义思想的新颖之处表现在哪里？人类之所以伟大，是由于他比其他生命体多出一些东西呢，还是由于他比其他生命体少一些东西？我们人类害怕自己被同一般动物混淆起来吗？哪些证据能表明我们与它们之间具有亲缘关系？单从动物学的角度我们就能真正理解人类吗？我们的智慧与其他生物的智慧有什么差别？我们比它们更聪明吗？跟它们相比，我们对所获得的东西更容易感到满足吗？在动物的"行为"和人类的"表现"之间、在居住在一个"环境"中和拥有一个"世界"之间，存在着差别吗？我们能够想象身为一只蝙蝠或"林格绒"是什么感觉吗？如果在动物所生存的环境中，有的只是现存的生命体和事物，那么在人类的世界中，是否还包括不在场的、可能的和不可能的生命体和事物？人类的语言和动物的语言之间有什么区别？各种"语言"与"语词"具有同样的含义吗？为什么人类"想要表达"的要比他们实际上表达的更为重要？小孩子学习语言具有什么样的特点？为什么我们是"符号动物"？各种符号是自然形成的还是约定俗成的？"符号"和"语词"是同一个意思吗？语言是用来表达自己还是用来互相沟通？每一种语言都具有一个操其他语言者所无法理解的独特的世界吗？我们是否能相信，世界上存在的所有现实或许都不过是各种符号而已？

[第五章]

我们在哪里？世界是什么？

> 一堆被随意扔弃的混乱不堪的垃圾是最美丽的秩序，宇宙也是这样。
>
> ——赫拉克利特

人类并不满足于仅仅是作为现实的一个组成部分，他还需要知道他居住在一个世界当中，并会马上问自己，他不仅居于其间而且还作为其中一个组成部分的世界是什么样的。因为在某种意义上，世界（说得更确切些就是"我的世界"）属于我，但同时我也属于它。实际上，整个人类都属于它，就像这个世界中的其他成分一样，人类也是从这个世界中产生的。"世界"是什么？是一个意义的环境，一个框架，在此框架内一切都具有某种联系，都具有某种可以解释的相关性。首先，"世界"这一概念具有不同的层次，可以从离我们最近的、显得非常琐碎的层次，一直扩展到将人压得喘不过气来的、宇宙的层次。处在最低一级台阶上的，是我们每个人习惯于称作"我的世界"或"我的小世界"的东西，也就是我们的家庭、我们的朋友圈子、工作和娱乐场所，一些不是最常去或不是最喜欢的角落，以及炉灶等等。往上一级台阶是我所处的社会和文化环境，其中有各种"像我一样"的人，尽管我有可能与他们仅有一面之缘，或者压根儿就不认识他们。再往上是我的祖国，也就是我所属的民族共同体，以及我的共同体所属的整个国际空间，甚至整个人类世界（其符号性特征也是为我所分享的）。然后我离开这个以情感为纽带的世界、社会学意义上的世界、专门就人类而言的世界，来到星球的阶梯上。此时，我的"世界"就是我们生于其中、死于其中的地球，这个布满海洋和森林的蓝色星球。在这个星球上，我们与其他不计其数的生命体和无生命体共同生活在一起。看到这幅景象，可爱的外星人一定会情不自禁地放声呼喊"我的家园！"在更远处，已经部分地被人类探索者和航天工具访问过的太阳系，以及太阳系所属的银河系，也是我们世界的组成部分。之后，我们的世界继续漫无边际地，朝着无限巨大、无限遥远和我们一无所知的方向延伸，它承载了新的恒星、星系、星云、黑洞、物质和反物质……直到它不再成其为"世界"，而是变成了"宇宙"。所谓的宇宙，就是一个包含了所有地方的地方，一个囊括了一切存在的范围。关于宇宙的绝大部分，我们尚且一无所知。

这一连串宇宙，每一个都套在另一个更大的宇宙之中，就像俄罗斯套娃和中国盒子一样，岂不让人头晕目眩？从我的起居室或吃早餐的咖啡厅，一直到星际空间的最外层，这个世界所谓的"安静"曾令帕斯卡尔这位17世纪思想上饱受折磨的巨匠为之毛骨悚然！值得一提的是，从我个人的"小世界"到包含所有一切的宇宙，这一连串的世界最显著的特点是：最狭小、最局促的那个世界，却是对我来说至关重要的世界。比起星球的燃烧（其夺目的光芒要经过好几个世纪才能被地球上的天文望远镜观测到），我远远更加关注我所住屋子的煤气泄漏和我国的一场地震……尽管我的这个视角显得有点小家子气，但我同时也一直意识到，我是大写的宇宙的组成部分。因此，我同样会不可避免地问自己这样的问题：宇宙是由什么构成的？它是有限的还是无限的？它是如何开始的？会有终结的时候吗？我们人类，当然也包括我自己，某一天在这个如此不可思议的舞台上出现，这是早已注定的吗？……

最古老的那些哲学家最早提出的那些问题，无疑就是关于宇宙的问题（他们那时甚至连什么是"哲学家"都不知道！）。我们现在几乎可以肯定的是，他们不会像我这本小书里做的那样，从探寻自己的"我"开始。这就像小孩子一开始提出的问题往往是海中有多少水，或者为什么星星不会掉下来，而从不会一开始就问"我是谁"。根据亚里士多德的看法，好奇心是进行哲学思考的第一诱因。而好奇心首先就是由这个世界本身激发的，而不是由"我们在这个世界中究竟算什么"这样的问题激发的。在古代，关于宇宙的解释，往往是以神话的形式进行的：星星是神，地球也是，海洋和动物都来自某种传说中的神灵。天上打雷是一个看不见的巨人在敲锣打鼓……我们不要以为,对这些具体问题的传说式的回答,只是反映了一种可悲的迷信,是缺乏推理能力的表现。神话传说中的神灵和祖先,同样反映了各种观念,用斯宾诺莎的话来说:"观念不是别的,是思维上对自然的表述。"而且这些神话观念有时还很深刻,很有启发性,并且无疑能够帮助我们更好地考虑世界对我们的思维来说意味着什么。最初的那些哲学家所做的是,将这些神话观念换成思维上对自然的另一种表述。他们的观念少了许多神人同形同性论的色彩,主要是用非人格化的元素来解释现实。当泰勒斯想指出宇宙的现实基本上是湿的和流动的时候,他没有提及海洋或传说中的海神特提斯,而是认为"一切都是由水构成的。"这是一个完全"消解神话"的断言,具有革命性的后果。为什么?

当然,之所以这么说,并不是因为这种说法比神话传说中的那些故事更具真实性。如果我们真想抬杠的话,那么"世界是由水构成的"这种说法,与"世界是由克洛诺斯的叛逆的儿子卡俄斯造的"一样站不住脚。而且,我们在第二章中已经说过,存在着许多不同的真理之域,每个真理都只在特定的限度内才是可以被接受的。但无论如何,哲学观念比起神话观念具有一系列的优势。首先,它不仅仅是一种传统的重复,而是对所存在的事物提出了个人的观点,比如:所有的哲学观念都是署名的,不论是泰勒斯的观念,还是赫拉克利特或阿那克西曼德的观念。其次,哲学观念通常诉诸物质上的、而不是神人同形同性论的元素,或是采取去人格化的智慧形式(阿那克萨哥拉提出的"宇宙智慧"不具有阿芙罗狄特或宙斯的爱欲和其他各种人生曲折)。请注意这个有趣的矛盾：神话都是匿名的,然而却总是通过具体的人名和人物形象来讲述世界；而哲学观念则总是非人格化的（比如：水、火、"阿派朗"、原子……），虽然总是与提出这个观念的人格联系在一起（第欧根尼曾写过一本《名哲言行录》，然而没有人知道是谁创作了那些神话）。由此我们可以得出哲学观念的第三个优势，即哲学具有更强的客观性或现实性。根据这一点，我们可以接受世界不是由那些至少通过其激情、斗争和职业而在精神上呈现给我们的生灵（尽管他们可能是不朽的、具有超人的能力）创造的，而是按照非主观的、与我们的个性和热情没有什么关系的原则构成的。第四点，哲学命题总是在通过感觉感知的表象，和支撑这些表象的现实之间，进行根本的区分。而现实则只能通过运用理性，或者按照赫拉克利特的说法，聆听"逻各斯"才能被发现。

最后也是最为关键的一点是，神话只能被一揽子全盘接受，或者一棍子全部否定，研究它的人不可能对它进行理性上的争辩。对于一个神话，我们不可能提出反驳意见，而只能是无条件地完全认同它。正因如此，在产生神话的文化共同体之外，这些神话也就显得有些专横和荒唐。谈论盖亚女神的古希腊人，和讲述提阿马特故事的古巴比伦人之间，几乎没有什么共同话题可以争论。他们顶多也就是愿意承认希腊世界来源于盖亚，而巴比伦世界则来源于提阿马特——事情就此打住。哲学观念则不然，它们生来就是为了让人进行争论。大多数古希腊人都接受宇宙有限性的观念，但是与柏拉图同时代的哲人阿基塔，却提出了以下疑问："如果我身处天空的最边缘，我可以向外伸出手或一根拐杖吗？说不能显然是荒唐的；但如果我能，这就说明了外面仍有东西，不论是一个身体还是一个地方。"因此，所谓的有限，实际上并不该像看上去的那样有限……还是并非如此？如果对一个神话提出类似的疑问，显然是可笑的，这就像我们不该为堂吉诃德所干的糊涂事而指责塞万提斯一样，但当对象是哲学观念或科学观念的时候，反驳就是完全合理的。因为哲学和科学上的观念，本来就是为了让人争论的，而不是为了让人顶礼膜拜或享受的。

"哲学观念属于不同的文化群体"这一点并无所谓，因为"以哲学的方式进行推理思考"，就是在思考不同事物或者以不同的方式进行思考（无论如何都是在思考）的人们之间，架起一座辩论的桥梁。罗素曾讲过这样一个故事：一位印度宗教人士在牛津大学做一个关于宇宙的讲座，他肯定地说世界是由一头巨大的大象支撑着，而大象则将自己的脚踩在一只巨型乌龟的背上。这时一位女生问他乌龟以什么为支撑，印度智者说是以一只独眼蜘蛛为支撑。这位女生接着问蜘蛛是以什么为支撑，印度智者此时开始感到有些恼火，但他还是控制住自己的情绪，回答说蜘蛛以一块巨型岩石为支撑。当这位女生进一步追问这块巨石以什么为支撑时，印度智者彻底被惹火了，他大声吼道："女士，我向你保证地球下面一直都有岩石！"在这个故事中，问题的症结不在于这位智者是个印度人、爱好提问的女生是个英国人，而在于一个人讲的是神话的语言（他用这种语言"讲述"事情，不加论证地进行"思考"），另一个人则拥有真正然而在这种场合下却是不合时宜的哲学上的好奇心。因此，最后双方都对这次讲座感到非常窝火。

长期以来，哲学家和科学家们关于宇宙（也就是说关于现实的总体，包括从离我们最近、我们最为熟悉的，到离我们最遥远、我们最为陌生的一切），提出了许许多多的问题，数量之巨足以与这个话题本身的分量相媲美。有些具体问题，比如水的化学成分和地球围绕太阳运行的轨道，已经得到了充分有效的回答。但是还有许多更加基本的问题仍有待回答，尽管有些糊涂的或乐观的科学家自认为已经解决了这些问题。我指的是那些宇宙学上的问题，即试图从总体上解答什么是宇宙、宇宙是什么样的，以及宇宙的目的是什么的问题。我想，这些问题大致可以分成三组（尽管这样做有过分简化的嫌疑），其中每一组又可细分为许多其他问题：

    1.什么是宇宙？
    2.宇宙具有某种秩序或意图吗？
    3.宇宙的起源是什么？

不用说，我对上述哪个问题都没有最终的答案，有些甚至连暂时的答案都没有，但我还是敢于对这些问题进行分析。

什么是宇宙？

要回答这个问题，首先应该弄清楚我们是如何理解"宇宙"的。我们说这个词有两层含义，一层含义较重，另一层含义较轻。根据第一层含义，宇宙是一个一切都排列得井然有序的总体，有别于其中的各个不同部分。关于这个总体，我们可以提出许许多多专门的问题。根据第二层含义，宇宙只不过是我们给所有存在的事物的总体，或不确定的集合起的一个名字，一种语义上对无数大大小小事物累积到一起的一个简写，而没有任何我们可以孤立地进行理论概括的特殊含义。宇宙的第一个概念（它似乎得到了我们直觉上的大力支持）是：如果存在着部分，怎么可能没有一个确定性的总体，以使得各个组成部分都能以某种方式各就其位呢？古希腊的大部分哲学家都相信有这样一个宇宙，作为一个大写的物体，其他所有物体都只不过是它的组成部分，并接受它的协调。当然，对那些其他物体来说，这样一个物体应该是"有限的"（难道我们能够设想某种无限的物体吗？如果它是无限的，我们如何能知道它是"一个"呢？或者这样一个无限的东西又是如何将各个有限的部分以可被理解的方式联系起来的呢？），然而这个有限性又是如此特殊，在它自身之外竟然可以没有任何东西。阿基塔想要揭示的正是这个没有外部的有限性的矛盾。他想象自己将手伸到宇宙之外，就像我们将手伸到窗外想要看看外面是否要下雨一样！因为如果我们凭直觉接受所有物体都是有限的，那么我们同样应该接受所有物体都有一个外部。如果存在一个没有外部的东西，我们如何能说它是有限的呢？如果它不是有限的，我们又凭什么说它是一个物体呢？

　　这里发生的困难，正如古希腊哲学家及其精神上的继承人所提出的那样，是与一种向更高层次的事物提一些同样的但却只具有较低层次含义的问题的倾向，联系在一起的——或许仅仅在这一层次上！比如，我们知道每样东西都占据着一个位置，因此我们才会倾向于问自己"那么所有事物的总和应该占据什么位置呢？"我们知道一场电影开始于某个特定的时刻，并会在若干分钟后结束，这就使我们同样假设宇宙（它无疑只是一个比《乱世佳人》不知大多少倍的豪华巨片），也是在过去某个时刻开始的，并将在另一个时刻终结。但是正如罗素观察到的，虽然每个人都有母亲，但这并不表明我们可以认定整个人类必然也有一个母亲。

　　我们看到我们所认识的所有事物都是由部分构成的，并且它们自身也都是更大事物的组成部分（比如，石头、泥土和植被构成了一座山，这座山又是一条山脉的组成部分，山脉接着构成了大陆的一部分，而大陆又是我们这个星球的一个组成部分），因此我们觉得很有理由假设，有一个事物是由所有曾经存在过和将要存在的事物构成的。于是关于它，我们就会开始按照我们习惯于向我们周围的事物发问的方式问一些同样的问题，但是这样发问的结果，却让我们目瞪口呆。思考宇宙到底是有限的还是无限的，引发了许多棘手的问题，这些问题康德在他的《纯粹理性批判》的末尾也曾研究过。就让我们从这些棘手的问题入手吧。

如果根本不存在宇宙这个超级事物的话，或者如果只存在不计其数的个别事物，它们一个接一个地发生，聚了又散，散了又聚，有开始也有结束，但却并没有一个由所有事物构成的巨型事物呢？为什么我们会感到几乎是必然地存在这样一个无所不包的事物呢？葡萄牙诗人佩索亚同时也是一位哲人，他对这个问题曾有过一番很值得我们注意的解释："物质是由各种物体或事物构成的……而意识则不是。只有意识的总体（让我们暂且这么称呼）才是'真实的'。在物质方面，总体是不真实的，并没有总体；有的只是部分，个别的物体。关于'存在着一个宇宙'、一个'物质的总体'的观念，是将只有意识才具有的特征强加到物质上的结果。"我们每个人都自认为是"一个"，一个主体，也许正因如此，我们需要将我们对现实的经验整合到具体事物上，并通过我们的意识，将所有的物体完全统一在独一无二的巨型物体之中。

自古以来，否定宇宙作为唯一的物体存在的观点，一直是与唯物主义哲学相联系的。唯物主义观点，曾被卢克莱修在其关于宇宙的长诗《物性论》中无以复加地表达过。当然，哲学上的唯物主义观点，与该词的某些庸俗用法毫无关系，根据这些庸俗的用法，该词还可以形容对财富和感官欲望的过分热衷，以及缺乏理想和慷慨豪爽。在哲学中，唯物主义的立场基本上包括两个互为补充的原则：首先，不存在一个大写的宇宙，有的只是无穷无尽的各种小世界和物体，它们从不可能被放在一个统一的概念下去思考；其次，我们感知到的所有物体或事物都是由部分构成的，并且迟早都要分解成各个部分。古典唯物主义者称所有那些真实存在却又不可感知的最小的组成部分为"原子",也就是说,原子再也不能被进一步细分为更小的部分了。但这是一个形而上学的命题,而不是一个物理学上的观察(千万不要把留基波、德谟克利特和卢克莱修的"原子"与现代物理学中的"原子"混淆起来!)。

宇宙具有某种秩序或意图吗?

不论我们是接受存在着一个"强"意义上的宇宙,即一个由一切事物组成的独一无二的物体,还是只是从"宇宙"一词最弱的含义上去理解它,仅仅把它作为一切真实事物的一个缩写,我们都无法避开这个问题:在宇宙中是否存在某种我们的理智能够理解的秩序?事实上,不论是在古希腊语中,还是在拉丁语中,"宇宙"一词都具有秩序和和谐的含义。希腊语中的"cosmos"表示某种组织完善、排列有序的东西(从这个词中发展出"cosmética"化妆品,指的是对自己面容的恰当的处理),在拉丁语中相对应的词是"mundus",其反义词"inmundo"被用来指称那些杂乱无序的东西。但是根据希腊神话,比如赫西奥德在其《神谱》中所叙述的,所有不朽的神灵和有死者都起源于一个最古老的神,叫做卡厄斯(Chaos),意为"混沌"、"深渊",一种没有固定形状,并总是无法从有序的标准来理解的东西。赫拉克利特或许称得上是最早的一批哲学家中最扑朔迷离、最深刻的一位,他在一个保留至今的充满格言警句的段落中说道:"一堆被随意扔弃的混乱不堪的垃圾是最美丽的秩序，宇宙也是这样。"那么我们不由要问：宇宙一开始的秩序是否正是一种混乱不堪的无秩序？或者是否正像赫拉克利特不无嘲讽地提醒的那样，宇宙的秩序更像一堆被随意堆积的东西，而碰巧与人们所谓的混乱状态相吻合呢？

在作进一步的讨论之前，我们先得弄清楚应该怎样来理解"秩序"。这是哲学上一个至关重要的概念，但其内涵却一点都不明朗。比如，现在我的桌子上堆满了纸、笔记、卡片、回形针、钥匙和其他无数的小东西。它们构成了赫拉克利特所谓的一堆似乎被随意堆积的东西。但是如果一个想要帮助我的好心人，开始将我的纸对称地摆成一摞，将我的钥匙放回抽屉，改变回形针原来的位置，我一定会冲着屋子大声喊叫："是谁动了我的桌子？现在我什么也找不到了！"在前一种看似杂乱无序的状态中，我可以如鱼得水，每次不用抬头就可以轻易找到我所需要的东西；但是现在，他人强加给我的有序，却使我失去了我习惯已久的参照点，使一切对我来说变成了一种真正的混乱无序。我那位吃力不讨好的"恩人"可能会耐心地争辩说，他的动机是想让一切有一个全新的秩序：卡片应该和卡片放在一起，笔记不应该和回形针混起来，钥匙最好不要乱放，现在桌子上的空地方大多了……而我则会继续抗议道：这一切我根本就无所谓，因为需要与这些事物打交道的人是我，我桌子上的面貌是我无意造成的，可是我能很轻易地在它上面找到我所需要的东西。卡片确实四散在桌上的各个地方，但是我把那些马上就要用到的放在离我最近的地方，把过一会儿才用到的放到离我稍远一点儿的地方，我很清楚在哪些卡片下面是哪些笔记，而钥匙我则可以拿来当镇纸用，不让我任何重要的笔记被风吹走……这个小故事的寓意是：我的无秩序对于我的目的来说实际上是井然有序，而我在目前的所谓秩序中则迷失了自己。那么，在哪种情况下我才能说我的桌子是真正的有秩序呢？之前还是现在？我把这个问题留给亲爱的读者你去思考。

让我们回到星际空间。在晴朗的夏夜，我能够看见大熊星座，同时我还能辨认出其他一些星座，比如仙后座。与历史长河中无数的人一样，我看到星空中庄严肃穆的秩序并对它油然起敬。但如果我和一位职业天文学家朋友谈起这一点，他一定会取笑我的无知。因为这些星星的排列完全是随意的，更不用说形成各种所谓的形状了。根本就没有"熊"，更无所谓"大熊"和"小熊"了。星空中呈现各种星座的形状排列的唯一依据，是与人们的想象联结在一起的习惯，这些想象只是为那些热恋中男女的呢喃细语和占星家的装神弄鬼提供养料而已。我的朋友说：如果你跟我一起去天文台，我会指给你看我们的星系，以及我们星系周围的许多星系的形状，指给你看主要的恒星系统，你会隐隐约约地看见星云。我会向你解释什么是黑洞，为什么我们估计宇宙中大约有95%的物质是看不见的。一句话，我会让你对真正的宇宙秩序有一个公正的概念。

于是，我陪他到了天文台，我感谢他慷慨的一课，但我却始终没敢向他提出我心中深藏的一个疑问：你现在向我揭示的秩序，不也是某种看待星际空间的方式吗？就像那种将星空划分成不同星座的天真而传统的做法一样，它也只不过是一种看问题的方式，只具有某些理论价值，但你别指望能从中发现星空"自身"的真理，事实上，就连这样的真理是否真的存在都大为可疑。不可否认，科学上的观点，一般说来在许多方面都比普通观点要更加丰富，更富启发性。但它并不必然就是世界秩序的写照，而是一种自身就相当混乱的现实的许多种可能的秩序中的一种。热恋中的人希望与自己的爱人一同享受美丽的夏夜，他们把不同的星星任意地按照传说中的人物排列在一起，此时他们心目中的宇宙，或许并不比天体物理学家所设计的宇宙差。为了说明问题，这里我们可以再举一个例子，动物学家有充足的理由将鲸归为哺乳类动物，而不是鱼类。但是一名水手同样有充足的理由将它当做最大的鱼类，而不是另一种东西——难道"用肺呼吸而不用鳃呼吸"，比起"一种生活在海中的动物"，就是一条更好的归类标准吗？

"秩序"的概念，总是与一种统一许多不同的元素并在其间建立关系的意图相连，不论这种统一性是内在于事物自身，还是来自我们的思维方式。但是，要想指出一种与我们的思维方式无关的事物自身的统一性，并不是一件容易的事。根据康德《纯粹理性批判》中的观点，"我们自身为我们称作自然的各种现象引入秩序和合规则性……（人类）知性本身就是对自然的立法……如果没有知性，就在任何地方都不会有自然，即不会有诸现象之杂多的按照规则的综合统一"。也就是说，正如我把我书桌上的一片杂乱称为"秩序"，或者将吸引我天马行空的想象力的、按照古老星座排列的星星称为"井井有条"一样，我们把我们认识世界和处置世界的方式称为"世界的秩序"。现在的问题是：既然这些"秩序"的主观性原则已经是清清楚楚的了，我们还能赋予它哪些客观的意义呢？毫无疑问，在宇宙的运行过程中，存在着一些可以观察得到的合规则性，并且科学家们也能以一种令人满意的方式对它们进行预言，不论观察者的利益和主观兴趣是什么样的。说到这里，我们几乎快要不由自主地认为，宇宙秩序的客观性，正是通过我们在其中认识到的一切事物之因果决定论的有效性，展现出来的。

可是，这样的普遍因果法则，是"如同国王制定其王国中的一切法律"（笛卡儿语）一样，由上帝制定的规范吗？还是像卢克莱修所说的那样，只不过是随意偶然地产生的简单的协定和同盟？这个不那么严格的、具有某种运气成分的决定论，似乎跟海森堡与玻尔等人提出的量子论更加契合，虽然有可能该理论因果关系的不确定性质，是由于我们根据量子物理学采取了新的观察自然的方式，而不是由于自然本身。

让我们进一步深入讨论我们的疑惑。难道我们能够肯定，整个宇宙的秩序都是按照与我们所居住的宇宙的这一微小部分相同的方式建立起来的吗？并且能够被我们的认知手段所认识吗？难道就没有可能，我们只是生活于宇宙的一个碎片之中，而这个碎片恰好是以能够被我们认识的秩序运行的？难道宇宙的其他广大区域就不可能以我们永远无法得知的方式运行，从而在我们人类看来纯粹像是一片混沌？是否有可能我们在我们周围发现的秩序，恰好正是我们赖以存在的东西，而如果换成另一种可能的秩序或者"无序"，我们根本就不能在智识上，甚至在物体上作为一个物种存在？我们的认知方式，和我们生存的可能性之间的这一内在联系，使得当前的一些天体物理学家提出了一个他们命名为"人择原理"（以人类为导向的原则的理论）。这一理论提出了两个论断，其中一个比较谨慎，另一个则要"强硬"得多。第一个论断是20世纪60年代初期由迪克提出的，后来霍金在其著作《时间简史》中也认可了这一论断。迪克大致是这样说的："因为在宇宙中有观察者，所以宇宙就应该具有允许这样的观察者存在的属性。"这个论断仿佛只是说出了一个尽人皆知的大实话：既然宇宙中有观察者，这就毫无疑问地表明了在宇宙中可以有观察者。但是，这句表面上的大白话真正想要指出的却是：我们在宇宙中观察到的因果规律，必须与我们自身在宇宙中的出现相联系。我们已经在第二章里指出，如果我们能在一定程度上客观地反映世界是什么样的（或者至少是我们所居住的那部分世界是什么样的），那是因为我们自己就是世界的一个组成部分。如果我们和宇宙中所包含的内容根本不能共存，那我们根本就不会知道有宇宙，因为我们连存在的机会都不会有！

若干年后，布兰登·卡特以一种更有风险、尽管无疑也是更有启发性的方式重新提起"人择原理"。他说："宇宙应该是按照这样的法则和组织方式构成，使得永远都不会缺乏一个观察者的存在。"这种说法就不能不说是走得太远，有点不靠谱了。毫无疑问，人类在宇宙中存在是有可能的，因为他事实上已经存在了！但要是认为这样一个奇妙的事实的出现是不可避免的，那就未免太自高自大了。除非我们坚持认为，当可能性得以实现的时候，可能性就强制性地变成了必然性——这种妄自尊大的信念使得我们自吹自擂，竟以为宇宙在长期的发展过程中结出的成熟果实恰好就是我们自己（这是多么惊人的一种巧合！），竟以为不是宇宙的各种条件使我们的出现变得可能（我们一旦出现，就可以部分客观地理解宇宙），而是宇宙的各种条件之所以会那样，就是为了使我们出现。不过，谦逊和理智会阻止我们变得这样贪心。

认为宇宙的设计要求我们作为一个物种而出现，这种想法意味着宇宙这一无边无际的舞台本来就是（至少在相当大的程度上）为了取悦我们才存在的。在《物性论》大气磅礴的诗句中（卷五，195—234行），卢克莱修累积了许多论据来反驳这种假设。蒙田也激烈地反对人类的这个野心："谁又能使他相信——那苍穹的令人赞叹的无穷运动，那高高在他头上循环运行着的日月星辰之永恒的光芒，那辽阔无边的海洋的令人惊骇恐惧的起伏——都应该是为了他的利益和他的方便而设立，都是为了他而千百年生生不息的呢？这个不仅不能掌握自己，而且遭受万物摆弄的可怜而渺小的尤物自称是宇宙的主人和至尊，难道能想象出比这更可笑的事情吗？其实，人连宇宙的分毫也不能认识，更谈不上指挥和统治整个宇宙了。"就算我们有能力在一定程度上认识宇宙的一部分，甚至就算我们放弃统治它的企图，认为我们就是宇宙的必然目的（或必然目的之一），不是仍然显得太过分了吗？

宇宙的起源是什么？

这第三个大问题问的是宇宙最初的起因，不管宇宙是唯一有限的存在，还是多个无限的存在，也无论它自身就是有序的，还是只是部分有序，抑或是我们按照自己观察它的方式赋予了它秩序。这里，再次出现了类似的矛盾，即在整体或无限层面提一些只有在较低层面才有效的问题。我们已经习惯于询问我们周围事物的原因或最初的起因，并以一种相当容易被接受的方式回答它们：比如委拉斯开兹作《宫娥》的起因，这棵树是来源于我几年前播下的种子，桌子是由木匠造出来的，我是由我母亲的一颗卵子和我父亲的一颗精子结合而产生的……关于某物起因的问题，大致可以转述为下面这个问题：位于此处的该事物是从哪里来的？我们想要问的是：之前不曾存在的东西是从什么变过来的？我们寻找这个原先的物体或生命，如果没有它们的话，也就不会有现在展现在我们面前的东西了。我们认为下列道理是不言而喻的，即一切都应该有一个"充分原因"（用莱布尼茨的术语来说），才有可能存在。现在的问题是，如果一切都有原因，那么不应该同样有一个一切的原因吗？如果询问每一件事物存在的原因是合理的，那么询问一切事物普遍存在的总体原因不也是合理的吗？或者用海德格尔的话来说，为什么存在着某物而不是虚无呢？什么是普遍存在的原因？

我们早就已经习惯于回答有关"部分"的问题，并且回答起来也没有太大的困难，但是我们也经常会向"全体"提出同样的问题。与在别处关于"全体"的问题一样，对一切原因的原因的追寻，立马就会使我们在心智上陷入一种头晕目眩的境地。我们习惯于根据定义认为，原因必须不同于结果，并且先于结果。而现在的问题是，我们所理解的宇宙恰好是现实中存在的一切事物的总和。如果第一原因在现实中存在，它就应该属于宇宙的组成部分（这样一来我们就应该继续追问：这个第一原因的原因是什么？）；如果它不存在于现实之中，那它又是如何起作用的呢？当然，放弃第一原因论，也不能使我们在理论上感到完全满意。我们可以理性地假设宇宙（也即全部原因和结果的永恒链条）亘古以来就一直存在着，因而它也就从来没有开始过。对于为什么存在"某物"而不是"虚无"的问题，我们可以从容地回答：为什么在"某物"之前一定是"虚无"呢？难道我们认识某种存在着"虚无"的情况吗？我们从哪里可以得出在某些情况下可以不存在"虚无"的结论？在古希腊哲学最早的开端，巴门尼德曾作过一首诗，这首诗或许至今仍是我们所知的最深刻、最谜一般的思考。诗中说，永远都有某种东西，不论是已经有过还是将会有的；也就是说，"有"对于所有存在的东西来说是唯一的，它与所有其他存在过的东西（不论是大是小）都不一样，它不生不灭，而其他一切事物都有生灭的时刻。这个"有"（同时被一些学者翻译为"是"或"是者"），不是所存在的任何一个具体事物；若没有它的存在，就没法想象各个具体事物，因为它是一切事物共有的东西，一种永恒的生灭，而它自己则既从未出现过，也永远不可能消失。没有各个具体事物，"有"并不会消失；但是如果没有"有"，各个具体事物就无法存在。巴门尼德诗中的阐释和内涵，从诞生之日直至今日，一直为哲学家们所瞩目；并且我们可以肯定，只要人类能够继续思考，这种情况就不会发生改变。问题是：这种思考不会终结，相反，它还会加剧我们的困惑。因为如果存在着的每一个事物都能在另一个事物上找到原因，并且自身也是其他事物的原因……以此类推，直至无穷，也就是说从来不曾有过一个开端，那这一无限的过程又是如何到达我们的呢？一个从来没有明确开端的因果链条，如何可能在现在产生结果呢？在一个无始无终的普遍因果性的无限绵延中，我们能够思考一个相对而言属于"微观"层面上的因果性的时间更替吗？

在我们基督教的传统中，对这个疑难问题最普遍的回答，就是诉求造物主上帝。撇开每个人的虔诚心不说，这种做法实际上就是：试图通过一种我们根本一无所知的东西，来解释一种我们知之不多的东西。宇宙及其起源都是很难让人理解的，因而通过引入上帝来理解它们，无异于扬汤止沸！上帝的永恒性和无限性，和宇宙的永恒性和无限性一样，会令我们茫然失措。如果对于为什么会有宇宙这个问题，我们回答说是因为上帝创造了它，那么接下来一个不可避免的问题就是：为什么会有上帝或者谁创造了上帝？如果我们能够接受上帝没有原因，那我们之前同样也可以接受宇宙没有原因，这样一来，一路上对于这个问题的探索也就完全可以省去了。有些神学家坚持认为上帝是"自因",也就是一种自身引起自身的原因。这种解释,显然与我们通常所理解的"原因"定义的两个基本特征相矛盾:首先,它不是与结果不同,而是与结果相同;其次,它不是发生在结果之前,而是与结果同时发生。这样的话,我们还能继续把某种在定义上有悖于我们习惯上所理解的"原因"的东西,继续称为"原因"吗?

最常见的支持造物主上帝的直觉性论断,就是宇宙的有序性,我们一般只能假设这种秩序只能是来自一个有智慧的秩序安排者。在前一段中我们已经指出,这样的"秩序"完全有可能来自观察者的智慧,而不是来自创造者的智慧。从18世纪开始,人们一直都在不断重复一个关于手表的比喻:如果我们在出门的时候发现了一块手表,我们会认为它不是自发偶然地形成的,而是由一位钟表匠造出来的;同理,在见证了宇宙机器那令人叹为观止的齿轮装置以后,我们也不由得不认为它是由一个各种世界的创造者创造出来的。他与人类有着相似的智慧,只不过比起人类的智慧不知要高明多少倍。但问题在于,我们有确实的经验证明手表确实是由一位具有与我们的智慧相仿的人制造出来的,然而我们却没有任何经验能够证明是谁创造了树木、海洋,更不用说各种世界了。因此,休谟在其《自然宗教对话录》中的抗议是无法反驳的:"难道有人真能严肃地告诉我说,一个有序的宇宙必然来自某种与人类的思想和艺术相类似的思想和艺术,只是因为我们对此有所经验?要证实这一论断,就必须要求我们对于世界的起源有所经验,而仅凭我们曾看见过船只和城市出自人类的艺术和发明这一点，当然是远远不够的。"启蒙时期的另一位思想家利希滕贝格，同样以雄辩的语言反驳了这个假设："通常，人对创世主的思考中掺进了很大一部分虔诚的、非哲学的无稽之谈。赞叹这一切的创造者是'多么伟大的造物主啊！'无异于赞叹挖到月亮上的矿井是'多好的矿井啊！'因为首先，应当先问问，世界是不是被创造的，其次，它的创造者有没有能力用铜制造带报时机件的自鸣钟……我认为不会。能这样做的只有人；而高度发达的人还会发明其他方法来做到这一点。然而，即使我们的世界是在某个时候被创造的，它的创造者属于人类的可能性也极小，就像鲸鱼不可能属于百灵科一样。因此，我对一些知名人士断言苍蝇翅膀上所包含的智慧比最精巧的钟表里更多惊叹不已。这一论点只说明了一点：用创造钟表的方法不可能创造苍蝇的翅膀，而用创造苍蝇翅膀的方法，也不能制造钟表。"

　　说"上帝从虚无中创造了世界"，无异于承认"我们不知道谁创造了世界，也不知道他是如何创造的"。但是当涉及起源的问题时，科学家们也容易陷入与神学家们相类似的矛盾中。例如，根据"大爆炸"理论，宇宙是从一个原始爆炸中开始扩张的。这是一个不可复制的独一无二的情形，它不是发生于某个空间点之中，也不是发生在某一个时刻，而正是从这一独特的情形中才开始有了空间的扩张和时间的流逝。这个理论很好，但仍然显得不是很清晰。因为要有一个最初的爆炸，尽管这只是一个比喻的说法，就必须要有在其中爆炸的某种东西；也许这个"某种东西"的爆炸就是星云、星系、黑洞，以及其他我们或多或少有所认识的事物的起源（我们自身也包括在其中），但是问题立刻也就产生了：这个"某种东西"是从哪里来的呢？如果它一直就在那里（也就是说，没有在任何地方），那为什么它恰好是在爆炸的那个时候爆炸，而不是更早或更晚呢？……如果这些问题的答案都只能不了了之，我们是否最好不要再提类似的问题，或是干脆回到神话传说中，以一种诗意的方式来回答它们呢？可是，我们真的能够停止对这些问题的探讨吗？

危地马拉作家蒙特罗索在其《剩下的是安静》一书中塑造了一个幽默的思想家的形象，通过这个人物形象，作者进行了一些非常严肃的思考。其中一个思考是："很少有像宇宙这样的东西！"确实，唯一明显的事实是，如果真有宇宙这样的事物，它也是所有事物中完全另类的一种东西。可是，我们人类无疑恰好是在宇宙这样一个地方存在和行动。或许我们应该从宇宙这样一个高度降下来，重新回到介于零和无限之间的、我们个人的具体事物中去……

第五章 我们在哪里？世界是什么？

请思考……

为什么我们人类需要一个"世界"，而不只是一个现实，以生活于其中？我们居住于其中的"世界"有哪几种？我们是如何从一个世界上升到另一个世界的？关于"宇宙"及存在于其中的事物的问题，最初的回答是什么样的？神话只是一种无知的迷信吗？神话在什么意义上与最早的哲学家们提出的原则相似？比起神话叙述，哲学叙述具有什么优势特征？哲学家们提出的关于宇宙的三个基本大问题是什么？"宇宙"这一概念有哪两层基本含义？其中每一层含义都有哪些理论上的困难？向无限的事物提那些我们向有限的事物所提的同样的问题，会出现什么矛盾？哲学上的"唯物主义"是指什么？宇宙首先是"有序"还是"混乱"？宇宙中存在着某种"秩序"吗？我们能使"秩序"这一概念脱离我们的需要和利益吗？我们所谓的宇宙"秩序"，是否有可能取决于我们的认知方式或者我们的生存方式？什么是"人择原理"？它有哪两个论断？我们用来解释每一个具体事物来源的因果关系，可以同样运用到整个宇宙上吗？存在"某物"而不是"虚无"，是不可解释的吗？通过诉诸上帝能够解决我们在宇宙起源问题上的理论疑难吗？宇宙是否类似于一块手表，也需要自己的"钟表匠"？天体物理学家提出的"大爆炸"理论以及其他一些回答，解决了宇宙起源的问题吗？如果宇宙是一个庞大的"事物"，为什么它不像我们所认识的其他事物那样呢？

[第六章]

自由得不自由?

> 人非其所是,是其所非。
>
> ——黑格尔

在我们这个时代,有太多的理论都在试图将我们从责任的重担中解脱出来,而独享自由。但是它们却忘了:主体有实施某个行动的自由,却没有从相应的后果中脱身的自由。

我们人类居住于这个世界上。"居住"不同于被包括进世界上所存在的事物的名单之中,不是像一双鞋子位于鞋盒里那样位于世界"之中",也不是像蝙蝠或其他动物一样拥有一个自己的生物世界。对于我们人类来说,世界并非只是一个集合了所有原因和结果的大框架，而是一个充满意义的舞台，我们就在这个舞台上做出各种行为。因此，"居住"于世界上，就是在这个世界中"行动"，但是在世界中行动并不仅仅是待在世界上，也不是在世界上四处活动，或是对世界上的各种刺激做出反应。蝙蝠和任何一种动物，都能根据自己物种进化必然性的特定基因方案，对自己的世界做出回应。我们人类则不仅会对所居住的世界做出回应，还会以一种未被任何基因规则预见的方式（正因为这样，澳大利亚土著的行为才不同于阿兹特克人或北欧海盗的行为），不断地创造和改变这个世界。正如皮科指出的，我们的物种不是被某种生物学上的决定论"限定"死了，而是永远保持一种"开放"的状态，不断地创造自我。我所说的"创造"，不是指像魔术师从貌似（因为这实际上是一种小伎俩，一个骗局，总之是虚假的）空空如也的帽子里取出一只兔子那样，"从虚无中取出某种东西"，而是指在世界之中、从世界上万事万物的基础上"行动"……但是也在一定程度上改变这个世界！

　　现在的重要问题是界定什么是行为？行为意味着什么？身体的运动与行为完全不是一回事，就像"正在行走"与"出去散散步"是不同的。因此，接下来我们必须试着回答的重要问题就是："行为"是什么意思？人类的行为是指什么？它如何区别于其他生命体的运动，以及如何区别于我们人类自身感情上的各种表达？认为我们面对我们周围影响我们以及构成我们的事物能够做出真正的行动，而不只是简单的反应，是否只是一种幻想或偏见？

　　假设我上了一列火车，并购买了相应的火车票。一路上我一直心不在焉，思考着我个人的一些事情，而没有注意到我一直在摆弄手里的车票，不断地将它卷起又展开，直到最后无意之中把它扔出了车窗外。过了不久，检票员过来了，要我出示车票——这可真是太悲惨了！我可能要挨罚。我只能嘟哝着说"我已经无意之中……把它扔掉了"，以求原谅。恰好这位检票员也具有一些哲学家的气质，他说道："好，如果你对自己所做的事完全没有意识，你就不能说你把它扔掉了。它完全有可能是自己掉下去了。"但是我不准备接受这种不在场的解释，于是我说道："对不起，但这是两码事。一种情况是我的车票掉了，另一种情况是我把它扔了，尽管我是无意之中把它扔掉的。"对于这位检票员来说，进行这场争论似乎比向我罚款更让他觉得有兴味，他说："你想想看，'扔掉'车票是一个行为，它完全不同于'车票掉了'，'车票掉了'只是所发生的那么多事情中的一件。一个人之所以做出某个行为，是因为他自己想这样行为，是吧？但是各种事情则不然，它们发生在一个人身上，而不是这个人主观欲求的。因此，由于你主观上并不想扔掉车票，我们就可以说它事实上是自己掉了。"我不能接受这种机械主义的解释，抗议道："不不！如果我当时睡着了，我们就可以说车票是掉了。甚至比如一阵狂风把车票从我的手中吹走，也可以这么说。但是当时我是完全清醒的，也没有风，事实就是我把车票扔掉了，尽管我并不想这么做。""啊哈！"检票员边用铅笔敲打着记事本边说道，"如果你不想这么做，你怎么知道扔掉它的恰好就是你？因为'扔掉'一样东西就是去做一件事，而如果一个人不想去做一件事的话，他是不可能去做的。""那你听好了！我扔掉了这张被我揉成一团的车票，因为当时我确实产生了扔掉它的欲望！"于是他马上向我罚了款。

事实上，在纯粹只是在我身上发生的事（比如我在取盐的时候不小心用手碰倒了一个瓶子），与我无意之中做的事（比如这张被我扔出窗外的幸运的车票！）之间，确实存在着区别；在我无意之中但是根据自愿养成的习惯做的事（比如我在半醒半睡的状态下起床并把脚伸进鞋子里），与完全出自我的主观意愿并在有意识的情况下做的事（比如我当着检票员的面把车票扔出车窗，使他无从去找）之间，也存在着区别。"行为"一词似乎只能用来指上述最后一种情形。当然，有些表情动作很难进行归类，但很显然它们不属于"行为"的范畴。比如，当有人朝我脸上扔东西的时候，我会自然地闭上眼，抬起手臂；当我快要跌倒的时候，我会自然地寻找某个可以抓住的东西。不，一个"行为"只要我不想做，我就一定不会去做。我只把一个自愿的举动才称为"行为"。因此，那位"该死"的检票员还是很有道理的。

但是，我们如何才能知道一个举动是自愿的还是非自愿的呢？因为或许在实施这个举动之前，我考虑了好几种可能性，最后决定采取其中一种方案。当然，"我决定去做某事"与"做某事"是不一样的。"决定"是给关于我真正想做什么的一系列思考画上一个句号。但是，一旦决定了某事，我仍然还需要去做。我决定的只是我的行为的目标，而不是行为本身。比如：我决定去拿瓶子，于是我就伸手去拿。那么，什么才是我真正决定要做的呢？是拿瓶子，还是伸出手？我的思考应该与瓶子相连，还是与我的手相连？什么又才是真正的行为呢？是拿瓶子，还是伸出手？如果我伸出手却扔掉了瓶子，我应该说自己行动了还是没有呢？还是"行动了一半"？

同时，"自愿"这个概念也不像表面上看起来那么清晰。在《尼各马可伦理学》中，亚里士多德设想了这样一种情形：一位船长需要把货物从一个港口运到另一个港口，可是在航行中途却遇到了一场暴风雨。船长认识到，要想保住他的船以及船员的性命，只能把船上的货物扔到海里以平衡船只。于是他就把货物全部扔进海里去了。这样问题就来了：他扔掉了船上的货物，是出于自己的意愿吗？显然是的，因为他完全可以不抛弃它们，冒着生命危险赌上一把。但同时显然又不是，因为他真正的意愿是将这些货物送达目的地。否则的话，他宁可在家舒舒服服待着，也不会起锚。因此，他扔掉了货物，既是出于自己的意愿……但同时又不是出于自己的意愿。我们不能说他扔掉货物不是出于自己的意志，但也不能说他扔掉它是出于自己的意志。因此，有时我们只能说，我们自愿地……违背我们自己的意志去行动。

让我们暂时回到我们之前提到过的最简单的动作表情：运动我的手臂。我自愿地活动它，也就是说，我不是在睡梦中活动它，也不是为了躲避迎面飞来的一块石子而条件反射式地抬起它来保护我的脸。相反，我大声地向愿意听我说话的人宣布："五秒钟后我会举起我的手臂。"五秒钟后，我确实举起了我的手臂。可是，我为了举起我的手臂到底做了什么呢？我只不过是想要举起它，于是你看，它就往上去了。假设你现在问我:"我听到你说你想要举起手臂,之后我确实看见你把手臂举得高高的,但这只是表明当你想举起手臂的时候,你能够成功地做到这一点,而不能表明你是自愿地把它举起来的。"我则会坚持说:我很清楚自己想要举起手臂,所以我才举起了手臂。但事实是,左思右想我也不知道自己到底做了什么才把手臂举起来,我只是动了一下它,跟着它就自个儿往上去了。我说我"想要"举起它,于是它就被举起来了。因此,似乎我做了两件事:第一件,想要举起我的手臂;第二件,举起手臂。可是,"想要举起手臂"与"举起手臂"到底有何区别呢?如果我的手臂不是被捆绑起来,如果我没有瘫痪,是否可以想象:我想要运动手臂,而手臂却动不了呢?像"我用全部的力量想要运动我的手臂,因此我希望过一会儿我的手臂能够成功地被运动起来"这样的说法,是否有意义呢?总而言之,既然没有一种外在的力量或生理上的原因阻止我运动我的手臂,想要运动我的手臂与实际上运动我的手臂岂不是一回事?这到底是两回事还是一回事呢?维特根斯坦在《哲学研究》中涉及过类似的问题,他问道:"如果从'我举起我的手臂'这一事实中抽掉'我的手臂往上去'这一事实,那留下的是什么呢?"(第一部分621)除了我那只被举起来的手臂本身之外,我的"想要举起手臂"在哪里呢?除此之外还有别的东西吗?

让我们再次回到刚才这件事情上来,这一回我们考虑得更加慎重一点。我这回得出的结论是,确实还有别的东西。当我肯定地说我出于自己的意愿运动自己的手臂的时候,我的意思是我完全也可以不去运动它。我不知道当我想去运动手臂的时候,我是怎么运动它的。我也不知道在想要运动我的手臂与实际上运动它之间有什么区别。但是我知道,如果我不想运动它,它是不会动的。虽然那些研究神经系统与肌肉系统之间关系的专家,能够解释当我决定运动手臂的时候,它是如何运动起来的,但是对我来说至关重要的一点(将一个具体的动作转变为真正"行为"的东西)却是,我既可以运动它,也可以不运动它。因此,"我自愿地做了这样或那样的事"的意思就是:如果没有我的允许,这样或那样的事情就不会发生。一切如果我不想让它发生就不会发生的事情,都是我的"行为"。这种我们去做或不做某事的可能性,这种对某个取决于我的行为说"是"或者说"不"的可能性,我们就称之为"自由"。当然,得出"自由"这个概念,并不意味着解决了我们的所有问题,而是意味着我们遇到了一个更加棘手的问题。

首先,我们可以怀疑,所谓的"自由"或许只是我们对现实可能性的一种幻想而已。毕竟,根据自然法则,一切发生的事情都有特定的原因。我稍稍拧开水龙头,看见有几滴水淌下来。如果我事先就已知道这些水滴就在水管中,如果我事先就已知道重力法则、液体的运动规律,以及水龙头出口的位置等等,那么我就能准确地判断哪滴水会最先出来、哪滴水会第四个出来。我观察到的在我周围发生的事、甚至在我身体内部发生的绝大多数事情(比如呼吸、血液循环、无意间绊到一块石头等),也都如此。在每种情况下,我都能追溯到之前的另一个情形,能使之后发生的事成为必然。只有当我对 A 时刻发生的事一无所知，我才会对在之后的 B 时刻发生的事感到不解和诧异。决定论（一种最古老、最经久不衰的哲学观点）认为，如果我确知现在世界上的万事万物是如何被安排的，并且彻底地了解了它们的物理定律，我就可以分毫不差地描述一分钟以后或一百年以后世界上将会发生的事。由于我自己也是宇宙的组成部分，我也应该像其他事物一样服从于同样的因果决定论。那么，此时自由的"是或否"又在哪里呢？我不能预见也不能完全认识宇宙之前的情形，这难道不是一个自由行为（即一个自己造出了自己的原因并且不依赖于任何前定事物的行为）吗？

这里我们暂且抛开严格的决定论是否真的能够与当代量子物理学理论共存的问题。海森堡的"测不准原理"，似乎（至少是以一种我们能够进行研究的方式）揭示了一个比质料层面上的宇宙中的因果决定论更加开放的视角。若干年前，普里戈金和托姆就这个问题进行过一番激烈争论。前者赞同某种程度上的非决定论，后者的观点则更接近于传统意义上的决定论。我没有起码的资格来参与这场争论，但是我认为至少可以比较有把握地说，无论是二百多年前拉普拉斯的"强"决定论，还是今天海森堡或普里戈金的相对主义非决定论，都不能很好地回答关于人类自由的问题。因为自由问题不是在物理学因果性的领域中提出来的，尽管没人会认为人类的行为缺乏可以用实验科学（比如神经生理学）的定律解释的原因，而是在人类行为的领域中提出来的。在这个领域中，没有什么可以单独从外部的视角被当做一连串发生的外部事件来看待，而是同时还要从内部的视角来考虑，即必须同时涉及"意志"、"意图"、"动机"、"预见"等一些很难把握的变量。

纯粹科学上的非决定论并不等同于"自由"，比如电子的运动轨迹是不可预测的，但是它们与"自由"一词的含义毫不沾边。纯粹科学上的决定论也不等同于没有"自由"，因为物理上或生理上被决定的东西，并不能必然地阻止自由行为的出现。如果没有人怀疑生命起源于非生命、意识起源于无意识，为什么自由就不能来源于那些被严格决定了的质料形式呢？

让我们尽可能地将"自由"这个很成问题的概念（因此，它总是成为任何不是以哗众取宠而是以理解为目的、也就是诚实的哲学分析的首选主题），界定得明晰一点吧。首先，我们可以说，自由并不见得就意味着一个没有先前原因的行动，一个打破所有因果链条的奇迹（根据斯宾诺莎的表述，奇迹是指一些违反总体自然规律的新事物），而是意味着另一种类型的原因，它应该被与其他原因合到一起来考察。谈论自由并不意味着放弃原因论，而是将其进一步扩充与深化。"行为"之所以是自由的，是因为其原因是一个有欲望、能选择、能将计划付诸实施，也就是能够实现各种意图的主体。在这个意义上，我们在前面费了九牛二虎之力讨论过的举起手臂这样一个简单的动作，就可以被视为一个"行为"，除非它被放在一个更大的意图框架内来考虑，比如举起手臂是为了在大会上发言、为了按门铃或是叫一辆出租车……甚至只是为了在一场哲学争论中证明我是我自己的行为的自由主人！另一方面，具有按照自身意图行事能力的主体的各种欲望或计划，无疑也具有相应的前定原因，无论这些原因是"食欲"、"动机"还是"理性"。现在我们可以明确一点，自由不是因果链条的断裂，而是丰富了这一链条的一连串的实际考量。说"我自由地做出了这个行为"，并不等同于"这个行为并不是任何原因的结果"，而是更接近于"这个行为的原因就是作为主体的我"。

"自由"这个词通常具有三种不同的用法，在关于自由的辩论中经常会混淆这三层含义，因此，很有必要在此尽可能地对"自由"一词的不同含义作一辨析。

（一）作为按照自己的欲望和计划行事的自主支配性的自由。这是"自由"一词最普通的含义。在我们关于自由的谈话中，出现最频繁的也是这层含义上的自由。它指的是当我们想要按照我们所希望的那样去行事，而没有遇到物理上、心理上或法律上的阻碍。根据这层含义，谁只要不是被捆绑起来，被关起来，没有瘫痪，谁（在活动身体、来回往返方面）就是自由的；谁只要不是受到威胁、被折磨或被施麻醉，谁（在说话还是沉默、说谎还是讲真话方面）就是自由的；谁只要不是被某种歧视性的法律边缘化或排除出局，只要不是极度贫穷或无知，谁（在参与公共生活、谋求政治职位方面）就是自由的。在我看来，这种自由观不仅意味着能够在自己想要的方面进行努力，同时还意味着具有相当的真正实现它的可能性。如果没有任何对成功的展望，我们就不能说有自由，因为在不可能面前，没有人是真正自由的。

（二）欲求我所欲求的而不仅仅是做或努力去做我想去做的事的

自由。这是一种更加微妙、更加隐晦的层次上的自由。即使我被捆起来，即使我被关起来，也没有人能阻止我想要进行一次旅行，别人只能在事实上阻止我去实施它。如果我不愿意，没有人能够强迫我去恨折磨我的人，也没有人能够强迫我去相信通过外力强加给我的教条。我欲求的自发性仍是自由的，即便各种外部环境都决定了我将其付诸实施的实际可能性为零。斯多葛派的智者曾骄傲地坚持人类意志不能屈服的自由。各种事情的进程确实不掌控在我的手中（连我鞋子里的一粒小石子都能给我的行走带来阻碍），但是我的意图的正当性（或邪恶性），却足以挑战物理定律和国家法律。其中绝佳的一个例子就是古罗马的斯多葛派信徒加图，他支持共和派反叛恺撒。根据普鲁塔克的记载，在反叛者被击败以后，加图说道："这些失败者的事业让神震怒，却得到了加图的青睐。"神（必然性、历史和不可避免的事物）可以战胜人类的意图，但却不能阻止人类怀有这样的意图而不是其他的意图。

（三）欲求我们实际上并不欲求的，以及不欲求我们实际所欲求的事物的自由。毫无疑问，这是最奇怪也是最难以解释和理解的一种自由。为了揭开它的神秘面纱，我们首先要指出的是，我们人类不仅能够感觉到自己的欲求，而且能够感觉到对于我们欲求的欲求；我们不仅拥有意图，而且还想要拥有某些意图，尽管实际上我们可能并没有这样的意图！假设我碰巧路过一座着火的房子，听到里面有一个孩子在哭；我并不想赶紧冲进去去救这个小孩（因为我害怕，这很危险，该做这件事的应该是消防队员……），但同时我又希望自己想要进去救他，因为我希望自己对危险没有那么多的畏惧，我想要生活在一个大人在发生火灾的时候愿意对小孩提供救助的世界里。我是我想要成为的那个样子，但同时我又想要成为另一个样子，我希望自己想要做其他的事，希望自己想要做更好的事。任何人都可以逃避危险，但是没有人想成为一名懦夫；有时候我有撒谎的欲望，有时候我对撒谎感到有兴趣，但是我不想认为自己是一个撒谎者；我喜欢喝酒，但是我不想变成一个酒鬼。我"现在想做"的事情，与我"想要成为的人"并不是一码事。当别人问我"想做什么"的时候，我会说出我立刻、直接想做的事情；可是当别人问我"想要成为什么样的人"的时候，我会说出我希望自己所欲求的东西、我认为真正应该去追求的东西，以及那些使我不仅自由地去追求，而且还能自由地"成为"的东西。古罗马诗人奥维德在一首诗中表达过几种不同形式的欲求之间的矛盾："我看见了更好的做法，我赞同它，可是我仍然按较差的做法去做。也就是说，我仍然想要去做我并不喜欢自己想要去做的事。"这种自由使我们接近一种无比眩晕的状态：因为我能够欲求自己想要我所不想要的，能够欲求自己想要我不想要自己想要的，能够欲求自己去想要自己想要自己所想要的，也能够欲求自己去想要自己想要我实际上不想要自己所想要的……那么如何确立"欲求"的最终边界，也就是我作为主体的自由意志的最终边界呢？

专门探讨过意志问题的叔本华，否认了自由的上述第三层含义的存在。根据叔本华的看法，我们人类与其他生灵一样，在不同的程度上都是基本上由意志（即由各种"欲求"，包括欲求生存、欲求吞食、欲求占有等等）构成的。对于叔本华来说，简直可以说，我们就是我们所欲求的那个东西。这并不是说我们在外形上是根据我们的欲求形成的，而是说我们内在地由我们的欲求所构成。因此，我们完全可以有把握地说，我们拥有前文所阐述的第二层含义上的"自由"。没有任何东西能够阻止我"欲求"我所欲求的东西，因为任何东西都不能禁止"我成为我目前所是的东西"——而这又是因为我恰好是我所欲求的东西（不是我的欲求的相应目标，根据叔本华的观点，这些欲求是无穷无尽的、无法平息的，而是这些欲求本身的总和及其永无止境的活动）。但是我并不能真正地欲求或不去欲求我所欲求的东西。也就是说，我是我所欲求的东西，但是我同时也不可避免地会去欲求我所是的东西，会去欲求那些使我成为我所是的欲求。我可以从我的意志（作为我的"人格"以及我所是的基本的意志，总是会倾向于某些动机，并拒绝其他动机）出发，选择我所欲求的事情。但是我不可能选择我的意志自身，也不可能根据自己的意愿来修改它。我不能选择什么东西能够使得我有所欲求。因此，按照叔本华的意见，哪怕是最极端的一种自由（"我就是我想要成为的那个东西"），也能与最严格的决定论（"我别无他法，只能成为我所是的东西"）共存。我们可以幻想我们喜欢成为的那个样子，直到一个不可抗拒的理由向我们展示我们真正所是，以及我们欲求成为的那个样子。正因如此，叔本华指出，我们才会在向上帝的恳祷词中说道："求主不叫我们遇见试探。"这就等于是说："我的主！不要让我看清楚我内心中比我在自由情况下欲求做的事情更糟糕的一面，也就是说，不要让我看清我到底是什么人！"毋庸置疑，弗洛伊德从无意识理论出发，也得出了与叔本华的许多观点相一致的结论。

相反，萨特则从自由的第三层含义出发，发展出了一套激进的自由主义哲学。这套哲学被称作"存在主义"，因为根据萨特的理论，人的首要条件是其存在的事实，人需要不断地发展自身、更新自身，而没有被任何不变的本质或性格所预先规定。能够精确地浓缩萨特思想的一句口号，是从黑格尔那里发展来的。这句口号是："人非其所是，是其所非。"我们可以将这句非常绕口的话合理地解释为：我们人类不是一种一劳永逸地事先被给定了的东西，一种被预先规划好的东西，也不是那种我们每个人都可以确定我们真实身份的东西，比如我们的职业、国籍、宗教信仰等等，而是我们所不是的东西，是我们尚且未成为、或者我们欲求成为的东西。我们，就是指我们永无止境地更新自我、超越我们本来边界的能力，就是否定我们之前所是的东西的能力。对于萨特来说，人类不是别的，恰恰就是不断地选择和否定我们欲求成为的那个样子的永恒倾向。没有什么东西，不论是来自外部的东西，还是我们内在的东西，能够决定我们成为这个或那个样子。尽管有时我们试图躲避在自己选择成为的那个东西中，仿佛它就是我们注定不可改变的命运，比如"我是一个工程师，西班牙人，已婚，基督教徒，等等"，但实际上，我们总是随时都有可能改变自身或改变选择的道路。如果我们没有改变，那不是因为我们"只能"选择我们所选择的东西，也不是因为我们"只能"

成为我们所是的东西，而是因为我们"欲求"成为这个样子，而不是别的样子。

可是那些来自我们的历史背景、社会阶级以及我们的生理或心理条件的限定呢？那些现实中对我们的计划的各种阻碍呢？在萨特看来，这些也丝毫不能改变自由的状态，因为一个人"在一种事物的状态中并且面对这种事物的状态"时总是自由的。是我自己来选择安于我目前的社会地位，还是奋起反抗并改变它。是我自己发现我身上或现实中的各种不利条件，但是我可以设立目标去克服它们。甚至就连那些阻止我自由行事的障碍，也是来自我自己以这样或那样的方式获得或保持自由的决定，没有人能强加给我任何东西！口吃只有对德摩斯梯尼才构成真正的障碍，因为他本来自由地想成为一名演说家……人类的自由如果按照萨特所赋予的那层激进含义来理解，就是一种否定我们周围的一切现实，并自由地从我们的欲望和激情出发构建另一套现实的召唤。我们可能会在这样的尝试中受挫（事实上，我们一直都在受挫，我们总是以某种方式在现实中碰壁，"人类只是一种无用的激情"），但是我们不能以事物不可战胜的必然性为借口，而停止这样的尝试和放弃这样的努力。我们人类唯一不能选择的就是自由还是不自由：我们已经被注定是自由的（这个萨特式的说法听起来充满悖论色彩），因为正是自由决定了我们作为人而存在。

"自由"这个概念具有非常丰富的理论内涵，我们完全可以接受其中的一种含义，而拒绝其他含义。但是不论在哪层含义上，一旦承认我们是"自由"的,也就意味着承认我们人类根据能够指挥一连串行为的"意图"来安排我们的活动。比如,今天上午我要赶一趟火车,为了做到这一点,先天晚上我会将闹钟定好,今天一大早起来,我洗漱穿衣,走下电梯,来到街上叫上一辆出租车,跟司机说我要去火车站,等等。那么,在我赶火车的意图中,在我为此目的而进行的每一个必需的步骤中,我的自由行为体现在哪里呢?有些哲学家,比如戴维森就认为,唯一存在的真正行为是那些最简单、最原始的行为,也就是自主的身体运动。这些基本动作可以根据不同的故事来进行"叙述"。有些故事以我的计划或意图为中心,有的则根据不同的叙述逻辑(比如,有些根据特定欲求展开的行为却包括了非欲求的结果)展开。

另一方面,除了一些极端激进的萨特主义者之外,我相信,没有人会否定我们人类都有一些本能的欲望,这些欲望在很多场合下会自动地推动着我们去行动。但是同样显而易见的是,我们也并非只是被我们本能的目标牵着鼻子走,而是还同时保持着自我,知道自己具有能动性,并会根据我们每个人不同的人生计划而使本能的需要最大限度地个性化。尽管我们有些目的是无法改变的,也不是我们自主选择的结果(比如饮食、性行为、自我保存等等),但我们总是会努力以一种非必然的、可选择的方式去实现它们。因此,除了欲望之外,可以作为我们行为的原因的,还有更长远的"动机",甚至各种"理性",也就是那些可以为我们的同类所共享的考虑。我们在第二章曾对"理性的"与"合理的"进行过区分:所谓"理性的"

就是指寻找对待客体的最好的方式,而"合理的"则意味着与那些被我们认为具有同我们自己一样可敬的意图的主体交流的过程。如果不考虑这两种动机,即便不是不可能,也很难真正理解人类的行动。本能以及大自然的其他各种力量,已经足以解释由人类主导的各种事件,就像其足以解释动物的行动、植物的生成,以及固体受重力的作用而向地面坠落。但是要想彻底理解人类的活动,就必须要有对能动性主体的内部洞察,以认清我们所想的和我们所做的之间、我们的符号世界和我们在物理世界中的生命义务之间的联系。

不论我们是以全部的热情和骄傲来肯定自由,还是以同样的努力来否定自由,都要面对这样一个问题:自由这个问题为什么对我们来说会如此重要?怀疑主义者休谟从根本上来说是一个决定论者,他认为自由这个概念可以与决定论共存,因为自由不涉及物理上的因果关系,而是涉及社会上的因果关系。我们必须在一定程度上相信自由,才能将每一个由人类主导的事件分摊到一个可以为其负责任的主体身上,才能使得有人可以为自己的行为而受到称赞或谴责,甚至惩罚。自由对于规定责任是必不可少的。如果没有责任,人类就没法在任何一种社会中共同生活。因此,自由不仅是我们骄傲的理由,也是我们不安甚至焦虑的理由。承担我们的自由,也就意味着我们要为我们所做的事情负责任,甚至意味着有时候还要为我们试图去做的事情,或者我们行为的某些意想不到的后果担负责任。

自由,意味着不只是在分配奖励的时候以胜利者的姿态回答"是我",还意味着在追究一件错事的责任人时也要敢于承认"是我"。在第一种情况下,总是会有许多主动的志愿者。但在第二种情况下,人们通常的做法却是将责任推诿到周围环境的重压上:诱骗寡妇者会将自己的罪行归咎于早年被父母遗弃、消费型社会的各种引诱或者电视剧中的坏榜样……诺贝尔奖获得者则会讲自己如何面对逆境而努力,讲自己的各种优点。没有人会愿意简单地被归结为自己的各种不好的行为,比如当有人因为我们撞车而责备我们时,我们会回答"我当时实在是无法避免,我真希望当时看清楚了。我真的不是有意的"等等,同时试图将错误转移到我们生活于其中的社会制度上,但却保留自己作为无辜的、超脱利益之外的、勇敢的、更好的人的可能性。因此,自由不是一种类似于奖赏的东西,而同时也是一种负担。很多貌似成熟实际上却未必尽然的人,也就是说那些自主性很差、对自身绝少有清醒认识的人,宁愿放弃自由而将它移交到一位社会领袖的手中,让他代替自己做决定,并承担错误的重压。精神分析学家弗洛姆写过一本题为《逃避自由》的书。在这本书中,他从"逃避自由"的视角分析了20世纪纳粹极权主义在群众中煽起的狂热现象。

但是"责任"问题由来已久。比如早在古希腊的悲剧中,责任有时候就已成为主人公不可逃避的命运,正如索福克勒斯的悲剧《俄狄浦斯王》中在俄狄浦斯身上所发生的那样,主人公必须在既不愿意又不知情的情况下,完成一些命中已经注定的行动,同时又从不放弃去试图理解,究竟是什么样的意志将其纠缠在致命的剧情中。我们的欲求将我们拖到无可避免的事情中，但是在这之后，这无可避免的事情应该被当做我们的欲求的盲目部分来对待：承认我们应该是有过错的，会让我们睁开双眼，看清自己到底是什么。这样，我们能够成为的那个样子就得到了净化。古希腊人不懂得前文解释过的"自由"的第二层和第三层含义，所以他们也没有真正"个人化"的责任的概念，这种真正个人化的责任是与主体的主观能动的意图相联系，而不是与客观发生的事实相联系。诅咒在俄狄浦斯身上得到应验，他不知道自己曾犯下杀父娶母的罪行，然后这个罪行就成为他命运的一部分，他无论如何都摆脱不了……根据索福克勒斯的看法，使我们要负责任的，不是我们计划去做的事，也不是我们实际上做的事，而是对我们做过的事的反思。

另一位伟大的悲剧作家莎士比亚，无疑也是开启现代性的巨人之一。他精妙地展示了行动自由的悖论性的奥秘所在。莎士比亚笔下的人物，都对自己的处境有着清醒得可怕的认识。他们总是在两个方面之间摇摆不定：一方面，他们渴望行动能给他们带来的好处；另一方面，他们又在与他们紧紧相连的罪过的锁链面前感到惴惴不安。因此，以麦克白为例，当他在杀害邓肯王的前一个罪恶之夜犹豫不决的时候（这样做会让他获得他觊觎已久的王位），同时也战战兢兢地考虑过将会不可避免地落到他头上的责任："要是干了以后就完了，那么最好还是快一点干；要是凭着暗杀的手段，既可以攫取美满的结果，又可以排除一切后患；要是这一刀砍下去，就可以成全一切、了结一切——在这人世上，仅仅在这人世上，在时间这大海的浅滩上；那我就甘冒来世遭人不耻的风险。可是在这种事情上，我们往往逃不过现世的裁判；我们树立下血的榜样，教会别人杀人，结果自己也落得同样下场。"（《麦克白》第一幕，第七场）麦克白欲求这个行动（暗杀邓肯王），欲求通过该行为能够得到的东西（王位），但是他并不欲求自己永远与这个行为联系在一起。在那些要找他算账，以及以他的罪行为榜样的人面前，他并不想为自己的行为负责。如果只是简单地去做，干了以后就完了，他一定会毫不犹豫地去做。但是责任是自由的必然产物，是自由的对立面，或许就像休谟所指出的，责任还是对自由的要求的依据本身：行为必须是自由的，才有可能每个行为都有人来负责。主体有实施某个行动的自由，但却没有从相应的后果中脱身的自由。

索福克勒斯和莎士比亚都喜欢讲一种"有过错"的自由，这可不是出于耸人听闻的个人品位，而是因为当自由令我们向往而责任令我们害怕时，又或者当我们面临一种诱惑时，自由和责任之间的联系就会变得更为明显。在我们这个时代，有太多的理论都在试图将我们从责任的重担中解脱出来，而独享自由。对这些理论，我们都已经感到腻烦了：我的行为的积极成果只是我自己的，我的过错则可以找到很多人来共同承担，比如父母、基因、所受的教育、所处的历史背景、经济体制，以及其他任何不受我控制的环境因素。我们所有人都要为所有过错负责，结果就是没有人能对任何过错负起主要责任。在我的伦理学课上，我通常都会举下面这个例子，它是根据一个让我深受启发的实际案例改编的：有一位妇女，她的丈夫出了远门，于是她就利用丈夫不在的机会与一个情人私会。有一天，多疑的丈夫突然宣布回来，并让他的妻子去机场接他。要去机场，这位妇女必须穿越一片森林，而据说那里躲藏着一位可怕的杀人犯。这位妇女感到害怕，便让她的情人陪她一起去，但是她的情人拒绝了，因为他不想遇见她的丈夫。这位妇女又请求镇上唯一的保安护送她过去，但是保安也说他不能陪她一块去，因为他必须留下来保障镇上其他公民的安全。这位妇女又找了好几个邻居，有女邻居，也有男邻居，但是他们也都拒绝了，有些是出于害怕，有些则是为了避嫌。最后这位妇女独自出门，结果被森林中的罪犯杀死了。这里我们要问：谁应为她的死负责？我得到过各式各样的回答，根据被提问者的个性的不同，答案也各不相同。有人谴责丈夫的不妥协和不宽容，有人谴责情人的懦弱，有人谴责保安的专业素养太差，有人谴责社会的安全机制运转不灵，有人谴责邻居缺乏同情心和互助心；甚至有人谴责这位被杀害的妇女自己缺心眼……就是很少有人能够回答一个最显而易见的事实：这起凶杀案的主要责任人就是杀害这位妇女的凶手本身。不错，在每一个行为的责任中都会涉及众多的外部环境因素，这些因素可以弱化，甚至在很大程度上淡化该行为本身的责任。但是这些因素永远不足以完全"免去"故意实施这个行为的主体的相关责任。考虑到一个行为所有方面的情况，可以让我们在一定程度上谅解它，但却永远不可能完全抹去自由主体的责任。否则，它就不是一个行为，而是一场致命的意外了。然而，自由对于在社会中生活的人类来说，不正是一场致命的意外吗？

人类对行为和责任之间的关系曾经做出的有着谜一般启发性的思考,体现在史诗《薄迦梵歌》中。这是一部对话体长诗,大约作于公元前3世纪,收录在印度伟大史诗《摩诃婆罗多》中。主人公阿周那驾着战车冲向敌军,并拉开弓箭准备尽可能多地杀敌。可是在他应该杀戮的敌人中间,他同时也看到了一些亲人朋友的面孔(这场战争是一场手足相残的内战),于是他开始感到不安和痛苦,直至想严肃地退出战斗。此时帮阿周那驾驶战车的车夫黑天(印度人最崇敬爱戴的神灵),表明了自己的真实身份,提醒他不要忘了自己的责任。在黑天看来,阿周那在厮杀的责任面前表现出的疑虑是毫无理由的,因为"无论死去或活着,智者都不为之忧伤"。在我们所生活的富于欺骗性的表象世界里,真实的主体(梵天 Brahma,无生无灭的绝对者)既不会被投枪摧毁,也不会被任何一种人类行动所改变。每个人只需按他应该做的那样去行事,就阿周那而言,作为一名战士,就应该在战场上杀敌,但是智慧也就在于不执著,不为行为的胜利果实或失败后果感到喜悦或忧伤:"你的职责就是行动,永远不必考虑结果;不要为结果而行动,也不要固执地不行动。"我们每个人都不得不为发生在我们生活中的各种自然因素而行动:"因为世上无论哪个人,甚至没有一刹那不行动,由于自然产生的性质,所有的人都不得不行动。"全部奥秘就在于行动的时候仿佛并没有在行动,一方面在实施我们的行为,一方面我们的灵魂却丝毫不为欲望、愤怒、恐惧或希望等情绪所左右。"你永远无所执著,做应该做的事吧!无所执著地做事,这样的人可以达到至福。"

对于习惯于基督教的思维方式来说（尽管我们自认为是世俗的甚至是无神论者），这位冷静地规劝人类去杀人（仿佛杀人算不了什么事，与任何一件平常的事情都没有什么分别）的神灵，确实让我们感到很难理解。我们应该将行为视为自然秩序的一部分，并对其采取顺从的态度，同时还要以一种对该行为所允诺的东西完全"无动于衷"的状态投入到该行为中去，这与我们通常所理解的"计划"、"意图"，以及"成功"、"失败"等含义是截然相反的。但是一个行为的责任的重量（这不是对东方人的偏见，因为阿周那在屠杀亲人朋友之际也感到了自身的责任，其程度丝毫不亚于麦克白在决定杀死邓肯王之前所感到的），也因为一种怪异的推理而大大减轻了。这种推理认为，应该像去做一件不可避免的坏事那样，去做一件本可避免的坏事。从根本上来说，"有意识地"行事，只不过是理解我们以何种方式按照表象行事，认为我们的真实身份体现在我们永远所是的东西上，而不是体现在我们所做的事情上。我们可以在这种东方观点和斯多葛派或斯宾诺莎的思维方式之间找到类似之处，尽管相似的前提导致了完全不同的行为准则：按照西方思维，我们是根据对因果框架的客观考虑来行事的，这能使我们更好地"理解"行为，但绝不是因此就可对行为及其目标和结果采取"放任自流"的态度。了解了这一点，我们就能更好地理解印度智慧的伟大崇拜者帕斯在《印度掠影》一书中对《薄迦梵歌》中的教诲所作的充满敬意的批评："阿周那的放任自流是一个内心的行为，是对自身和自身欲望的一种放弃，是一种精神上的英雄主义行为，然而，它却没有显示出对他人的爱。阿周那除了拯救自己，谁都没有拯救……我们至少可以说，黑天教导的是一种没有博爱的无私精神。"

  自由就是通过我们的行为来回应，并且总是在作为受害者、作为证人和法官的他人面前做出回应。然而，似乎我们每个人都在寻找能够缓解自由之重负的"某种东西"。我们为什么不能认为，我们人类的本性是自由的，在这"必然"的自由中，我们可以像植物的生长和动物的活动般无辜地行事呢？如果我们在"本性"上是自由的，这种本性是否划定了我们自由的有效领域呢？出于我们自然本性的必然的自由，又如何区别于其他自然存在物的纯粹必然性呢？或许波兰女诗人希姆博尔斯卡的一首美丽的小诗，可以为我们的回答提供些许灵感：

> 秃鹰从不认为自己有何差错，
> 踌躇犹豫并非黑豹的本性。
> 食人鱼从不怀疑自己的正当，
> 响尾蛇肯定本身时亦将无所保留。
> 自我批判的豺狼从来未曾存在，
> 蝗虫、鳄鱼、旋毛虫和牛虻，
> 完全按照自己的意愿快乐地生活。
> 杀人鲸的心脏重达一百公斤，
> 但换个角度它却轻得没有心灵。
> 没有什么还能比不假自省更心安理得，

> 这是动物性的首要特征,
> 在太阳系里的这个第三星球。

人类似乎是唯一会对自身感到不满的动物,"后悔"就是人类这个自由主体的自我意识中的一种表现形式。可是,如果我们天性就是自由的,我们为何会对我们按照自由本性所做的事情感到后悔呢?我们依循自然本性而来的发育和成长,如何会给我们带来内心的冲突和斗争呢?因此,现在我们应该弄清楚什么是我们的本性,亦即我们的"自然"。弄清对于我们人类这种唯一具有"恶"的意识的动物来说,"自然"这个概念到底具有什么含义。

请思考……

"居住"于世界上意味着什么?是指仅仅被包括在其中,还是指作为世界的一个组成部分?什么是"行为"?"做某事"与"实施一个行为"具有同样的含义吗?是否有"非自愿"的行为?我们如何知道我们是自愿地做某事?有没有一些事情,我们是自愿去做,但同时也是"无意"(非出自本意)去做的?"想要运动我的手臂"与"运动我的手臂"是两个行为,还是一个行为?我何时才能说自己是在自由地行动?如果我不是自由地做某事,能说我是在"行动"吗?决定论的观点是什么?某种类型的决定论与某种类型的自由能够共存吗？现代物理学上的"决定论"与古典物理学上的决定论是同一个意思吗？物理学上的决定论与人类自由问题有某种或多或少的关联吗？"自由"这一概念有哪几种不同的用法？我们能够接受"自由"的其中一层含义，而不接受它的其他含义吗？自由是如何与在社会中生活的要求相联系的？"有责任"或对一个行为"负有责任"是什么意思？是否有一些行为，我们所有人都要对它们负责，或者没有一个人对它们有责任？古希腊悲剧、莎士比亚剧作和《薄迦梵歌》分别是如何理解对一个行为的责任的？如果我们做或不做一件事情不是自由的，我们还能为我们所做的事感到后悔吗？如果我们本性就是自由的，那么对于我们自由地做的事情具有恶的意识是否违反了我们的本性？

[第七章]

自然得不自然？

  人身上最自然的一点是：人从来就不是完全自然的。

  在第四章中，我们简明地刻画了人作为一种"符号动物"的形象，指出人类相对于其他生物的独特性，尽管人类和其他生物之间无疑也存在着某种亲缘关系。符号是习俗性的，因此，人类也就是一种"习俗性"的动物，一种能够与其他同类一道建立、学习和履行各种意义协定的生物。但是现在我们应该追问：是否存在人的本性，也就是人的"自然"？如果我们人类是由自然构成的同时又构成自然的一部分，如果我们是"习俗性的"同时又是"自然的"存在者，这两者是否矛盾？这两者是否可以共存？这些问题之所以让我们感兴趣，是因为了解了我们的自然，或者了解了我们与自然的关系，就能更好地指引我们的行动，指引我们适当地运用我们的自由。最后，当

第七章 自然得不自然？

我们想肯定或原谅某个行为时，我们通常会说这样做是"自然的"；而当我们责备某个行为时，我们则会说这是"违反自然的"。我们要问：当我们做出这番评论时，我们到底是在表达什么意思呢？

在当今这个时代，经常可以听到与"自然"有关的话。生态主义的观点阻止我们进行任何形式的开发，因为这会对"自然"构成威胁。技术滥用、工业污染、对资源的掠夺式开采、现存物种的大量灭亡，以及对基因的操控等等，都危及到了"自然"。有些人认为我们的各种罪恶就来自藐视了"自然"，因此呼吁我们回归"自然"，将自己当做自然的一个组成部分，在一定程度上接受自然的指引，而不是成为大自然的暴君。根据这种相当流行的观点，我们应该使用"自然"的能源，消费"自然"的产品。另一些人则认为这种态度会让我们回到野蛮状态，回到原始时代，开历史的倒车，试图阻挡任何人都阻挡不了的科技进步之路。他们指出，所谓"自然"的标准，同时也可被用来将某些社会权利独断地扣上"反自然"的帽子，比如女权主义者和同性恋者的权利。这里我们接着要问：我们如此热情谈论的到底是什么呢？

我们在前几章中已多次指出，哲学的首要任务，就是尽可能地弄清一个容易引起争议的概念的不同用法。因此，对于"自然"或"自然的"这个概念，我们同样要弄清楚。只有一种坏的哲学，才会在一开始就发明一些没人能懂的多余的新术语，而不是去澄清我们已经习惯使用的普通词汇到底是什么意思。显然，在下列说法中，我们使用的"自然"一词指的并不是同一个含义：万有引力定律是牛顿发现的一条自然法则；母亲爱孩子是自然的；大自然是非常美妙的；受侵犯者会自然地对侵犯者做出反抗；我们人类在"自然"（本性）上是相互平等的；最自然的做法是走楼梯或坐电梯下楼，而不是直接从六层楼上跳到大街上。下面让我们更加详尽地来思考一下这些用法。

"自然"一词的主要用法有哪些呢？

其中第一种用法体现在卢克莱修那首著名长诗的标题中：《物性论》或《论事物的自然》。宇宙中存在的每一件事物都有自己的自然，也就是自己的"存在方式"。在19世纪，穆勒写过一部简短的著作，书名恰恰就叫《自然》。这本书开篇就写道："当我们说一个具体物体的'自然'，比如火、水、任意一种植物或动物的'自然'的时候，我们到底是指什么呢？显然，我们是在指它的各种功能和性质的总体或集合、该物体作用于其他事物的方式（其中包括观察者的五官感觉），以及其他事物作用于该物体的方式。"除了这些特征以外，或许我们还应明确地加上（否则卢克莱修是不会原谅我们的）该物体的化学成分和基因成分。某事物的自然，就是它的存在方式、它得以存在以及作用于其他所有存在者的方式。因此，大写的"自然"就是指所有事物的功能和属性的集合，无论是已经存在的事物，还是有可能存在的事物。穆勒很有道理地指出："这样，'自然'就其最简单的词义而言，是所有事物和事实的集体名称，不论这些事物和事实是切实存在或发生的，还是仅仅是一种可能性而已。或者（更准确地说），'自然'是指事物发生的方式，这些方式我们只认识其中一部分，其余的尚且不认识。"

当然，我们所说的"自然"，指的是宇宙中所存在的和有可能存在的一切事物，无论它是有生命的还是无生命的、理性的还是非理性的，甚至包括桌子、城堡、宇宙飞船，以及其他由人类制造的物件。任何由人类制造的东西，都有自己的自然，就像一朵花或一条河一样，也具有与许多非人为制造的物体相类似的物理和化学属性。在这个意义上，人类不可能做任何对抗自然的事，不可能毁灭它，也不可能损害它，因为即便是人类的产品，也同样是自然的组成部分（人类不可能"侵犯"自然，而只能以这样或那样的方式利用自然的规则）。杀虫剂与清澈的泉水同样是"自然"的，原子弹的原理就如同黎明天亮与蜜蜂营造蜂巢一般自然，蓄意制造的森林火灾就跟被大火摧毁的森林同样"自然"。人类可以毁灭一些自然物，或者伤害其他自然物的生命，但是这些做法仍旧是建立在事物自身的自然的基础上。在"自然"的这层含义上，一切存在物和现实中所发生的事物之间，都有一种自然的连续性。

但是"自然"同时还有另一层含义，根据这层含义，世界上在未受到人类干涉的情况下出现的所有事物都是自然的。在《物理学》第十卷中，亚里士多德规定：所谓自然的事物，就是指那些以自身为原则和目的的事物，也就是说，那些自然地就是其自身的事物。相反，一张床或一台电脑的原则，却是人类的生产能力，并服务于人类为它们设定的目的。一方面是自然的事物，它们源自于一种我们总称为"自然"的自发创造性；另一方面则是"人造的"事物，即人类技艺或艺术的产物（我们所使用的"技术"一词来源于希腊词 techne，该词同样也有"艺术"的含义）。但是，两者之间的区别却也让人充满疑虑。1826 年，人类第一次在实验室中合成了尿素，一种在自然界中本来就存在的物质，如此获得的产物应该被视为自然的还是人为的？抑或是人为的自然？不同品种的狗是自然物还是人造物？杜洛克猪和赛马是自然物还是人造物？嫁接而生的各种花卉是自然物还是人造物？人工植树造林是自然物还是人造物？我们周围的大部分环境都与人类的行为是分不开的。这或是因为人类积极地促进了它们最终的样子的形成，或是因为人类在可以干预环境的时候而没有干预。这一点是否意味着我们周围的环境已经全部变成"人为"的呢？当然，最棘手的问题是人类自己提出来的。没有人类其他成员在物理上和文化上对文化的塑造，我们根本就不能生存。根据列维-斯特劳斯《结构人类学》一书的观点，"人类对自己所做的改变并不比他对家养的动物所做的改变少"。那么我们人类到底是自然的还是人为的？抑或是人为的自然？

  当我们将"自然"一词运用到人类头上的时候，它就首先与"文化"相对立。自然的就是先天固有的，就是在生物学上已经被决定的，它既不能被选择，也不能被学习，而只能被经历。相反，文化的就是通过学习得来的，是从我们同类的好事和坏事中接受的事物，我们选择或模仿的东西，以及我们有意去做的一切。让我们再次引证列维-斯特劳斯的话："我们权且假设人类一切普遍性的东西都来自自然的秩序，以自发性为特征；而一切遵照某种规范来行事的东西都属于文化，呈现出相对和特殊的属性（《亲属关系的基本结构》）。关于这一命题的第一部分，人类的普遍的东西都是自然的，我们应该指出，这句话如果反过来说则是不对的，因为每个人内在固有的或者自然的东西具有许多特殊性，有些是与其他人共享的基因上的东西（比如性欲，皮肤或眼睛的颜色，某些先天性畸形等等），但也有一些是唯一的，独特而不可重复的（比如指纹、除了双胞胎以外的基因特征等）。"我们还可以认为，每个人在物理结构上发生的意外变化也是部分"自然"的，比如小儿麻痹症留下的后遗症，或是衰老这一简单而又极其普遍的现象，因为没有两个人是以完全一样的方式变老的，也没有人会以完全一样的方式死去。当然，关于这一点仍有一些值得商榷的地方：如果我被一辆车撞成了瘸子，这是一个"自然"事件还是"文化"事件？抑或是一个影响了我的部分"自然"的"文化"事件？现在我想起一个老笑话："'某某某是怎么死的？''是自然地死去的。''具体是怎样发生的？''从八层楼上掉下一架钢琴把他砸死了。''你居然把这叫做"自然死亡"？''难道你不认为从空中掉下一架钢琴把他砸死是自然的吗？'……"

　　事实就是，在我们身上，任何一个"自然"特征都会受到文化的影响，反之亦然。在人身上，其他动物也一样，没有什么比吃饭的需要更自然、更普遍的了。但是，所有人吃饭都要遵照一定的文化规范，遵循一定的烹饪方式，根据后天养成的习惯选择或拒绝一些食物。简单来说就是，人要吃饭是自然的，但是我们总是"文化地"进食。我们可以问一问那些在安第斯山区飞机失事的幸存者,他们当时的情形是：在等待救援的同时，只能在吃其他遇难者的尸体与坐等饿死之间进行选择。甚至他们最后不得不牺牲他们中间的某位幸存者，以维持其余人的生命。当然，他们肯定是根据抽签来决定谁去死，而不是按照"自然"的方式选择吃最胖的那一位。另外，表面上看，性冲动是一种极其自然的事情，但是性行为中的乱伦禁忌、婚姻、浪漫的爱情，以及聂鲁达的《二十首情诗和一支绝望的歌》却是不自然的。找一片栖身之地来躲避暴风雨等恶劣天气是自然的，但是建造用来居住的宫殿或别墅则是不自然的，用壁画来装饰洞穴就更加不自然了。关于权力，我们又该怎么看呢？很可能弱肉强食、体力强健者统治体力弱小者是极其自然的，正如柏拉图的《高尔吉亚篇》中卡利克勒对苏格拉底说的那样。但是这在人类中间却从未发生过，人类之中总是有一套复杂的政治和法律机器在那里运行。并且经常会发生这样令人惊奇的事：那些体力上或"自然地"更加强壮的人往往出于文化上的原因，不得不服从一个老人甚至一个孩子。关于这种"人为性"，蒙田的一个朋友拉博埃西在他的《论自我奴役》一书中有集中的论述。使得一些人居于另一些人之上的"强力"，几乎从来都不是纯粹的体力上或数量上的优越性，而总是需要过渡到符号的层面，也就是说，使自己"人为化"。

　　故事也可以从另一个角度来讲述。在许多国际政治的高级会议中，我们经常可以看到"自然"野兽（我们人类或许就是这样一种野兽）趾高气扬地张牙舞爪；时尚展览中的各种首饰一览无余地揭示了我们本能的肉体上的贪婪；普鲁斯特作为一个伟人，既不是第一个也不是最后一个，在临终时刻将诀别的传统惯例置之不理，非常自然地呼唤自己的妈妈。如何来理解这一切呢？我们是否可以说，人类就像洋葱一样，是由相互重叠的好几层东西构成的，最基本和内在的几层是自然的，而在它们之上，则逐渐沉淀起一层教养、社会性和人为的产物？现在我想起在关于人猿泰山的小说中（它们给我的童年带来了多少快乐！），当那只被意味深长地称作"人猿"的动物，在离开丛林之后与他的敌人遭遇激烈的对抗时，他正义的怒火的肇始大致可以这样来表达："于是包裹他的那层薄薄的文明之皮破裂了……"对此那些坏心眼的人会为之发抖！文化只是一层遮盖我们无辜天性的涂料吗？事实上，毋宁说它更像是一种互相渗透的关系，使一者离不开另一者。正如梅洛-庞蒂在其《知觉现象学》中所说："把人们称之为人的'自然'行为的最基本行为，和创造出来的文化或精神世界重叠在一起是不可能的。对人来说，一切都是创造出来的，一切也都是自然的，正如人们在这个意义上不是要表明一个词语和一个行为把某样东西归于单纯的生物存在——并通过能用来定义人的一种逃避和一种模棱两可的特性，脱离动物生活的单纯性，使生命行为离开其意义。"尽管我们费尽心思想要探究人性的自然本质，我们却总是会从中发现文化的印记，将后天获得的与先天的东西混合起来；同理，我们也没有办法从动物性的特征中，区分出一种与动物性毫不相干的纯粹文化的态度或视角。人身上最自然的一点是：人从来就不是完全自然的。

将"自然"一词运用到人类行为上，它就同时具备了一些其他的常见用法，非常值得我们在此顺便提一下，因为这对我们直到目前所指出的一切非常有启发性。比如，当一个行为是惯常的或者被习惯的，我们就说它是"自然"的。因此，说"习惯是人的第二自然"是非常有道理的，习惯有时甚至能够取代人的第一自然！在西班牙，一顿饭以喝汤开始而后才上主菜是"自然"的，而中国人和日本人则认为在之后或者在一顿饭的末尾喝汤是"自然"的。总之，最老、最惯常、最老生常谈的东西就是"自然"的。正因如此，有些人认为，一切现代化的或者打破积习和常例的元素，都是"反自然"的。于是，那些想废除奴隶制或死刑的人就遇到了这个困难。那些为男女之间在法律上和工作中应予平等进行辩护的人，那些为反对同性恋歧视而斗争的人，也都遇到了同样的困难。

人们通常也会把那些以一种非预定的、冲动的方式表现出的行为称为"自然的"。比如，一个人被另一个人侮辱时会很生气是自然的，一个人看见另一个人踩在香蕉皮上滑倒而失声大笑也是自然的。但是，这些所谓的自然反应，难道与每个人所受的教育或社会经历就没有关系吗？比如，一个刚因滑倒而摔断腿的人看到另一个人摔倒一般就不会笑，而是会一瘸一拐地上前搀扶他。假如人类（尽管有其非常动物性的一面）同时也是理性的，那为什么三思而后行就不能像未经反思的行为一样"自然"呢？最后，我们会说：当一个人因为某种外在原因的影响而改变态度或行为时，他就不再会根据自己的"天性""自然地"行为了。比如，某人一直以来都是"天性"开朗的，直到他的儿子突然去世；或者他一直以来都是性格平和的，直到有人激怒了他。但是，因周围环境的变化而变化，不同样也是"自然"的吗？这些来自外部的刺激，岂不是揭示了一种比之前一直所展现的更加真实（至少也是同等真实）的"存在方式"吗？不要忘了叔本华说过的"不要让我们遇见试探"……

总而言之，事物给人的印象是，"自然"或者类似"人的自然"这样的词语，包含了强烈的文化色彩，甚至于它们似乎是被发明出来充当衡量文化的砝码，并被作为判断和引导一种文化的标准。一位因对人类的"自然状态"所作的独特理解而备受后人怀念的思想家、18世纪的哲人卢梭在其《论人类不平等的起源和基础》的序言中承认："要把人类现存的本性中固有的部分和非天生的部分区分开，要了解清楚一种不再存在，也许根本就没有存在过，或许将来也不会存在的状态（我们必须对这种状态具有正确的观念，才能很好地判断人类现在的状态），并不是一件容易的事情。"我们需要一种自然的东西，或者说一种自然状态，来合理地评价我们生活于其中的（社会的、道德的）现实境遇。尽管正如卢梭诚实地承认的那样，自然状态或许从未存在过，也或许永远不会存在，但我们需要它。我们必须将这个被称为"自然"的理想与我们实际生活于其中的人类现实境遇进行对比，才能知道我们是越来越偏离人类的完美状态，还是正在向它靠拢。卢梭（以及几乎所有提出类似评价性命题的人）的回答是，我们的现实社会已经偏离自然的理想很远了。我们的具体制度越是"现代"，我们也就越是远离自然状态。但卢梭认为，我们不应该为人类一去不复返的天真状态伤怀，而是应该努力通过一种新型的社会契约，重新恢复某些平等主义的最优秀成果。今天，一些激进的生态主义者甚至强调，大自然神圣不可侵犯的"权利"要高于人类卑微的掠夺性的利益。于是问题也就不可避免地出来了：这是为什么？

那些以"自然"为理想并将其作为衡量人类现实境遇标尺的人，似乎将"自然"理解为这样一种原始状态：处在这种状态下的一切事物，无论是自发的，还是按照造物主的设计，都是应然的。在这之后，人类出现了，生长了，繁衍了，尤其是"犯罪"（也就是发明了一些原先在自然计划中所没有的人造物）了，这就使得人类注定要过一种"反自然的"、邪恶的生活，并最终污染和破坏自己所生存的自然环境。现在的问题是，"自然是一种应然的理想状态"这一点是如何得出的？如果将自然理解为我们之前讨论过的第一层含义，即所有存在着的事物的属性和"存在方式"的总和，那么自然所代表的就仅仅是事物之"实然"，而从来与事物之"应然"无关。除非我们认定，事物应该永远是如何如何，而这样一来也就不可避免地会陷入臆想的评价标准！似乎我们在自然世界中从来不能找到的恰恰是"价值"，抑或是善与恶的最无可争议的表现形式。无论如何，我们都可以根据存在的每一种元素的存在方式，指出自然地"好的"或"坏的"事物。比如，对于火来说，水就是一种很"坏"的东西，因为水能够灭火。但是对于需要水才能生长的植物来说，水就是一种很"好"的东西。狮子对于羚羊和斑马来说是很"坏"的，因为它要吃掉它们。然而，就狮子的立场来说，"坏"的东西却是羚羊和斑马，因为它们总是不遗余力地要逃走，使得它没法抓住它们，这样它就会活活饿死。抗生素对于人类来说是很"好"的，因为它可以杀死使人致病的微生物，但对于微生物来说，它就是"极坏"的，因为它是它们的杀手，等等。

  这就是说，正如斯宾诺莎和其他一些哲人曾经指出的那样，对于每一样事物来说，自然地"好"的东西就是能够使得它按照原有的样式继续存在的东西，自然地"坏"的东西就是阻碍或者破坏其原有存在方式的东西。但是，由于在大自然中有许许多多（是否无限多？）的不同事物，每一样事物都有与其天性相对应的特殊利益，这就使得绝不可能有一种放之四海而皆准的"善"与"恶"，而只能有和现实中不同事物一样多数量的"好"与"坏"。对于甲而言是"好"的东西，可能对于乙来说就是"坏"的，反之亦然。因此，那些试图建立一种"自然"的理想，作为评判人们行为和表现标准的人，首先应该做的不是确定人类现在是什么样的，也不是确定人类昨天或者一千年前是什么样的，而是要确定人类"就其自然而言"是什么样的。也就是说，当人类现在、过去或未来符合其自身的"存在方式"时，也即符合自己的"应然状况"时是什么样的。为了实现这一目的，我们应该将人身上"自然"的东西同"文化"的东西清楚地区分开来，将"自然"的设计同人类在自己身上实施的文化计划清楚地区分开来，而这一点正如卢梭不得不承认的那样，并不是一件轻而易举的事情。此外，我们如何能够肯定，"文化"本身就不是一种更加适合人类的更为"自然"的发展呢？如果不存在没有"文化"的人，又何以见得"文化"就不是一种自然的、不分时地皆与我们的存在方式相对应的东西呢？

此外，我们还可以说人造的东西优越于自然的东西，它的用处恰恰在于能够保护我们免受自然的种种伤害。药是人造的，但是它能治愈我们的疾病，而疾病反倒是最自然不过的东西；人造的暖气能够使我们免受自然寒冷的侵袭，人造的避雷针能够使我们免遭自然界闪电的袭击。人造物不仅能保护我们，还能使我们变得强大起来：它可以使我们一直旅行至月球，发现微生物的存在，品尝美味的火腿，在乐队不在场的情况下聆听美妙的音乐，甚至现在还可以使我通过印刷出来的纸张，与你，亲爱的读者近距离地交流（虽然你有可能并不认为这最后一项是人造物带来的巨大好处！）。根据一些乐观主义者的看法，如果没有人造文化的话，我们就会活得更短，移动得更慢，就会变得更加无知，我们只能吃植物的块茎和动物的生肉，我们会在与熊罴进行赤膊斗争的过程中浪费许多时间，我们无法享受莎士比亚、莫扎特和希区柯克的作品带给我们的欢乐。但是悲观主义者则提醒我们，如果没有那么多的人造的东西，海洋和森林就不会因人类发明的物质而被污染了，就不会有成千上万的人死于炮弹和轰炸，就不会有各种交通事故和飞机失事悲剧，政府就不会通过电子手段监控我们，我们也不会由于收看电视转播的那些带有暴力色彩的比赛给我们带来的蛊惑而日益变得残酷。

穆勒曾经非常痛心地抗议道："如果人造物并不优越于自然物，那么在生命的各种艺术中，还有什么样的目的呢？打猎、耕种、建筑房屋，都是对顺从大自然的戒律的直接违背。"有些人回答说，我们最好走开，如果我们能够继续遵从自然的种种戒律那就更好了。但是根本的问题还是同一个问题：难道我们知道大自然向我们发出了什么指令吗？难道我们能够说：当我们被一种微生物袭击时，自然就命令我们结束自己的生命吗？难道自然"禁止"我们戴眼镜或者在天空飞翔吗？总之，难道我们知道大自然（如果真的存在如此重要的一位女神的话）在我们身上所欲求的那个样子吗？

从自然的事件中可以得出截然不同的道德教训。比如，生活于基督纪元初年的斯多葛派哲学家，就建议顺应自然而生活，并认为这种顺应就体现在抑制本能的激情，为人诚实而忘我，一丝不苟地履行我们的社会境遇带给我们的职责，等等。但是尼采对斯多葛派的设想却极力嘲讽，他说："你们想要'顺应自然'来生活？啊，你们这些高贵的斯多葛派成员，你们说的这句话是何等的骗人！你们想象一下像自然那样的东西，无限地奢侈，无限地冷漠，没有意图和考虑，没有怜悯和正义，既果实累累，又颗粒无收，且变化无常；你们想象一下从权力中滋生的冷漠本身——你们如何能够按照这种冷漠来生活？生活，难道不正是想要成为与自然不同的一种东西吗？既然你们的命令'遵从自然而生活'在根本上意味着'按照生命而生活'，难道你们就不能这样生活吗？为什么要从你们本身所是和必须所是的东西中制造出一个原则来？——实际上，情况正好相反：你们在装作如饥似渴地阅读根据自然制定的法律准则的同时，心里渴望的完全是另一种东西，你们这些自欺欺人的莫名其妙的喜剧演员。

你们傲慢地想要把自己的道德和理想,强加给自然,强加给自然本身,想要把自己的道德和理想纳入自然之中。"

建议"顺应自然行事"的人只是选取了自然的一些方面,而把其他方面抛弃了。斯多葛派希望通过控制自己的激情和尊重他人来遵从自然,而有些人比如萨德侯爵却相信没有什么比为所欲为、无法无天更加"自然"的了,哪怕给别人造成天大的伤害也与己无关。世界上有成千上万受苦受难的人,另一些人却把满足自己的欲望建立在这些人痛苦的基础上,我们是否曾看到大自然为这些受苦的人而忧虑?卡利克勒在与苏格拉底的争辩中(参见柏拉图《高尔吉亚篇》)就认为,自然的第一"法则"就是:体力上或智力上更加强大的人有权统治其他人,并占有绝大部分的财产。因此,他认为,规定了城邦中权利平等的民主法律是"反自然"的,因而是"不正义"的。这些法律保护弱者,并且传播一种类似苏格拉底风格的道德,即主张宁愿忍受不正义,也不要造成不正义。今天,不乏有一些社会学家或政治家,打着达尔文进化论的旗号,或明或暗地支持卡利克勒的主张:如果自然通过"生存斗争"的手段逐渐选择了每一个物种中最适合生存的个体(并且从在同一个地域互相竞争的各个物种中选择了最适合生存的那些物种),同时淘汰了那些最脆弱、最不能适应周围环境的那些个体和物种,那么在人类社会中是否也应该同样让每个人尽可能地展现自己的能力和价值,任由那些在竞争中倒下的人自生自灭,而用不着帮助那些笨拙的人?这样,人类社会就能以一种"自然"的方式运行了,并有利于那些无情但却是强有力的胜利者的种族繁衍……

然而,这些现代的卡利克勒们并没有十分认真地读过达尔文的著作。他们信奉的这些教条,其实主要来自达尔文主义的某些"异教徒",比如高尔顿与斯宾塞这样的人。相反,达尔文却在《人类的由来》(这是达尔文继《物种起源》之后的又一部伟大著作)一书中,提出了另一种相当微妙的观点。根据这种观点,正是自然选择本身,发展了人类的一些社会本能(尤其是"同情心"以及其他一些类似的感情)——人类文明,我们这个物种的生命的成果,正是建立在这些社会本能的基础之上。对于达尔文来说,正是自然进化本身,导致人类选择了一种共同生活的方式,这看似与其他物种的"生存斗争"相矛盾,但却呈现出了一种并非纯粹生物学、更是社会学上的优势。与卡利克勒及其信徒所主张的不同,达尔文认为,使我们作为人类整体"自然地"变得更加强大的,正是一种保护弱小的或者在环境上处于不利地位的个体,免受生物学上更为强大的个体欺凌的本能倾向。社会及其"人造"的法律,是我们这个物种进化的真正的"自然"结果!因此,对于我们来说,真正"反自然"的就是陷入一种纯粹而残酷的"生存斗争",在这样一种斗争中,获胜的必然只是那些生理上更加强大的人,或者拥有现代化装备程度更高的人。比如,一小撮人通过自己的才能聚敛起大量的经济和政治资源,而这些资源原本是该以一种更加公平的方式,在各个社会成员中进行分配。关于这个问题,我们将在下一章详细讨论。

总而言之,我们不由得要认同伽利略当年的观点。他在 17 世纪初叶写给格里安伯格的一封信中指出,"大自然对于人类不负有任何义务,也没有同人类签订任何契约"。但是,相反的说法是否也是正确的呢?我们是否同样可以说人类对大自然不负有任何义务呢?因为我们的唯一契约,总是同其他与我们一样的人类个体签订的。许多人认为我们对自然界中的存在者负有某种义务,比如,不能污染海洋;不能灭绝植物和动物的物种,因为那会破坏这个世界上生物的多样性;不能破坏美丽的风景;不能折磨其他同样能够感受到痛苦的生命体,等等。用我们前边区分过的术语来说就是,为了改善我们的生活,或者使我们的生活变得更精彩而让自然界的各种事物为我所用,毫无疑问是一种"理性"的做法,但是另一方面,尊重并保存自然界中与我们有着千丝万缕的关系、或者一旦被破坏就没有其他东西可以代替的某些方面,同样也是"合理"的。毕竟,我们作为人类个体的生活——不仅是在严格意义上的生物学方面,而且也是在确立我们这个物种的特征的象征性方面——总是会不断地从"自然"事件中获取营养,不论我们从哪个意义上去理解"自然"这个词。

如果我没搞错的话,当我们谈及人类对自然的某种义务时,我们其实想说的是,尽管在自然中没有任何独立的绝对的价值,但是我们有理由认为某些现实是"有价值"的。这里,"文化的"和"自然的"再次交织到一起,因为价值判断是一种高级的文化任务,是一种我们自身的"自然"中"自然性"不那么强的维度。正如我们所观察到的,自然在总体上是以一种最严格的中立和客观的方式运行的：大自然在各种事物之间没有任何偏好，它以一种完全不偏不倚的方式摧毁着一些事物，又孕育着一些事物，它似乎对自己的任何作品都没有表现出特别的"尊敬"。就像大海冷眼看着自己的一层波浪覆过另一层波浪，却从不试图特别保存其中的任何一层，大自然也是这样对待自己的生灵的。在瓦伦西亚火节的模拟人像中，总会有一个幸运的人像由于人民的欢呼而幸免于被烧毁。这是由于人们偏爱这个人像甚于其他的人像，但是自然从来不会豁免自己的任何一个"模拟人像"。

我们不能说"自然"更加同情海里的鱼，而不同情使它们大量死亡的化学物质；不能说"自然"更加同情森林，而不同情摧毁森林的大火；也不能说自然对我们之中某一位表现出更大的兴趣，而对杀死他的艾滋病病毒不感兴趣。数以亿计的生命物种，从令人敬畏的恐龙开始，在人类出现在地球上之前就已经被"自然地"摧毁了；遥远的星空中，有一些星星"自然地"发生爆炸，燃起巨大无比的火球，令人类最厉害的核武器都相形见绌，同时新的星星也以同样"自然"的方式诞生，等等。但是，"评价"恰恰意味着在不同的事物之间做出区分，偏好甲而不偏好乙，选择应该被保存的东西，因为它能够比其他事物提供更大的利益。评价的任务是人类一项突出的义务，也是人类任何一种文化的基础。自然的主要原则是不偏不倚，文化的主要原则则是区分和价值。因此，我们应该扪心自问：我们能够采用什么样的评价标准，来作为我们对自然界事物的所谓"义务"的基础？这里首先需要说明的是，不论这些标准是什么样的，它们都是"文化的",而从来都不是单纯"自然的"。

在我看来,这些评价标准可以分为三类:第一类,主要是用来发现某些(或者全部!)自然事物的内在价值;第二类,主要是研究自然事物对于我们人类的用途;第三类,则主要是以自然之美为基础的审美标准。下面我们简单地来审视一下这三种评价模式。

——自然的内在价值在我看来是最难论证的,除非我们采取一种宗教的观点,即认为一切存在的事物都是神圣的,因为它们都是由全善的上帝创造的。即便如此,也很难让人完全认同这种观点,因为有些我们非常熟悉的宗教(比如犹太教和基督教),就认为自然的事物是上帝用来服务于人类的。为了显示神性的尊严,可以不惜牺牲牲畜;为了供奉比拉圣母,可以不惜摘取千万朵鲜花。毋庸置疑,所有的知名教堂都会赞同炸毁山中的岩石,以在那里建造一座美丽的寺庙或修道院。事实上,所谓的"神圣"就在于指出,有某些地方或事物比起其他类似的地方或事物(比如一棵树木之所以与众不同、一处泉水之所以与众不同等等,就因那里有着某种神灵般的东西存在)更有价值,更值得尊敬,而这则与自然现实的所谓内在价值是直接相违背的。简言之,如果一切自然的东西都是"纯粹"自然的,那么任何事物就其自身而言都不比任何其他事物更有价值,或者说,任何事物就其自身而言都没有价值;如果在自然的事物中有某种"超自然"的东西,那么其价值也是来自这种附加的神性,而不是来自其自身。

这里只可能有一种相对的例外,那就是尊重生命的义务,因为这是一种我们也不得不分享的境遇。我们可以说我们有义务尊重一切生命体，因为它们是我们的有生命的"兄弟姐妹"。但是由于这种慈善必须由自身开始，因此，为了尊重"我们"的生命，我们不得不牺牲一些其他的生命：被我们吃掉的动物和植物（没有人能光靠吸收矿物质过活），为了治愈我们的疾病而被我们杀死的微生物，为了保护农作物而被我们杀死的害虫，等等。甚至那些耆那教教徒（他们通常会罩上口罩以防一不小心将一些昆虫吸进口去），也时常需要"杀死"一些莴苣作为食物。然而，我们或许可以说，避免让那些有着能够感知疼痛的神经系统的动物遭受<u>不必要的</u>痛苦，则是一件有着内在价值的事情。于是，困难就在于弄清楚什么是"不必要的"，因为只有我们人类的需要才是唯一能够建立某种标准的东西。纯粹为了看见一只臭虫受苦的乐趣而折磨它是"不必要的"，这一点似乎是显而易见的。可是，疯狂地把鹅催肥以获得鹅肝，捕猎鲸鱼，斗牛，杀猪等等，这些到底是必要的还是不必要的？这就将我们引向了下一个标准。

——某些自然事物的<u>功用性</u>价值则比较容易论证。不得污染空气、森林和水资源的义务，就是直接来源于它们对我们是有用的、不可或缺的。我们破坏自己的环境，就像我们放火烧毁自己的家或者邻居的家一样，是不正当的。如果我们今天因为愚昧或贪婪而摧毁了明天所需要的东西，我们就等于是在自杀；如果我们因为同样坏的原因而破坏人类其他成员的环境（甚至我们有理由假设我们的子孙后代也需要它），我们就等于是在犯罪。根据这种观点，在自然界中,任何对我们来说不可或缺的、有利的、一旦消失就没有其他东西可以代替的东西,都是有价值的。因此,我们必须努力找到一条能够使工业化发展带来的利益与节约不可再生能源和其他自然资源和谐共存的道路,正如一位富有强烈的现实感的瑞士哲学家埃克曼在其一本新出的书中以一种精巧而富有启发性的方式所建议的那样。埃克曼这本书的标题已经包含了他的全部纲领:《工业生态学:如何在超工业化社会中实施可持续发展》。时下各种各样的对所谓"可持续性"的强调,都可以包含在这个框架中。

——审美的标准虽然非常具有说服力,但是论证起来却又颇为复杂。注视自然界中的某些形式会让我们感到愉悦:我们认为它们很"美丽"(关于美的基本问题所引发的各种问题,我们将在本书第九章中详细讨论)。动物,鲜花和树林,海洋,布满星辰的天空等等,都滋养了我们的想象力,激发出一种静谧和愉悦的情感。但是,这样的情感并不是可以普遍地引起共鸣的:渔民对于大海的审美情感,就非常不同于我们这些不必面对海上暴风雨的人;同样,牧民也不会像某些城市的生态主义者那样欣赏狼群。有时候,我们很有必要细细品味一下列那尔《日记》(1901年2月21日)中那段略带犬儒主义色彩但却充满真知灼见的话:"是的,大自然很美。但是你不要对母牛太动情。它们就跟我们每个人一样。"这是因为,使得我们对风景充满敬意的自然界的审美价值,有时会与其他价值发生冲突,无论是功用性的价值,还是同样是审美价值。比如,雕塑家奇利达要挖空加纳利群岛的 Tindaya 山,以将其变成一幅巨大的艺术作品的设想，就引起了激烈的争议。我们是应该选择大自然的自然美呢？还是应该选择艺术家手中具备了人类意义的人造美呢？

或许我们可以将人类对于自然的"义务"，合理地用当代哲学家约纳斯提出的公式来加以概括。约纳斯将这个公式命名为"生态的绝对命令"。他说："要这样行事，使得你的行为能够与人类在地球上的真实生命的延续相共存。"（见《责任的命令：寻求技术时代的伦理》）即使这样，我们还是不能完全摆脱我们的困惑，因为，如何才能以一种明白无误而又普遍有效的方式决定什么是"真实"的人类生命呢？

人类与自然界的典型关系，总是建立在技术的基础上。除了符号性的语言之外，技术是我们这个物种最突出最活跃的能力。什么是技术？技术不只是意味着使用工具来实施生活中的某些操作，比如通过使用长杆来采摘一个位于树枝高处的水果，因为各种灵长类动物和某些社会性昆虫也能做到这些；更是意味着通过使用所创造的一些工具来创造另一些工具：通过一块坚硬而锋利的石头来切割树枝，将树枝磨光，使它们变成长杆，通过使用长杆来采摘高处的水果……一言以蔽之，只是简单地将某种可以被当做工具的东西运用到对象上还不能称为技术，只有同时有了将一般物体转变为工具的程序，我们才能说有了技术的存在。此外，我们也把为了做好一件事情所需的一切程序称为"技术"：跳舞有自己的技术，斗牛和辩论也各有各的技术。从这个意义上来讲，"技术"从来都不是指一种偶然的、独一无二的行为（不论这种行为有多么天才），而是指一整套能够被传播、被学习、被复制的方式和规则，即某种有效的传统。

技术不同于科学，科学可以只是纯思维的或者与利益无涉的东西，尽管它几乎从来都不可能长时间地只是纯思维的或是与利益无涉的。技术则总是回应人类的某种积极使命，生活中的某种利益，以及生产、获取、积累、保存、控制、保护或者攻击的热情。一句话：技术是以控制为目的的建设性或破坏性热情。在现代社会，技术令人吃惊的扩散（据说20世纪人类所发明的事物占整个人类历史长河中全部发明的90%），已经造成了两种相对立的情绪。一方面是过分洋溢的激情：技术成就（进步！）将解决一切问题：包括疾病、死亡、贫穷和无知。它还将使我们征服太空和海洋，可上九天揽月，可下五洋捉鳖。另一方面则是恐惧和敌意：技术已经发展到如此程度，以至于我们都有能力"工业化地"灭绝我们的同类，在几秒钟内杀死大批人群，甚至于有能力消灭我们所在星球上一切形式的生命。由于技术的存在，人类的资源以及人类这个物种的个体数目都获得了巨大的增长，但与此同时，一些地方的全体居民的工作岗位也都被摧毁了；工业化发达的民族和那些只掌握最原始技术的民族之间的差距越来越大；环境污染成几何数列增长；甚至有些人认为我们正面临着一些基本自然元素被用尽的威胁。今天，任何一个实现了基本工业化国家的公民，都有着数十年前闻所未闻的享受和消遣的可能性，但是也许他的生活也在越来越受到纯粹猎奇的消费主义的奴役，他变得日益盲目，再也无法平静地认识自己和他人。这样一来，技术是"好的"还是"坏的"？很可能两者都有各自的理由，但是无论如何，没有人能够拯救，因为似乎技术的发展和进步全然不受我们的控制，尽管技术是由我们的渴望和贪婪所推动的。有人说，我们目前的境遇正是骑虎难下，虽然还不至于马上就被这只老虎吞噬。

也许技术最惨烈、最具掠夺性的景象是由斯宾格勒描绘的。斯宾格勒是一位具有浓厚的悲观主义色彩的思想家（他最有名的作品是《西方的没落》）。在斯宾格勒看来，"技术为生活的策略。技术为内部形式，斗争（与生活本身一致的斗争）的历程，是这一内部形式的外在表现……毫无疑问存在着这样一条道路，它从原始动物之间的原始战争通向现代发明家和工程师的活动，并同样地从原始的武器和头盔通向机器的制造。有了机器的帮助，针对大自然的现代战争就开始了；有了机器的帮助，大自然就落入了人类的掌控之中"。这种将技术比作针对大自然的"战争"的观点，与古典时期和文艺复兴时期的观点（比如一直到培根的时代）形成鲜明对照。在后者看来，人们只有服从自然，也就是明智地延长自然本身的步骤，才能掌握自然。但是斯宾格勒最富意义的一点是他坚持认为，一旦我们踏上了技术的征程，我们就再也不能停止下来，因为机器的滋养会激起我们对其他新的机器的渴望，我们不得不承认，"每一项发明都蕴含着新的发明的可能性和需要。每个满足了的欲望都会激发起千百个新的欲望，每一个在大自然身上所取得的胜利都会激发起新的更大的胜利。人类这种贪婪的动物的灵魂是永不满足的，他的意志永远都不能感到满意。这就是对人类的生活方式的诅咒，但是人类命运之伟大也正在于此"。根据斯宾格勒的看法，技术是作为凶恶的掠夺者的生存战术而出生的，而在每个人身上都有凶恶的掠夺者的一面。可是，难道我们不能同样地认为：正是日益飞速发展的技术进步本身，促进了我们身上作为贪得无厌的掠夺者的那一面的形成吗？

20世纪最有争议、毫无疑问也是最有影响力的思想家之一海德格尔关于技术的看法，明显地受到了斯宾格勒的影响。海德格尔将技术理解为尼采式的"权力意志"的最高表现，但他认为在等待我们的命运中没有任何"伟大"的成分，而只有一种在大众消费社会中遗忘了生命本质问题的深深绝望。只是我们在经历了技术带给我们的宿醉之后，迟早要重新回到一些问题上来："如果有一天技术和经济的开发征服了地球上最后一个角落；如果任何一个地方发生的任何一个事件在任何时间内都会迅即为世人所知；如果人们能够同时'体验'法国国王的被刺和东京交响音乐会的情景；如果作为历史的时间已经从所有民族的所有此在那里消失并且仅仅作为迅即性、瞬间性和同时性而在；如果拳击手被奉为民族英雄；如果成千上万人的群众集会成为一种庆典，那么，就像阎王高居于小鬼之上一样，这个问题仍会凸现出来，即：为什么？走向哪里？还要干什么？"

我们有必要指出海德格尔的精英主义（甚至带有点专制主义）的立场：他将对技术的虚无统治的抗议，和对大规模的"群众集会"的控诉混合起来，从而将民主连同技术一道排斥了。依据海德格尔的观点，精神上的贵族拥有真正有效的艺术鉴赏力，而大众则只懂得欣赏技术上过度发展的传媒所提供的智慧的庸俗表象。这里我们不禁要问：对被理解为工具的无止境的生产技术的保留态度，是否来源于一种反民主的观念（这种观念憎恶从前只是作为一小撮人的文化和等级特权的事物在民众中广泛传播）？无论如何，海德格尔的批评是十分严肃的，决不能一股脑儿地抛弃。但是，技术之贪得无厌，是因为来自我们作为同自然作斗争的凶恶动物的一面呢？还是毋宁说是因为它对应的是一种资本主义工业体系，在这种体系下，除了投资者的私人利润，再也没有更高的目标了？与我们每个人所依赖的自然相妥协的难以想象的技术形式，是否并不仅仅是以无限制地掠夺为基础？

总而言之，在我们这个时代，对技术的"崇拜"与憎恨这两种感情互相交织到一起，真是一个让人感到诧异的现象。我们经常听到有人说机器是非人性的，科幻小说已经用各种令人警醒甚至经常是吓唬人的方式探索了这种"非人性"。但实际上确定无疑的是，机器可以是任何一种东西（坏的或者好的！），但却就是恰恰不会是"非人性"的。正好相反，机器完完全全是"人性的"，因为它们是按照我们的计划和我们的意愿被制造出来的。根据马克思在《资本论》第一卷中所精辟地指出的，建筑师所建造的房子与蜜蜂所筑的蜂房之间的差别是，建筑师在房子成形之前有一个"计划"，而这个计划正是服务于其愿望的想象力的结果。蜜蜂除了建造蜂房，别无选择。而我们则可以建造房屋，建造宫殿，建造茅屋，建造精美的别墅，以及其他五花八门的建筑。我们的作品，无论是机器还是任何一种其他产品，都不仅是完全"人性的"，而且甚至比我们自己更加人性，因为我们每个人都依赖于一个不是由人脑所发明的生物程序。机器则是人性的,甚至于太过人性,因为它唯一的来源就是人类的计算,而我们同时也是偶然和某种必然性,即某种逃离了任何计算的产物。这就是为什么一些基因改造工程和克隆形式在伦理上受到置疑的主要原因。它们排除了新生的人类个体在基因上的偶然性,使之变成了其同类的产品。最后,技术产品(包括一些我们最必不可少的技术产品)让我们失望甚至感到有些恼火的一点是,我们知道它们的"全部"底细,因此我们不承认它们有可能会在某一天起来反对我们。但是,我们的人类同类吸引我们、让我们感到新奇和希望的一点是,没有人,包括他们自己,能够完全知道他们自己是什么,以及应该是什么。

正因如此,在所有的技术当中,有一样技术是最为根本的,任何其他技术都要依赖于它,没有它,什么东西都造不出来。这就是人类艺术的伟大作品:我们的社会。我们每个人都是根据这样或那样的规范,共同生活在社会这个大装置之中。关于社会规范,在人们之间经常存有许多分歧!要讨论社会机器的各个不同面貌,请跟随我进入下一章。

请思考……

说人类是一种"习俗性动物",到底是什么意思? 这与说人类是一种"符号"动物是一样的吗?我们一方面是习俗性的,同时我们又有自己的"自然",这两者能够共存吗?"自然"或"自然的"这两个词语,经常是在同一层含义上被使用吗?当我们说某样东西"自然"时，我们是想表达什么意思呢？现实中存在的一切事物都有"自然"吗？还是只有少数一些事物才有"自然"？"自然"所指的只是实际存在的东西，还是同样也包括可能存在的东西？"自然"这个词语通常在什么样的含义上被使用？所有存在的未经人类干涉的事物都是"自然"的吗？还是只有那些非"人造"的东西才是自然的？我们人类是"自然"的，还是"人为的"，抑或是半"自然"半"人为"的？在人身上，能把"自然的"和"文化的"截然分开吗？"自然的"和"自然"是文化上的词语还是自然的词语？习惯等同于第二自然吗？为什么本能的冲动要比理性的计算更为"自然"？存在"自然的"价值吗？按照自然，什么是"好的"？什么是"不好的"？"自然"能够作为一种理想来评判现实的人类社会吗？我们有义务"自然"吗？在道德上哪个更为优越："自然的"还是"人为的"？我们的道德价值回应了自然的命令吗？自然在我们身上欲求什么？"人为的"或者文化的东西能够用来修补自然中的恶（至少是那些对我们来说是恶的东西）吗？如果回答是肯定的，理由是什么？什么是技术？技术是如何将我们与自然联系起来的？斯宾格勒的技术观是什么样的？根据海德格尔的观点，技术社会的局限性在哪里？机器是"非人性"的吗？我们是否十分有幸地……比机器更加"非人性"？人类技术能力最伟大、最根本的作品是什么？

[第八章]

社会机器？大同世界？

> 社会是虚幻的，唯一真实存在的只有个人。
>
> ——撒切尔夫人

如果孤独地生活，没有人能够成为"人"——我们互相使对方变成了人。我们的人性是其他人"传染"给我们的，如果不是因为我们个体之间的相互接近，我们是不可能染上人性这个致命的"疾病"的！人性在我们之间口口相传，但在很久以前则还是通过目光传递的——那时候我们尚且不会阅读，但我们已经能够从我们父母的眼神中，从那些关心我们的人的眼神中，读出我们的人性。这是一种包含了爱与关切、责备和嘲讽的眼神，一句话，充满含义的眼神。它使我们摆脱自然的无意义状态，赋予我们人性上的意义。托多洛夫曾用最强烈的敏感性触及过这个话题，他这样写道："小孩试图抓住他母亲的眼神,不光是为了母亲喂他东西吃或者哄他,更是因为眼神本身就是一种不可或缺的补充:它肯定了他的存在。……仿佛父母知道这一刻的重要性似的——尽管实际上未必如此——父母与孩子会长时间地互相凝视对方的眼睛。这个行为在成年人当中是完全罕见的,超过十秒钟的对视只可能意味着两件事情:两个人将要开始斗殴或者开始做爱。"

  作为人类而言,我们是这种社会传染的产物。因此,我们在我们的社会性面前表现得如此不安,乍看上去就很令人感到不解。如果没有其他人的存在,我们就不成其为我们,但是与他人在一起往往又会让我们感到很别扭。在社会中共同生活,从来都不是一件没有痛苦的事情。为什么会是这样呢?或许恰恰是因为共同生活对我们来说太重要了,因为我们对它寄予了太多的希望,又感到了太多的恐惧,因为对共同生活的强烈需要让我们感到恼火。每个人都曾有过一段短暂的时间,认为自己就是上帝,或者至少是自己所熟知的小宇宙中的国王:母亲的乳房(几乎总是以奶嘴的形式)似乎安抚了饥饿,温柔的双手擦干了我们的泪水,为我们带来凉爽和温暖,并陪伴着我们。我说的是那些幸运儿,因为有一些孩子,残酷的命运甚至没有给予他们最初想象中的无所不能的天堂。但是我们的君王时期很快就结束了,即便是那些最幸运的孩子也是一样。很快我们就得承认,我们所如此依赖的那些人也有自己的意志,他们并不是时刻都在准备着服从我们的意志。有一天我们哭了,可是妈妈却很久都没有过来。这预示着在更远的将来会有那么一天,我们哭了,妈妈却再也不会过来，它提醒我们要强行为这一天的到来做好准备。

现当代哲学和文学中，充满了对生活在社会中给我们带来的沉重包袱的抱怨。这些作品还抱怨我们的社会境遇给我们带来的挫败感，并提醒我们可以做好哪些准备，以使我们尽可能少受挫折。在《禁闭》这部戏剧作品中，萨特说出了一句后来被人重复了无数遍的经典台词："他人就是地狱"。遗憾的是，这句话却被很多人都给误解了，其实它的确切意思是：天堂就是孤独或隔绝（当然，孤独与隔绝之间也有很大的不同）。"交流障碍"的主题同样也出现在各种各样的思想类作品、小说和诗歌中。有时候，这是对被认为曾在传统社会中存在过但却被现代的个人主义摧毁了的富有意义的共同体的消逝的悲叹；但有时候它则似乎更是来源于个人主义本身，每个人都感到自己身上独一无二的那种东西不能为他人所理解。另一些作者则惋惜和反抗在社会中的共同生活给我们的个人自由带来的限制：我们从来就不是我们真正想要成为的那个样子，而只是他人要求我们成为的那个样子！有些人设计了一些人生战略，以使我们个人的东西不会完全被集体的东西所吞没：我们只是在能够给我们带来利益的层面上与社会合作，当我们认为合适的时候，我们就会从社会中脱离出来。总之，用铁娘子撒切尔夫人的话来说就是：社会是虚幻的，唯一真实存在的只有个人。

有很多言之有理的论据都赞同这些对社会的抗议和质疑。现代大众社会有一种将人类关系非人化的趋势，使它们变得短暂肤浅和制度化，也就是说，与古代社会人与人之间的"热情"相比，现代社会中的人际关系显得相当"冷漠"。古代社会更少统一的规范，人口不那么稠密，人与人之间更加相似。而在现代社会中，对个人行为的政府控制和社会控制的可能性越来越大，个人越来越受到严密的监视，并被迫服从某种共同的规范——尽管后面这种形式的暴政在前现代的小社会中同样存在！虽然我们受到了太多的控制，但是世界上有太多的公民还几乎未曾认识到共同生活的好处，不得不忍受痛苦和遗弃。然而无论如何，在刚刚过去的这个世纪，我们经历过一些强加在个人身上的令人发指的极权主义恐怖的例子。这些不愉快的经历足以让人忘记，社会性在何种程度上不只是他人强加在我们的独立性之上的包袱，而是我们人性的内在要求。离开了社会性，我们就不可能发展我们如此在意的独立性本身。我们不想走到撒切尔夫人的对立面，但很显然的是，社会不只是理性和独立的个人之间达成的一种临时性的约定，一种权宜之计，而是相反：理性和独立的个人是社会在历史长河中进化的产物，当然，个人在社会的转化中也起了应有的作用。事实如果不是这样的话，还会是别的什么样子呢？

他人是地狱吗？只有当他人向我们揭示一种在我们自鸣得意的不成熟时期喜欢将自己想象成的那样无所不能的自由主义迷梦时（很少经过大脑的仔细考虑），我们的生活才会变得像地狱。我们必然地生活在交流障碍之中吗？当然，如果我们将"交流"理解为他人能够自发地、完全明白详尽地理解我们自认为想要表达的内容，那么确实可以说存在着交流障碍。但是一切都只是相对的，我们必须承认，要求被理解与让自己被理解是不一样的。一个好的交流的首要前提，就是努力去理解我们要求理解我们的那个人。他人以及我们与他人共享的社会制度，限制了我们的自由吗？也许这个问题应该换一种方式来提：如果撇开责任（我们与他人的关系）不讲，谈自由还有意义吗？不正是以法律为代表的各种制度告诉我们，我们有服从和反抗它们的自由，以及建立和废除它们的自由吗？甚至极权主义和专制主义的残暴，至少也能使我们在反对它们的过程中，更好地理解我们个人独立的政治和社会意义。

无论对现行社会形式（无论哪一种）的抗议多么有理，在人性上"我为他人，他人为我"依然是同样正确的。这是我们作为语言动物（亦即符号动物）的命运。从出生的那一刻起，我们就具有人性的"能力"，这种能力的特征中包含了独立和自由；但是那时候我们还没有把这种能力现实化，直到我们在与他人的关系中尝到了喜悦和痛苦。他人从来就不是"多余"的，也从来不是对个人发展的障碍，事实上，个人只有在他人中间才能得到确证。要认识我们自己，我们需要首先被我们的同类所认识。我们与他人打交道的结果，有可能会很糟糕，但却从来不会造成像交往的完全缺失，以及永远不能被应该认识我们的人认识那样无可挽回的毁灭性的后果。伟大的心理学家詹姆斯说得好："人类中社会性的我，是一个人从他的同类中获得的承认。我们不仅是一种群居的动物，喜欢与我们的同伴相互亲近，我们还具有一种想要让自己被我们的同类认识和承认的天生倾向。只要在现实中是可能的，我们想象不出有哪种惩罚能比被社会所抛弃、完全不被社会上其他成员所理睬更加残酷。"如果不是其他人传染给他,一个人是无法获得人性的。因为成为人从来就不是一个人能够完成的事情,而是许多人共同的任务。但是一旦成为人之后,最残酷的折磨并不是被他人铺天盖地的责备所席卷,而是不被其他人承认为人。

让我们暂时回到上一章讨论过的自然与文化这个老话题上。要求"被我们的同类承认"这一蛮横需要,是"自然"的吗?然而,正是这种需要,开启了通向我们所有的"文化"努力的道路。在《精神现象学》这部现代哲学的重要著作中,黑格尔通过一种被称作"主人与奴隶"的思辨性神话,讲述了由自然到文化的过渡。让我们从一种最初在世界上游荡的具有意识的存在者讲起,对于这个存在者,我们尚且不知道它是动物还是人类。它具有各种欲望(包括进食、喝水、安居、性交……),并且寻求在第一时间内满足它们。同时它还有对手和敌人,它不是要同它们作斗争,就是要从它们身边逃走。对于这样一个意识来说,世界只不过是一个激发和满足自身各种欲望的场所,一个不惜一切代价来维持自己的生存需要的环境。在这个世界和移动于这个世界中的意识之间,存在着完全的延续性,或者用巴塔耶在《宗教理论》一书中的话来说,动物学意义上的生命意识在这个世界上就"如同水之于水中"。因此,事实上并没有作为独立于意识而单独存在的"世界",也没有作为真正完全独立的意志而存在的"意识"。但是现在我们假定意识变成了自我意识,也就是关于自身的意识,并开始评价自己对于周围世界的欲望的独立性。此时,世界立刻就变成了一种"他者",来抵制或反对他的各种欲望,仿佛世界自身就具有同他的自我意识所欲求的东西相对立的"欲求"。

于是,自我意识再也不能满足于肉体上的生存,因为这只要保持自我意识同世界上其余部分之间的连续性就可以做到。现在,自我意识首先欲求的是自身的欲求,也就是与反对它的世界不同的独立意志。在某种意义上,它被置于生命的边缘。生命不再是"如同水之于水中",而是要与死亡相对抗。生命的意识于是也就转变成为承认和挑战死亡自身的确定性的自我意识!在这个反对和抵制自身欲望实现的世界中,自我意识开始越来越善于根据对自己欲求的独立确证,而不再是根据生存的需要,来评价、选择自己的愿望,并将它们分成不同的等级。一个自我意识迟早会同另一个表面上非常相似的自我意识发生对抗。但是一开始,自我意识并不情愿接受这种类似性。相反,它渴望自己能被其他的自我意识当做唯一的来承认,并要求其他自我意识放弃对作为与自己平等的个体的向往。于是,为了获得承认,在双方之间就展开了一场殊死的斗争。这是一场同时混合了物质武器和符号武器的战斗。

一个自我意识如何能够在另一个自我意识面前确证自己的胜利呢?那就是通过一种最普遍的手段——对死亡的畏惧。由于双方都很清楚自己是有死的,他们就要尝试自己在多大的程度上"高于"将自己同动物联系起来的生存本能。他们竭力想要通过斗争摆脱自身的动物性,以巩固自己的自主性。于是,在争取承认的斗争中,获胜的将是更有能力克服对死亡的恐惧的一方。能够以一种无情的冷酷进行战斗的、藐视死亡的亡命之徒，将是胜利者；而那些对生命依然感到恋恋不舍、从来没有忘记及时退缩和逃命的胆小者，则将被征服。这种情形很像数十年前在美国风靡一时的一个危险游戏，其中一个版本还被搬上银屏，出现在1955年尼古拉斯·雷执导的《无因的反抗》中：竞争者全速驾驶着两辆车，朝着对方撞去或者平行地朝着悬崖驶去。那个由于生存本能而最先刹车或拐弯的人被称为"胆小鬼"，从而输掉比赛。另一个人，如果他保住小命的话，将被承认为勇敢者，也就是更有价值的人。他对死亡的藐视使他更加远离动物性（顺便说一下，大多数动物在与自己的同类斗争中眼看就要失败时，也会在斗争的最终结局出来之前，主动向对手认输投降）。

这样，被征服（尤其是被对死亡的恐惧所征服）的自我意识，也就不得不屈从于胜利者的号令（胜利者除了死亡本身之外不承认有任何"主人"）。但是，失败者并没有变成纯粹的动物。为了服务于主人，他不得不劳动，这使他逐渐远离了动物性的即时欲望。通过劳动，世界不再只是一个障碍或敌人，而是变成了可以用来实施改造、计划和完成创造性任务的质料。长此以往，主人的欲望由于总是能够立刻被他的奴隶所满足，便逐渐朝着动物性的方向堕落：他唯一有"人性"的娱乐就是在死亡的镜子中一遍又一遍地看着自己的脸，直到完全认同死亡。奴隶则把自己变为最持久的自我意识的存储器，他的自我意识不再局限于对死亡的无意义的挑战上，而是致力于创造新的形式来使生活变得理性化。最后，这两种自我意识的每一种都仅仅代表了人类独立意志的一半：一方面是将独立视为比单纯动物性的生存更加高级的价值，另一方面则是为了活得更久和更好而在技术上进行努力。要是每一种自我意识都能再前进一步，双方就都承认了对方的价值，也就是他人的价值。在平等的层面上，个人就必须将他人的尊严不是当做纯粹的工具（无论是来自死亡还是来自创造），而是当做自身就是目的的东西，其权利必须在社会合作的框架内予以承认。

我对"主奴关系"过度自由的阐释就到此为止，但愿黑格尔能够原谅我！这个神话学上的著名辩证法，曾经启发过一些伟大的天才，比如马克思和科耶夫。在这个思辨性故事身上，人们可以找寻各种人类学或历史学上的解释。在我看来，它最意义深远的一点是（采取逐字逐句的教条式的态度是荒谬的），它试图以一种可被理解的方式，去叙述自然和文化之间、死亡的意识和保障生命的意志之间的过渡：从一群牲畜绝对服从于最强者的专制统治，过渡到分配各种社会任务的平等主义社会。一旦进入人类社会（此时不得不进行伦理和政治上的评价和考虑），问题就会变成这样的：如何组织共同生活？这个问题至今仍然有效，尽管主人和奴隶之间的残酷对立早已被克服。因为组成共同体的各个不同"会员"都保留了各自的欲望和利益，保留了不知疲倦地被他人承认的需要。他们不得不围绕如何分配需要接受分配的财产，以及谁应该占有除了主人之外谁都不能占有的那些财富等问题而争吵不休。简单来说，问题就是：如何将个人之间的不和谐变成社会的和谐？

为什么会存在不和谐？当然，原因并不是像某些平庸的卫道士所说的那样，因为我们人类天性上就是非理性的、爱好暴力的。事实正好相反。我们的绝大多数对抗，都是因为我们是一种极端"理性"的动物，也就是说，我们太善于算计我们的利益得失，因此决不会接受任何我们从中不能明显获利的契约。我们已经足够"理性"地希望从他人身上获利，但却又不信任他人（我们完全有理由相信，如果可以的话，他人也会像我们对待他那样对待我们）。同样，我们也有足够的理性意识到：在他人的不幸面前，没有什么比生活在一群忠诚而团结的人中间更为有利的了。但是我们会接着问自己："如果他人尚且没有意识到这一点呢？"因而，最后的结论就是："从他人那儿开始吧，我保证会用同样的方式回报他们。"你瞧，一切都是非常理性的。本书进行到这里，我希望已经用不着再次提醒读者朋友"理性的"和"合理的"之间的区别了。如果有必要的话，只要看一看你们周围的现实情况（少数特权阶层占有社会中的绝大部分财富，与此同时则有成千上万的生灵活活饿死），你们就能得出结论说：我们生活在一个极其理性、然而却又是极其不合理的世界上。

　　说我们天生就"好斗"或者"反社会"，这同样不是事实，一点都不是。当然，在所有的社会中都存在着这样的人，他们或者在精神上受了刺激，或者曾经受过他人的虐待，因此后来要用同样的手段来报复社会。我们无法合理地期望那些曾被社会中其他成员当做动物般对待、被当做苦力来奴役、任由其自生自灭的人，后来能够像完美的公民一样行事。这样的例子不会太多（如果那些最合群的人反而从社会中获利最少，那真是一件很奇怪的事），人类的共同生活一般也不会由于一些相反的原因而受到破坏。事实上，充当那些大型的集体性对抗的主角的，一般都不是一些生性好斗的个人，而是由纪律严明、善于服从的人所组成的群体。他们深信，自己的共同利益取决于同某些"怪异"的对手作斗争，并将他们消灭掉。他们不是由于"反社会"的原因而好斗，而是由于社会性太强了：他们有着强烈的热情要表现得"正常"，要尽可能地与群体中的其他人相似，要不惜一切代价地保持自己的"身份"，随时准备消灭与他们不同的人、外乡人、具有不一样的信仰和习惯的人，以及他们认为威胁到了他们整个群体的合法或僭越的利益的所有人。不，恶狼并不太多，存在的那些恶狼也并不是对人类和谐的最大威胁，真正的危险通常来自发疯了的羊群。

＊＊＊

自古以来，人们就力图以一种能够保障最大限度的和谐的方式来组织自己的社会。当然，为了获得和谐，我们不能简单地信任我们这个物种的社会本能。没错，我们需要我们同类的陪伴，但是我们同样也会和他们产生冲突。使我们和其他人靠近的理由，同样也能使他们变成我们的敌人。为什么会这样呢？因为我们是社会性的动物，因为我们互相之间非常相似（这种相似性，当然要远远大于不同的文化和生活方式给我们带来的差异性），大致而言，我们在本性上都喜欢同样一些东西：承认、陪伴、保护、富足、娱乐、安全……但也正是由于我们是如此的相似，我们也经常会欲求同样的东西（无论是物质上的还是符号性的），并为这些东西相互争夺。甚至于经常还会出现这样的情形：我们之所以想要某些好处，只是因为我们发现他人也想要它们。于是，我们最终也就难免会沦为随大流和没主见的人！

因此，将我们团结起来的东西，也是使我们互相之间产生冲突的东西，这就是我们的利益。"利益"一词来自拉丁语 inter esse，意为"居中，处于两个人或两个群体之间"；但是居于两个人或者两个群体之间的东西，有时候能够把他们团结到一块，有时候也会把他们分隔开来，使得双方之间恶意相向。有时候它能将相隔很远的人拉近距离（只有和你在一起我才能得到我所想要的东西），有时候则会使不同的人产生对抗（我想要的东西你也想要，如果它属于你，它就不可能属于我）。人类利益无可争议的"社会性"，使得我们需要共同生活在社会中，但与此同时，在大多数情况下，社会和谐对我们来说却又几乎是不可能的。

我们应该如何组织被康德正确而又带有嘲讽意味地称作"我们非社会的社会性"的东西呢？与其他有深度、意义重大的哲学问题一样，哲学家们同样已经废寝忘食地钻研过这个问题。但是正如阿伦特所敏锐地观察到的，这个问题与其他问题有一个显著差别。研究知识论的哲学不希望知识终结，研究宇宙论的哲学也不希望取消宇宙，但是政治哲学则似乎认为，只有当政治被完全取消，它才算取得了真正的成功。从柏拉图以降，哲学家们一直将政治作为一种让人讨厌的冲突来对待，认为应该纠正这一情形，而不是把它当做一种应该受到保护和正确引导的有创造力的自由的表达。因为政治意味着不同利益的碰撞，意味着朝向一种永远脆弱的和谐的试探，意味着为旧的问题找到一种部分的解决方案，而这又会不可避免地制造出新的、同样棘手的问题。当谈及政治时，大部分哲学家都想要彻底终结这个烫手的山芋。他们梦想能够找到一种终极方案，可以一劳永逸地解决共同生活带来的所有对抗、争执和困境。一句话，找到一种允许我们在没有政治的条件下生活的方案。而没有政治，也就同时意味着没有历史。只有一位哲学家福山，用一种审慎乐观的口吻谈论过"历史的终结"。大多数激烈批评他的观点的哲学家，只是认为这个欢天喜地的时刻已经来临，因为每个人的历史都有终结，只不过尚待实现罢了。但是他们与福山怀有同样的愿望，即希望历史能够一劳永逸地与令人疲倦而充满疼痛的政治一道终结。

正因如此，自我们古希腊前辈以来的许多伟大哲学家，都对民主的观念持批评态度，有的还声称自己是民主的敌人。对民主的仇视，其实是一个地地道道的悖论，因为哲学就是在民主中诞生的。从某种本质的意义上讲，哲学是离不开民主的：当人们宣称自己的法律和政治计划不是来自神灵或传统，而是来自具有同等思考权和决定权的公民之间独立自主的辩论时，就有了民主；当人们宣称自己抛开一切既定的教条独立地思考，承认同样理性的他人的批评并和他们进行辩论时，就有了哲学。从根本上来说，民主在社会—政治领域内的计划，与哲学在思维领域内的计划是同样的。正如哲学意味着永远会有思想（也就是关于最根本问题的疑问和争论）存在，民主也意味着永远会有政治存在（如我们所见，是在充满冲突和不和谐的意义上）。关于最根本的问题，哲学家们总是争吵不休——哪一个哲学家会不希望由自己来最终解决所有的重大问题呢?但是在政治问题上,所有的哲学家都希望它们能被一劳永逸地解答。停止独立自主的思考,即使对最傲慢的思想家来说,也是一种不幸;但是一次性地永久消除个人之间充满分歧的社会自主性,却被许多伟大的社会理论家视为值得欢呼的胜利。

我认为,之所以会有那么多的政治哲学家偏爱乌托邦,原因就在这里。虽然现在一般只是在十分模糊和不确定的意义上使用"乌托邦"(尤其是"乌托邦的")这个形容词,它对某些人来说意味着"荒唐"和"不可实现的",对另一些人来说则等于改造世界和消除不公正的理性冲动。其实,这个词语应该在更加精确的意义上被使用。众所周知,这个词来自莫尔写于1506年的一部充满想象力的小说,小说的名字就叫《乌托邦》。莫尔是一位真正杰出的历史人物,他罕见地集思想家、国务活动家、信仰殉道者和天主教圣徒等很难调和的身份于一身。斯科菲尔德曾在关于莫尔的一部传记电影中热情洋溢地评价他,将他称为"一个真正的多面手",毫无疑问,莫尔是无愧于这样的称号的。他的《乌托邦》具有某种嘲讽色彩,同时又充满着思维的实验:"如果……,事情会怎么样呢?"仅从小说的标题上就可以看出,莫尔不无嘲讽地设计了一个模棱两可的文字游戏,因为根据其希腊语词源"u-topia",这个词的意思就是"一个在任何地方都不存在的地方"(也就是"乌有之所"),但是这个词在发音上也很像"eu-topia",意思是"好地方",一个"善之所"。

后世乌托邦的许多特征,都可在这本书中找到,比如:一个封闭的、无处可逃的政治环境（"乌托邦"是一个岛屿），建立在运用严格的理性标准基础之上的所谓良性的专制，对每个人的日常生活（甚至包括闲暇时刻、家庭关系和性生活）进行细致入微的统一安排和规范，废除私有财产，每个人都要无条件地服从公共利益（根据社会的整体需要，人们可以被从一个地方迁移到另一个地方），经济上的平均主义，废除竞争，历史处于静态之中（在《乌托邦》中，法律是由900年前的神秘祖先乌托巴斯口授制定的！）等等。莫尔在他最初的设计中，还包括了一些与其自身的宗教正统相违背的元素，比如宗教宽容（这是否是向他的朋友伊拉斯谟传递的一个暗号呢？）和自愿的安乐死。尽管他最终认为，遵从由信仰所揭示的真理，是一种更好的"乌托邦"。将这部小说作为一个严肃的政治纲领（更确切地说是"反政治纲领"）来读，无疑是不恰当的，因为这样做忽视了这本书中的滑稽和理论游戏的成分。作者本人在生命即将终结之时，不同意人们把这本书从拉丁语翻译成英语，因为他担心这本书会被用来败坏那些未被教化的心灵。从后世的某些"乌托邦"后果来看，不能不说这是一个很有道理的担心。

一旦"乌托邦"被作为一个文学种类建立起来，我们就可以将这个概念向前一直推进到柏拉图的《理想国》，向后则可延伸到培根的《新大西洲》、康帕内拉的《太阳城》、傅立叶和欧文的一些作品等，一直到20世纪威尔斯的科幻小说。同时还不要忘了萨德侯爵的一些邪恶的作品（如《索多玛一百二十天》）。总的说来，各种形式的乌托邦的积极方面是，它们对现实社会提出了一整套修正和替代方案（修改了那种将一切现存的事实视为"不可避免"的保守地看待问题的方式），并且在大多数情况下，提出了以消除贪婪和对私人经济利益无止境的追求为基础的社会和谐。但同时它们也存在着不少严重的消极后果：封闭的权威主义，将一些开放的人类理想（自由、正义、平等、安全……）变为令人窒息的统一规范，认为仅凭（由少数杰出人物实施的）理性计算就可决定所有公民的最好生活方式，自发性和创新性的消失（形形色色的乌托邦都喜欢为将来做计划，但却没有一种乌托邦承认未知的将来是自身的一种延续），一直触及人们最隐私的角落的命令主义，等等。

那些在当时看来是十足的"乌托邦"的计划的实施（从美国开始，继之以苏联，以及以色列国家甚至希特勒的第三帝国），让我们对这一类（作为上述先锋国家的向导）政治组织模式的好处产生了怀疑。即便是在最好的情况下，所取得的社会利益也都是以巨大的负面效果为代价，这些代价是单纯的理性计划所不能预见的。因此，现代的科幻小说中充满了"敌托邦"(Distopia)，一种面目可憎的乌托邦。人们将它作为一种一定不能追随的模式提出来，代表作有赫胥黎的《美丽新世界》和扎米亚京的《我们》。尽管设想出各种乌托邦的哲学家们的意图是美好的，但是少数人的创造一种预定的、没有瑕疵的和谐的梦想，一旦在历史上被实现，总是会变成所有其他人的噩梦。

近代以来的乌托邦主义者，以及几乎所有的极权主义政治家都宣称：塑造一种"崭新的人"，是实施其计划的前提条件。但是不幸的是，人不可能成为"崭新的"，不可能抛弃原有的人性，因为他的符号性本质原本就是由一些传统构成的，包括后天获得的知识、历史经验、社会阅历、记忆和传说等等。人从来都不可能是一块刚被擦干净的黑板（在最近几十年里，曾有多少可怕的手段被用来抹去人们大脑中多少值得回忆和捍卫的东西！），可以被用来随心所欲地书写全新的社会法律，不论立法者心中的设想有多好。同时，强行消灭人们对自身利益的理性偏好，以将个人利益完全服从于一个由远远高出芸芸众生的超级智慧裁决的公共利益或整体利益，同样已被证明是行不通的。设计和谐的政治，必须从现实中的人们出发，要考虑到他们的理智和激情，要考虑到他们的纷争，要考虑到他们自私自利的倾向，同时还要考虑到他们赢得社会中其他人承认和好感的需要。我们知道，这样的和谐总是脆弱的，会遭受无数的威胁，因为它自身就会分泌毒汁，而且有时还是从最优越的成果中产生出来的。那么，应该如何引导对这些矛盾、对我们这出共同生活的集体戏剧的思考呢？

主要有两条思维路径，每一条都各有各的特色。第一条路径从不同个人之间的社会契约出发，来思考人类社会的政治组织模式（我们没有必要相信"社会契约"是在历史上真实发生过的事，只要将其作为"仿佛"在历史上发生过的事情、作为出发点接受下来就行了）：不同的个人共同提出他们的法律、等级、权力分配，以及应对公共需要的最好方式。除了为自己的私人利益考虑之外，缔结契约者还认识到，必须组织某种集体方面的东西，它将会导致所有人的共同利益，并有助于维持群体自身的生存和延续。每个人的利益都有可能与其他人的利益相冲突，但却不会与整体的共同框架相冲突——个体正是从这种共同框架中获得意义的。每个人都是"个别的"，但却不是"反社会"的，因为如果每个人都是反社会的，他们就不再能成其为"人类"。因此，共同决定什么是与所有人相关的事情，并定期修改如此建立起来的规则，是有可能的。同时也需要政府管理人员定期地介入，以矫正由于纯粹个人利益之间的冲突而造成的社会运行障碍，或者保护那些由于任何外部环境的原因而失去能力的人，保障他们最基本的需要。

第二种观点则不相信社会成员自己有能力决定什么是对共同体最好的。这种观点认为，政治权力应该仅限于建立一个最灵活、最有韧性的框架，尽可能少地进行具体干涉，在这个框架中，社会成员有充分的自由寻求满足自身利益的方式。每个人都非常善于找到对自己来说最好的东西，尽管丝毫也不善于提出对所有人来说都是最好的东西。然而，由于我们貌似极其个人化的利益的"社会性"特征，最大的公共利益恰好是从各个无拘无束地寻求个人私利的人的互动中产生的。在寻求自身利益的过程中，每个人都不得不与他人合作（尽管也有可能不是刻意的），因为我们只有让他人受益而不是损害他人的利益，我们自己才能从他人身上得到更多。一只"看不见的手"协调着表面上看起来不协调的东西，激励着共同生活的更好计划，而将那些不切实际和不合时宜的解决方案打入冷宫。政治权力应该尽可能少地介入私人间的理性算计的游戏，以免破坏游戏的最终结果，损害寻求最完美的"人为"结果的整体。

总之，用斯克鲁顿的话来概括就是："集体决定的捍卫者，试图寻找一种能够得到其成员明确同意的社会，也就是说，由他们自己来选择社会制度和物质条件。看不见的手的捍卫者，则试图寻找一种由同意产生的社会，尽管在整体上从来没有得到其成员的明确同意，因为个体成员的选择，总是落在与整体结果没有直接关联的问题上。"概言之，第一种政治观点被视作"左派"，第二种政治观点被视作"右派"。但我认为，我们所认识的几乎所有现代社会的有效运转，如果不是在一定程度上同时运用了这两个标准，就根本无从理解。

与乌托邦中所发生的情况不同，现代社会存在的最大问题是，不是所有的理想都是完全可以共存的。比如，公共自由是一样非常可欲的东西，但是有时它却会与公民安全发生冲突，而公民安全同样是一个值得认真对待的原则性问题。在许多情况下都曾发生过类似的甚至更糟糕的冲突，比如捍卫塔利班统治下的阿富汗女性的人权是不可能的（他们根本就不尊重妇女的权利），但是每个人类共同体不受他国武装干涉地发展自己的评价体系的权利，则同样值得尊重；贸易自由是一个非常值得尊重的原则，但是在它所带来的消极后果中，就有人类中的大部分成员日益增长的贫穷和痛苦……20世纪初，韦伯用"诸神之争"来描绘各种相对立的理想在历史现实中的冲突。它们仿佛纯粹的烈酒，必须掺和之后方能饮用。或许政治最突出的艺术就是掌握好鸡尾酒中各个成分的剂量，一方面要整合各种成分，另一方面又不能造成社会的"消化不良"。

自柏拉图以来,从各种不和谐的因素出发,最好地表达社会和谐的美德就叫做正义。我认为,我们太习惯于从一种纯粹分配的(根据每个人的功劳和需要,给每个人他应得的东西)或再分配的(惩恶扬善)角度来看待它。实际上,在我看来还有一些更加合适的、更为广义的定义方式。我最喜欢的关于正义的定义是19世纪无政府主义思想家蒲鲁东做出的。他说:"正义是……任何人,无论在何种情形下,对于人的尊严的自发的和互相的尊重,并且不顾任何风险地捍卫它。"(《革命中和教堂中的正义》)。"人的尊严"这一概念的现代意义(尽管我们在第三章中已经看到,文艺复兴时期的思想家皮科也使用过这个词)是从18世纪开始普及的,当时为一小撮贵族所独享的荣誉体制自身,已经陷入革命性的危机,要让位于承认每个人作为人和公民的身份的要求。于是就出现了"人权"这个政治概念,它在最近二百年来逐渐成为民主制度的一部分,并在理论上逐渐得到强化——尽管在实践层面上,"人权"并不见得总能得到维护。它意味着对传统社会的真正颠覆,无论是在它的开始阶段(人权在美国是在独立战争之后出现的,在欧洲则是在处死国王的法国大革命之后出现的),还是在试图真正捍卫它的现在。可以说,人的"尊严"就是人与人之间的互相承认,而人权或人的根本权利也就是人的"尊严"最详尽的宣告。

"人的尊严"具体意味着什么呢?首先,它意味着每个人的神圣不可侵犯性,意味着承认任何人都不能为了某种总体的目的,而被其他人当做纯粹的工具来利用或牺牲。因此，没有集体的人权，也因此没有集体的"人"；人离开了社会就不能存在，但是人也不应在服务社会中完全消耗掉自身。由此我们可以看到"人的尊严"的第二个特征，即承认每个人都有权自主地规划自己的生活，有自己的褒贬标准，除了不能侵犯他人同等的权利之外，自身的权利不受任何限制。再次，"人的尊严"意味着承认应该根据每个人的行为表现、个人功绩和过失，而不是根据种族、民族、性别、社会阶级等无关人的本质的偶然条件，受到社会的相应对待。最后，"人的尊严"还要求同情他人的不幸和痛苦并提供援助，积极维持与他人的共同生活与合作。一个有人权的社会，应该是一个没有人遭到遗弃的社会。

个人尊严的这些要素，近来与所谓的"科学"抱负发生了冲突。那些"科学"抱负试图"物化"人类，否定他的自由和责任，将他降为纯粹普遍环境的"结果"。种族主义是否定"人的尊严"的最突出的例子，但在目前它正逐步让位于另一种民族或文化决定论。根据这种决定论，每个人的特性仅仅不可避免地由他所属的共同体所塑造，因此，它认为文化是一种自身封闭的现实存在，不同的文化之间互不相容，不可比拟。每一种文化都是一种具体的思维方式和存在方式的载体，既不应被其他文化"玷污"，也不应被其成员的个人决定改变。这种致命装置在每个生灵身上都"编好了程序"，时常会不可避免地让其成员与其他文化中的成员发生冲突（亨廷顿所谓的"文明的冲突"理论），或者至少是自我封闭，不与其他文化的人发生精神上的交流。但愿50年或100年以后，当人们谈及今天被视为神圣的不同民族的"文化身份"(根据一些人的观点,对这一点应该在政治上不惜一切代价地予以维持)时,也能以今天大多数人谈及血型和肤色时的那种不屑态度来对待!因为在文明冲突论的深处隐含着一种同样"不公正"的意志,它反对每个人都具有作为人的尊严的根本前提:我们人类不是生下来就为了组织成统一的阵营,其中每个人都在阵前挥动着自己的旗帜,而是互相混杂着居住在一起。尽管有着各种各样的文化差异,但这并不妨碍我们互相承认彼此之间本质上的相似性,并且从这种混合性出发,一次又一次地进行自我更新(请参照我们在第四章最后一部分所讲的相关内容)。

20世纪最大的病痛——对民族主义的典型的执著,将每个人对于乡土的必然"从属"关系变得神圣化,并将其变成一种致命的骄傲。从根本上说,这只不过是一种面目可憎的占有欲的心态,不仅想在家里和物品上贴上主人的标签,而且还想占有土地和风景。"我们这里是这样的"这句蠢话,以及对自己的"根"的神化(就仿佛我们人类是植物似的),阻碍了人类的真正需要,即我们根据人类尊严应该对他人怀有的善意和友好。对于那些有思考能力的人来说,我们都是外乡人,都是漂泊不定的犹太族,我们不知道自己来自何处,要去往哪里(我们是要去陌生人哪里吗?)。在这个共同的世界上(这才是我们唯一真正的"祖国")短暂停留之际,我们所有人都应相互友好。当代犹太作家斯坦纳说得好:"树木有根;男人和女人则有腿。人们凭着双腿,穿越了铁丝网围成的愚蠢的壁垒——国境线;人们凭着双腿,以客人的身份造访人类的其他地区并在那里安居。在许多传说中,在古希腊神话和其他神话故事中,都有一个根本的人物——尤其是在《圣经》中曾多次出现——一个站在门口的外乡人,一个旅行之后在黄昏时分敲门的造访者。在这些故事中,这位造访者经常是一个隐蔽的神灵,一个考验我们友善的神的使者。如果我们想要生存,我们就要把这些造访者当做真正的人——我们正应该成为真正的人。"

根据弗洛伊德在其《文化的不安》一书中的说法,人类的痛苦有三个来源:"大自然的绝对威严,我们身体的有朽性,以及我们处理家庭中、国家中和社会中人际关系的手段的不足。"但是这三种不幸中的任何一种都还不能认为是我们面临的最大困境:对于需要他人理解和肯定的眼神以成全自我的人类来说,"最糟糕的莫过于一个人面临爱的缺失的威胁"。确实,没有什么能比爱的缺失让我们感到更无力、更无助、更觉受到威胁,无论我们是从其最字面的意思上去理解"爱"(比如父子之间的爱和情人之间的爱),还是从最广义的含义上把它理解为古希腊人所说的"filia"(兄弟情谊):那些互相选择为互补对象的人之间的友谊("因为他就是他,因为我就是我",蒙田曾用这样美丽的话来为他和拉博埃西之间的友谊进行辩护)以及公民之间每天互相表示的友善和好感(这种友善既客气又不带有鲜明的个人色彩,但是彼此之间却是休戚相关,而不是毫不相干),以使社会生活变得令人愉悦。没有爱和"兄弟情谊",人类就会萎缩,我们就会只受着冷冰冰的丛林法则的掌控。因此,歌德说的不无道理:"知道自己被爱,要比知道自己强大更为强大。"

第八章 社会机器？大同世界？

我们如何才能配得上他人的爱呢？所有文化的伦理法则的大部分内容，都是教我们如何赢得他人的爱。阿西莫夫是一位科幻小说和科普作家，在我看来他同时也是一名好的哲学家。他发明了"机器人三定律"，将它刻录在由"我、机器人以及机器人的其他故事"所代表的机器人程序中。"机器人三定律"的具体内容如下：

1. 机器人绝对不许伤害人类；
2. 在不违背第一定律的前提下，机器人必须尽可能地帮助人类；
3. 在不违背第一定律及第二定律的前提下，机器人必须保证自己的生存。

由于我们不是机器人，因此，过去和现在的大多数道德戒律，都颠倒了这三条定律的顺序。但是除此之外，它们的准则都已被很好地概括在阿西莫夫的三定律之中了。当然，从来就有、将来也依然会有人非常世故地规劝我们，应该尽可能地利用那些遵守道德规范的人来谋取额外的利益。正是由于这些"智者"的教导，我们的生活中才充斥了警察、监狱、痛苦和遗弃。这些犬儒主义的劝诫，是否真的就像人们通常认为的那样精明呢？听从这些人的劝告而偶尔给我们自身带来的利益，比起我们总体上因此而失去的东西，是不是得不偿失呢？读者朋友，请你认真想想：如果你或我放弃对获取我们同类的爱的努力，直到最后一位迷惘不知所措和不幸的人才坚信唯有人与人之间的情谊而不是其他东西才是我们真正需要的,这到底算不算一种明智的做法呢?

　　人类最典型的表现方式,只有在社会背景中才能被理解：这些表现是我们在想着他人或者当他人不在场而提及他人时会做的事情。比如,笑。幽默是一种寻找真正的"生命伙伴"的情感传递,它们既能和我们共享生命中的喜悦,也能和我们共享千篇一律的日常秩序的无意义感所带来的悲哀。没有什么能比幽默感更具社会性,更能凝聚那么多的东西。因此,当在一个友好的会议上听到很多会心的笑声,或者有很多微笑的交流时,我们就会说"会议开得很成功"。也就是说,参加会议的人们由于取得了互相之间的承认,而感到很愉悦。甚至于那些发笑的人,也只是在期待相似的灵魂能够加入他,和他一起笑。许多友谊和爱情,都是从两个人同时听懂了一般人没有注意到的笑话开始的。

　　美的创造及其享受,离开了人们的分享也是无法理解的。当我们发现一样美丽的东西时,我们首先会做的就是寻找一个能够与我们一同欣赏它的人。因为有了他或她的存在,我们自己也就能更好地享受美带给我们的愉悦。小孩会拉着大人的手,向他们揭示许多小小的奇迹,而大人则经常笨得不再能欣赏它们的价值。但是,究竟什么是美?为什么发现美、创造美、分享美对我们来说如此重要?为什么连那些丑的东西都要尽可能地显得美?难道不这样生活对我们来说就不再那么可爱了吗?

第八章 社会机器？大同世界？

请思考……

我们不需要他人、仅凭自己就可以使自己成为"人"吗？我们从何时开始使自己"人化"的？是从语言开始呢，还是更早地从他人的眼神开始？与他人共同生活是不可避免地"令人痛苦"的吗？我们一方面抗议社会给我们带来的现实后果，一方面又如此需要它，我们的抗议是否真的站得住脚？完全不为人所知是否比与他人生活在一起更加糟糕？我们是有"交流障碍"，还是我们根本就不应该期望完全彻底的沟通？我们在社会中互相冲突，是因为我们还不够理性，还是因为我们是不合理的？从人们相互对立的理性里产生的不和谐之中，是否能够获得某种形式的和谐？黑格尔是如何解释从我们"自然的"动物性到我们历史和文化的"人性"之间的过渡的？思考过政治问题的哲学家是试图更好地理解政治，还是试图一次性地废除政治？是否可能存在没有冲突和对抗的"政治"？是否可能存在没有政治的民主？哲学的本质在什么意义上与民主的本质相类似？什么是"乌托邦"？为什么哲学家们经常对它情有独钟？"乌托邦"与"理想的"是同一个意思吗？是否有令人厌恶或至少是危险的"乌托邦"？历史上曾经实现过某种形式的"乌托邦"吗？我们人类是制定了一个"社会契约"，还是毋宁说我们是我们各自最终决定什么是对所有人最好的私人选择的结果？所有的政治理想在现实社会中都是完全可以并存的吗？什么是正义？它与"人的尊严"和"人权"有什么关系？是否有集体的"人权"？我们人类是毫不留情地被我们各自的种族或文化所决定的吗？人类道德最基本的原则是什么？笑是否是一个有利于人类共同生活的证据？

[第九章]

美的战栗？

> 由美而产生的愉悦,是唯一真正无私和自由的东西。
>
> ——康德

> 美既不让人喜欢,也不让人讨厌,而是让人为之驻足。
>
> ——阿兰

在其最后一篇著作《法律篇》中,年迈的柏拉图认为:我们人类强行要接受两位要求严格的老师——快乐和痛苦——的教育。它们以自己令人愉悦或令人恐怖的强制,教导我们去生存和生活。由于让人类享受和痛苦的大多数东西都是共同的,因此,快乐和痛苦也就成为人们之间普遍情谊的黏合剂。但是没有两个人会完全相同地享受或痛苦,在不同人的生命历程中,也不会接受完全一样的快乐和痛苦的刺激。在赋予我们每个人的人生以不可复制的真正独特性的东西中，同样也包括快乐和痛苦。快乐和痛苦告诉我们：我们总体来说是"一样的"，但在具体方面我们却又是各自"不同的"。这再次证明了，将我们联系在一起的东西，我们的"利益（兴趣）"，同时也是使我们分开、使我们个性化，以及或许迟早会使我们发生冲突的东西。

　　下面让我们更进一步地来研究一下我们广义地称之为"快乐"的东西。它指的不仅仅是使我们在生理上感到愉悦的感觉，也包括一切让我们能够明确地赞同的东西：无论是事物、人物还是产品、行为等等："这个，没错！""这个，我还要！""但愿它能再来一次！"比如一盘可口的食物，它之所以让我们感到愉快，是因为它让我们的味觉感到舒服。又如在炎炎夏日中，一场清爽的冷水澡，也能给我们带来巨大的愉悦。这些"令人愉快"的感觉，对于我们每个人的生活都非常重要，但是它们对于任何具有最基本的神经系统的动物来说，也是重要的。另一个显著的例子是：看到一个人（最好是我们自己）完成了某个慷慨或勇敢的行为所产生的满足感。"我们高兴地感叹说：'这样做真好！以后还要这样做！'"对于"好"的赞美，是具有理性的动物所独有的，当我们经过一番思考以后，我们就能发觉，如果我们所有人都能做出这样优秀的行为，生活将会变得更加美好。最后一个例子是：我看到太阳从海平面上壮丽地升起，或者聆听一曲肖邦的在钢琴上被完美演绎的《波洛乃兹舞曲》，此时我会再次不由自主地产生愉快的赞同感："太美了！"

然而，这几个例子相互之间却是不同的。毫无疑问，如果我们没有感官，我就不可能欣赏"美丽"的东西，但是在享受的过程中，理性也同样参与其中，因为这并不仅仅是一种纯粹感官的满足。美所产生的快乐，是所有快乐中最少"动物性"的。但是，美所带来的感觉也不同于一种道德感，比如一个有德性的行为在我身上所产生的感觉。甚至有可能出于伦理上的考虑，我有可能宁愿世界上没有这种或那种美的东西，尽管这种美并不因此而让我感觉不美！假设我跟我的一个朋友一起站在埃及的胡夫大金字塔前，我对他说我认为金字塔非常美。朋友惊讶地望着我："美？你指的是什么？我是否应该认为你喜欢生活在昏暗不见天日的坟墓之中？还是说你认为身处金字塔之外，在烈日之下坐在沙漠中，是一个'令人愉快'的地方？"我回答他说：生活在金字塔之中或者面对金字塔忍受太阳的暴晒，让我感到极不舒服。"那么，难道你不知道，"我的朋友接着恨恨地说，"金字塔是如何建成的吗？成千上万的奴隶在鞭子的抽打之下，要搬运无数的巨石，来为肆意践踏他们权利的暴君建造这样一座富丽堂皇的坟墓！难道让你感到美的就是这个吗？难道你希望我们重新以这样的代价再建一个这样的金字塔吗？"我承认说：不，恰恰相反，我甚至宁愿根本就不存在金字塔，如果这样就能省去建造它的那些人所忍受的非正义的痛苦的话。然而，我却又不得不承认，大金字塔让我感到一种震撼人心的美，尽管金字塔上并没有任何让我感到"愉悦"的东西，而且建造这样一座金字塔也没有让我在道德上感觉是"好"的。于是，在我朋友的挖苦面前，我不知道再说什么好，因为我没法清楚地解释我从我所谓的"美"当中到底得到了什么，才会让我不顾一切地从中感到一种享受？总之，很难理解我为什么会（对金字塔）如此的"感兴趣"。

康德认为，由美而产生的愉悦，是唯一真正无私和自由的东西。确实，我们的其他满足感大都来自我们的感官和理性所必需的利益。"令人愉悦"的东西之所以吸引我们，是因为它们能够满足我们的吃、喝、住、舒适感，以及性等方面的最基本需要。"好"的东西之所以能征服我们，是因为我们的理性不得不承认，只有当每个人都去做应该做的事，并将他人当做真正平等的同类加以承认，而不是仅仅当做用来操控的工具，人类的生活才更值得一过。但是对美的热情，似乎并不对应于任何感官或理性的具体需要。我们明白，原始人用烧熟的黏土来制作碗，是为了以更舒适的方式来解除饥渴。我们同样可以认为他们可以用它来喂自己的孩子，或者给口渴的同伴以水喝，因为我们必然是社会性的动物。但是，为什么他们要用几何图形或者花卉图案来装饰它呢？这些装饰没有任何作用，从表面上看来不能履行任何功能，没有任何一种猩猩会愿意在一件其用途可以很好地被理解的东西上，花费时间去增加这样浮夸无用的东西。然而，这些装饰图案却揭示出：人类并不只是寻求满足自己的各种需要，而是同样会对那些美丽的东西，或者说在他们看来是美丽的东西，感到兴趣（利益）。这是一种什么样的"利益"呢？康德没有在这个问题面前退缩，他说：这是一种"不涉及利害关系的利益（快感）"。坦率地说，这一说法并不能很好地解答我们心中的疑问。

但是，让我们继续以康德为伴——总的说来，他从来都不是一个糟糕的伴侣。根据康德的观点，"美是那不凭借概念而普遍令人愉悦的东西"。这两个特征非常重要。说一朵花或一首诗"美"，与说"我喜欢西班牙海鲜炒饭"的含义并不一样：在前一种情况下，我们认为美就在花或者诗中，每个人只要好好看，就应该能够发现它（而不是从我们个人的不可转换的观点来看）；在后一种情况下，我们必须承认，就像人们习惯上所说的那样，"爱好是我自己的"，"关于爱好没有任何成文的标准"（也就是说，没有任何法则迫使我们共同分享我们的爱好，因为人们关于各种爱好写过不计其数的东西……很可能比关于任何其他东西都要多）。当康德说美是"普遍"令人愉悦的东西时，他并不是指"实际上"所有人都一致公认一些东西是"美"的，而是指我们只是把那些自身具有（充分的）可以被每个人认为是美的权利和优点的东西称作"美"，相反，我们并不会对一般的"爱好"作如此严格的要求。如果说某样东西只是对我来说才是"美"的，那就是一种可笑而虚伪的谦虚。但是将我对西班牙海鲜炒饭的爱好视作我的一个独特鲜明的个性特征，则是可以接受的，尽管这一点完全不符合实际！

康德还认为"美没有概念"，这个断言同样非常有趣。根据康德的特定用法，"概念"是使我们能够明白无误地界定某物的东西，它能提供给我们一个实际的尺度来建设它或评判它。但是，尽管我们可以从概念上界定这是黎明、那是教堂，我们却缺乏一个决定性的尺度或模式来毫无疑义地规定，什么时候一件东西才配得上"美丽"

的属性。只有迂腐的教条主义或者贫瘠的经院主义哲学，才会认为可以制定某些规范，来规定某些东西必然是美的，而另一些东西则必然不是美的。在这方面康德甚至走得更远，他区分了"自由美"／"纯粹美"和"依存美"（尽管他之前已经告诉过我们，任何种类的美所产生的愉悦，都是没有利害关系的和自由的）。"依存美"是指那些目的可以被认识、功用可以被（或多或少地）界定的事物的美。不管我们对一座宫殿或一匹赛马的审美上的欣赏是多么的"不涉及利益"，我们却不能否认我们清楚地知道它们"是用来做什么的"。那些以忠实地再现现实或细致的道德和精神分析为基础的艺术作品也是一样，它们的美总是与对现实中存在或应该存在的东西的精确解释联系在一起。相反，"纯粹美"或"自由美"则对应于鲜花、我们在海滩上发现的贝壳、某个夏日午后的影子游戏、伊斯兰艺术中错综复杂的装饰性的象形文字、某张壁毯上的图案，或是一些康德根本不认得的事物，因为它们是在他死后一个多世纪才出现在世界上的，比如抽象画（蒙德里安、波洛克等人的作品，会让旧时代的哲学家看得目瞪口呆）。根据《纯粹理性批判》中的观点，所有这些"没有意义"也没有"概念"的美，能够以其最大的纯粹和明晰，激起最毫无疑义的"审美"的愉悦，尽管康德并不在今天的用法上使用"审美"这个词。

但是，我们真的能够完全将美从人性的、功用的和道德的价值中分离开吗？一开始，和许多其他褒义词一样，这些赞美的形式应该比今天要混杂得多，如果它们的词源没有欺骗我们的话。我们最为熟悉的词"美丽"(bello)——来源于拉丁语中的bellus,很像是"好"(bueno)一词的指小词——在拉丁语中是bonus、bonulus。"漂亮"(bonito)一词也很明显,它指的是一种相当好的东西,高于平均的水平,尽管还未达到优秀,毋宁说是"优雅"的。同样,对于希腊词语kalos,柏拉图曾在《克拉底鲁篇》中找寻或者说想象它的词源,意为"有吸引力的"。而"kalos"一词则在词义上与"bueno"(好)——agathos相近,两词有时会复合成另一个非常常用的词:"kalokagathoε",该词是对同时具有生理上和公民道德上的美德的模范人物的称谓。这里我们可以顺便指出,在现代希腊语中,"kalos"的意思正好是"好"。在汉语中,"bello"一词的表意文字"美"(用一只"大羊"来表示),也直接与"bueno"、"bien"的表意文字"善"字相联系(如果我没记错的话,"善"字表示一个母亲在怀里抱着一个小孩)。至于"hermoso"(漂亮)一词,则来源于拉丁词汇formosus(形态匀称的),也就是以一种和谐的方式、各部分比例匀称地保持了自己形态(forma)的东西。以上这些关于词源方面的资料,我是从勒莫·波代那里得来的。他指出,人们对"形态"概念的欣赏,可能首先是来源于人们对岁月流逝和死亡在日益磨损的人类机体上留下的破坏性痕迹的恐怖。我们之所以爱形态美好的东西,是因为我们之前就爱很好地活着的东西。

概言之,美的事物(尽管还不是美本身)的概念(它以一种毋宁是直觉的而不是反思的方式被提出),一开始是与好的事物(尽管还不是善本身)的概念(也就是对生活更加有益的事物的概念)联系在一起的，这一点似乎没有什么疑义。无论是美的东西还是好的东西，当然也包括令人愉悦的东西，以及康德进行区分甚至在一定程度上进行分离的那几个范畴，可能都是为了服务于一个共同的目的：使人类生活变得更加美好，也就是更加团结互助，生命体验更加丰富，更加富于想象力，更加舒适和精致，一句话，更少屈服于死亡悄无声息的吞噬性的黑暗。对上述总结再进行总结就是：美的事物和好的事物，以及令人愉悦的事物一道，承担了使有朽的人类多一份生命、少一份死亡的使命……最坚定、最好地坚持了这个观点的当代哲学家是桑塔亚纳。

桑塔亚纳认为，审美价值尽管要与人类其他重要价值的某些方面进行区分，但却从不可能与它们完全"剥离"开来。它们不是"不涉及利益"的，价值总是展现了对生活中某个积极方面的充满热情的"利益"（兴趣），而是开发并扩展了我们利益的可能领域。审美价值永远意味着拓宽生活狭隘的有限性，并尽可能地缩小死亡的压迫性领地。不仅如此，桑塔亚纳还指出，艺术从来都不缺乏基础和实际目的，也不缺乏智识、社会和宗教方面的功能。在他关于这方面的代表作《美感》一书中，他指出："生命中除了好的事物以外，没有什么东西能够进入美的范畴。风趣的事物给我们带来的快乐，崇高的事物给我们带来的激励，以及感人的东西给我们带来的震动，都是某种善的隐约显现；未完成的事物只有作为即将完成的事物才具有价值。"在另一部著作《艺术中的理性》中，他则斩钉截铁地断言："认为一件事物在美学上是好的却在道德上是坏的，或者在道德上是好的却在概念上是可恨的,完全是在胡说八道。一部分好一部分丑的东西在某种更坏的东西到来之前,可能已经在不利的环境的逼迫下被遴选出来了。但是如果一样东西本身就是丑的,它就不可能完全是好的;如果一件东西完全是好的,那同样也是出于美丽的原因。"他把古希腊人视为天堂的写照和典范,以驳斥那些远离希腊人而朝向所谓"现代性"的某些野蛮方面的人(在现代艺术中,关于"丑"的东西我们无疑应该进一步探讨):"在古希腊人中间,幸福的概念是审美上的,美丽的概念是道德上的,这不是因为古希腊人把它们混淆了,而是因为他们是真正文明的人。"(《多变的审美范畴》)

然而,即便是古典时期的希腊人,也没有以一种整齐划一的方式来考虑美的问题。我们哲学传统中最杰出的主角柏拉图,在"美本身"(它实际上也与"真"和"善"相契合)与艺术家们所追求的具体的美的事物之间进行了区分。后者由于是不真实的,甚至对于一个良好的政治秩序来说是危险的,因此被柏拉图认为没有必要存在。《理想国》中描绘了一个根据正义原则组织起来的城邦应该是什么样的。柏拉图告诉我们说,如果在一个理想的城邦中出现了一个悲剧诗人,那么他将会被毫不犹豫地驱逐出境,遣送回家。在《理想国》的其他段落中我们可以得知,其他艺术家也将受到类似的待遇,当时具有某种"现代"倾向的建筑师更是首当其冲。让今人更加瞠目结舌的是,在《法律篇》中,柏拉图不仅出于政治考虑而主张实施艺术作品审查制度,而且还给出了如何最有效地执行它的十分详尽的标准。更加值得注意的是,当柏拉图提及诗人和其他艺术家的时候，他所指的不是单纯为低下的商业利益所驱动的平庸的人（今天我们不厌其烦地控诉的正是这些人），而是像荷马、埃斯库罗斯、索福克勒斯、菲迪亚斯、波吕克勒托斯这样的天才。用后世的眼光来看，这些创造者足以构成人类艺术史上的一个黄金时期。

柏拉图并不是唯一一位作为美的爱好者（毫无疑问，在某种程度上，他自己也是一位艺术家，因为他的《对话录》是世界文学史上的伟大作品，在二十来个世纪中一直声誉斐然）而抨击或至少贬低艺术美的成就的人，也不见得是当我们说某人是"美的爱好者"或某人具有"好的审美情趣"时第一个会想到的人。康德也认为，真正美的典型是自然景象，并对艺术家抱有一种不信任的态度，至多认为他们所创造的美是"依存美"或"附加美"，明显处于较为低下的行列。卢梭厌恶戏剧，甚至希望将它们完全从他所居住的日内瓦共和国中消灭掉，有时他又似乎将所有的艺术都视为一种腐败堕落的形式，具有良好民主修养的人应该自觉地远离它们。列夫·托尔斯泰这样伟大的小说家曾在文章中恶毒地咒骂过莎士比亚（维特根斯坦也很讨厌这个人），认为他的作品代表了腐蚀读者道德和宗教情操的艺术形式。甚至就连桑塔亚纳这样高雅的美学家，也在他的最后一部作品《统治与权力》中指出："真正美的爱好者可以终身不去博物馆。"

但是，让我们还是集中研究一下柏拉图的反艺术论点吧。它之所以如此重要，不单单是因为柏拉图本人无与伦比的独特性，也是因为卢梭、托尔斯泰以及许多其他人——甚至包括疯狂地迫害"堕落"

的艺术作品的纳粹分子、在阿富汗禁止音乐和几乎所有美国电影的塔利班,以及那些要求在电视节目中少一些暴力多一些道德教育的人——都在有意无意地重复着柏拉图论点中的大部分内容。为什么柏拉图想把艺术家从他的理想城邦中驱逐出去呢?这个问题正好是《火和太阳》一书的副标题。在这本书中,爱尔兰著名小说家和思想家默多克深入地研究了这个柏拉图"案例"。接下来我们将部分地参照她的分析,并引用这本书中的部分相关段落。

首先我们得承认,柏拉图之所以不信任艺术家,并阻止我们接近他们,是因为他相信他们的力量,也就是相信他们的引诱能力。如果艺术只是浪费时间这样一个琐碎的问题,可能根本不会引起柏拉图任何批判性的关注。艺术家的"力量"到底在哪里呢?毫无疑问,就在于他们产生"快乐"的能力。正如我们之前所指出的,快乐和痛苦一道,是培养人的社会性的重要工具。谁掌握了快乐的机制,谁就同时控制了公民教育的至少大部分内容。因此,这样的工具必须掌握在好人手中。从这个意义上讲,柏拉图认为艺术家们并不是理想的教育者。他们之中最危险的是那些致力于描写人的情感、激情和命运的人,也就是史诗作者和剧作家(如果生活在今天,柏拉图肯定会把小说家和电影作者也归入这一行列)。因为没有什么比表现我们同类的生命历程和行为(尽管这种表现常常是虚构的、随意的),能对人类产生更大的诱惑力了。任何一个稍具理性思维能力的人,都能发现一部戏剧作品情节上的漏洞和陷阱(如果说大多数人都似乎不能做到这一点,那只是因为他们没有细心地使用理性推理),但是一个好的艺术家却能使任何一种生活都显得"可信",有时甚至会令人羡慕,即使对最老练的观众来说也是如此,更不用说对一般大众的影响了。

但是,为什么一般说来,那些表现人类生活的戏剧艺术家产生的影响,会是有害的多于有益的呢?根据柏拉图的观点,那是因为艺术通常会不加批判地接受表象,而不是去质疑它们。也就是说,因为艺术家尤其喜欢让大众心醉神迷的表象,而不是欣赏和促进这些表象背后的理性的真实——只有哲学家们,也就是真正的教育者,才会致力于去完成这个任务。幻想不真实的事物,要比研究真实、朴素、死板的事物(比如几何学)不变的本质"有趣"得多。更为严重的问题是,由于诗人或剧作家(在我们这个时代还包括小说家和电影导演等)最关心的首先是取悦受众,想方设法为大多数人带来快乐,因此,他们非常乐意将自己的主题集中在坏人的生平上,"因为坏人是各种各样的,逗乐的和极端的,而好人则是平淡的,并且总是千篇一律"。于是伦理就让位于审美,消失于娱乐之中。为什么会是这样呢?因为我们事先已经知道正直的人应该是什么样的,他们的行为严格地受到原则的指导。也就是说,我们在认识他们本人之前,就已知道他们做人的规范。而坏人则在违法和出人意料方面有着多种不同的表现形式。做好人好事的方式只有少数几种,而做坏人坏事的方式却有无数种。正因如此,伦理(它所做的无非是一次又一次提醒人们一些最根本的东西)在审美上总是"令人乏味的",而审美(它首先追求的是新颖和非同寻常)在道德上则总是可疑的。

正如默多克所概括的："艺术家既不能表现也不能颂扬好的东西，他们只能表现和颂扬邪恶的、新奇的和极端的东西；而真理则往往是平淡、朴素和有限的。艺术就是诡辩术，在最好的情形下也只不过是一种带有讽刺意味的模仿，其虚假的'真实性'是美德的狡猾的敌人。"

在柏拉图看来，艺术和真正的知识（也就是哲学）显然是对立的。在艺术中，占统治地位的首先是艺术家巫师般的人格，而哲学追求的则是事物自身具有的、超越人的迷狂和幻想的客观现实。艺术家们凭借自身的诱惑能力，将他们纯粹主观性的东西普遍客观化，而哲学家的任务则是通过认识客观普遍性来使自己在主观上臻于至善。哲学家所追求的美，是当我们摒弃了我们的欲念，以数学般的精确认识了现实以后所产生的喜悦，而不是一味讨好我们的激情的病态的喧躁。柏拉图也没有一棍子打死所有种类的艺术，他只是反对过于个人化的艺术，也就是伟大的创作者所创造的艺术。对于今天我们称之为"大众"艺术的东西，比如传统工艺，以及在我们身上激起健康的爱国热情与宗教情操的主旋律音乐，柏拉图并没有反对。也就是说，柏拉图并不反对那些集体的特性压倒具有反省倾向的颠覆性的主观特性的艺术表现形式，而是认为以维护社会的统一和谐为名，应该禁止某些具有诱使分离倾向的艺术形式。我们还需要强调在我们的时代同样存在过并将继续存在着类似的观点吗？尽管这些观点总是服务于一些不受个人自由的维护者欢迎的政治主张。

然而，柏拉图将艺术的模仿美同哲学的真实美相对立的主张，也并非就完全无懈可击。尽管柏拉图拥有十分重要的追随者，但是亚里士多德和其他许多重要哲学家的想法却与他十分不同。他们认为，伟大的艺术家的作品并没有构成真正认识现实的障碍，实际上正好相反，它们对于完全深入地理解现实是不可或缺的。事实上，艺术家们同样以自己的方式对世界上所存在的东西的理解方式进行了新的探索。毫无疑问，他们是以个人的感觉方式和内心的想象为出发点的。可是，难道我们能将主观的东西从对现实的全面理解中排除出去，好像它们只不过是一些纯粹肤浅的幻想吗？事实上，即便是那些被认为是天马行空的艺术作品，也发展了我们对真实事物可能性的理解，并提供了现实事物的代替方案。

  说最优秀的艺术家只是为了取悦和讨好公众最粗俗的激情，这并不正确。他们首先希望帮助公众更好地认识。达芬奇说，绘画和雕塑的任务就是懂得去看,懂得如何更好地看。难道我们没有因为达芬奇、米开朗基罗、委拉斯开兹和毕加索而在事物、形状和颜色中发现了新的内容吗？难道诗人、剧作家和小说家没有决定性地丰富了我们对人类生活，以及对作为人而居住在这个复杂的世界中的意义的理解吗？这些艺术家提供给我们的视角，无疑并不总是平静和令人轻松的，但他们主要的功绩也正在于此。他们让我们感到心里不平静，因为他们打开了我们的视野，而不仅仅是想让我们感到眩目。正如默多克精妙地指出的："好的艺术家可以帮助我们看清人类生活中有需要的地方，看清什么是应该支持的、什么应该做、什么不应该做，帮助我们净化我们的想象力，直至看到真实的世界（真实的世界通常被畏惧和焦虑所遮蔽），包括恐怖和荒唐的东西。"有时候还包括猥琐的、自相矛盾的和不祥的东西，尽管它们会让公共道德的善意的卫道士感到很不舒服。

也许最坚决地反对柏拉图这一立场的思想家就是席勒，尽管这已经是在大约24个世纪之后了。在《审美教育书简》中，这位康德非正统的弟子以浪漫主义的热情，强调了培养审美情感对于塑造能够在现代非专制主义社会中生存和参与的真正公民的重要性。总而言之，对席勒来说，"所有艺术作品中最完美的作品，就是研究如何建立真正的政治自由。"这个计划无疑不会得到柏拉图的赞同，即使十分幸运地得到了他的同意，也会被加上无穷的保留和反对意见。席勒认为，审美教育，决定性地补充了公民的道德和智力修养，使得他们能够自由地为自己做决定——不仅是作为理性的拥有者，而且是作为同样高尚的肉体感官的拥有者。艺术当然不能告诉我们应当做什么，如果它能告诉我们做什么，那就沦为了道德的塑造性或叙述性的分支；而是有力地激荡我们，升华我们，使我们成为我们想要成为的人。抓住了问题的关键之后，席勒坚定有力地回应柏拉图："我们必须承认，这样的人是完全正确的，他们认为，美以及美使我们的心绪所达到的那种心境，对认识和道德信念是完全无关紧要的，是不会结出任何果实的。的确，他们这样认为是有道理的，因为美不提供任何具体的结果，不论是对知性还是对意志；它不实现任何个别的目的，不论是智力的还是道德的；它发现不了任何一种真理；它无助于我们完成任何一项任务。总而言之，美既不善于建立性格，也不善于启蒙头脑。因此，通过审美的修养，一个人的个人价值或尊严仍然是完全未受规定，只要这种价值或尊严还能依赖于此人而存在；美什么也达不到，除了从天性方面使人能够从它自身出发为其所欲为——把自由完全归还给人，使它可以是其所应是。"美的功能，不论来自对自然的欣赏，还是来自艺术上的创造（尤其是后者），都是纯粹解放思想的，它可以向人们揭示他们自由开放甚至可怕的一面。

席勒最大的独创性，就在于把艺术同一种通常被当做琐碎而微不足道的人类活动——游戏——联系起来。在前苏格拉底时期的哲学家中，只有赫拉克利特（请参照第 5 章）敢于将所谓的宇宙"秩序"，同小孩子的游戏结果相比拟，尽管在宇宙的游戏中，"小孩子"换成了神灵或偶然性。娱乐活动除了自身以外，没有其他目的，不提出另一种固定模式，不产生其他利益；我们称为"宇宙"的最大游戏也是如此。柏拉图对这种具有无政府主义色彩的危险比喻，无疑是持不信任态度的。但席勒回归到这种比喻，将人类的特殊性恰恰定位在游戏的能力上："只有当人是完全意义上的人时，他才游戏；只有当人游戏时，他才完全是人。"高等动物的幼崽和很小的小孩，与其说它们是在严格意义上地"游戏"，不如说它们是在肢体语言和运动的进行过程中，得到了愉快的训练。这些训练是它们成人以后完成生命中的各种任务所必备的。真正的"游戏"开始于构建一个自给自足、自我指涉的符号世界，在这个世界中发展出一套活动体系，这些活动各自有相应的规范和戒律。这个世界当然与人类日常生活的世界有关,因为它在一定程度上模仿并反映了日常生活世界,但它同时也动摇了后者的一些原则,舍弃了一些不必要的病态的限制。根据席勒的观点,游戏的环境正是艺术家所生活的环境:艺术家同真实的美游戏,并将美本身变成不断有所发现的宝贵的首要现实,同时也塑造了我们的自由。艺术的游戏把我们变成自身世界的主人,并以此向我们揭示了一个超越了自然和法律限制的社会命运和个人命运。在这个命运中,我们可以理直气壮地决定什么是我们想要成为的那个样子。

我们前面已经多次提及艺术家,尤其是那些最伟大的艺术家,把他们称为"创造者"。这个词语通常不会用来指称科学家和运动员,不论他们的成绩有多突出。为什么待遇会如此不同呢?我们是在什么意义上说艺术家是"创造者"呢?当然不是在说上帝是"创造者"这样的意义上来说他们,因为即使最伟大的艺术家也不能"无中生有",从"虚无"中创造出自己的作品。他们总是要运用事先已有的材料(绘画、大理石、语言、音符……),并且总是会或多或少地站在前人成就的基础上,尽管他们的目的可能是为了否定前人,寻找新的路径。但是他们自身又确实带有一丝"神性",因而,一旦离开了某种"神性",离开了他们的天赋和个性,也就没有办法解释他们的作品。换句话说,如果他们中的每个人都根本没有存在过,他们所做的事情也就不会在历史上发生。我可以举一些例子:如果哥伦布在1492年没有到达美洲大陆,迟早会有另一个人从欧洲出发进行同样的旅行,就像斯堪的纳维亚半岛的海盗们在更为久远的时代所做的那样；如果弗莱明没有发现青霉素，迟早也会有另一个聪明人发现这种神奇的菌类的治疗功能；百米赛跑的世界纪录曾被多次打破，并且迟早会再次被打破。发现者、科学家和运动冠军是第一个到达前人未曾到达过的地方的人，但只是在已经存在的领域，而且这些领域先前已经激发了任何一个人的好奇心和才能。然而，如果莫扎特和塞万提斯在摇篮中就夭折了，就不会再有人谱写出《魔笛》，也不会再有人讲述堂吉诃德的故事。我们不会缺少音乐和小说，但我们不会有那部音乐和那部小说。没有贝尔，我们仍可以想象电话；没有爱因斯坦，我们仍能想象相对论；但是没有委拉斯开兹，我们就无法想象《宫娥》。因此我们说，所谓创造者，就是制造那些没有他们就不可能存在的东西的人，那些给这个世界带来新事物的人，无论这些事物是大是小，没有他们，就不可能正好以那种方式、而不是以另一种类似的方式存在。艺术作品不是关于现存事物的可能性或已经实现的性质，而是来源于完成它的艺术家的独特个性。艺术作品与艺术家之间具有相似性，作品既反映了其作者的个性，也反映了所构成的世界的现实。艺术家不是第一个发现或得到某种东西的人，而是以一种不可替代的方式"创造"某种东西的唯一的人。

可是，艺术作品之"美"必须是在"漂亮"的含义上吗？也就是说，它必须与"难看"相对立吗？艺术作品必须明确地建立在各部分之间的和谐与平衡以及总体美观的基础上吗？还是同样可以表现不和谐甚至畸形的东西？柏拉图神圣的三位一体是由真、善、美构成的，属于超越此世的理想秩序。但是我们尘世间的各种冲突却似乎是由假、恶、丑构成的邪恶的三位一体统治着。艺术家的任务只是虔诚地表现第一种三位一体呢,还是同样需要注意到并提醒我们注意到第二种三位一体呢?我们以意大利文艺复兴时期最杰出的画家之一乔尔乔内为例,他在大多数情况下再现了优美的人体之美,然而他也曾逼真地画过一位牙齿掉光的老态龙钟的老妇人的肖像——她在年轻的时候也应该漂亮过,因为这幅老女人画像的名字就题为《岁月流逝》。这幅画并不是要表现美,而是要表现岁月在美身上留下的痕迹。被如此表现的老妇人,无论从哪种观点看都不能算"美",将她的外貌变得如此可悲的那些岁月的毁灭性的流逝,也根本谈不上美丽与和谐。如此一来,乔尔乔内通过刻画一种让我们一看就产生厌恶感甚至黑色恐怖的形象,算是背叛了对"美"的艺术承诺吗?然而我却敢说,这幅画在艺术上是"美丽"的,甚至比众多美得让人腻味的俗套的风景画和处于豆蔻年华的少女的肖像画都要美丽得多。为什么会这样?

这或许是因为,在艺术中可以被称为"美"的东西(如果我们承认艺术的目的就是不惜一切代价地创造美),在很多情况下与愉悦的情感和装饰上的美感几乎没有什么关联。诗人里尔克认为,美就是"我们尚且能够忍受的恐怖的程度"。艺术并不总是作为一种柔和的抚慰对我们产生吸引力,有时它也会让人产生揪心的感觉。当代哲学家阿兰写过许多关于艺术过程的文章,他指出:"美既不让人喜欢,也不让人讨厌,而是让人为之驻足。"美的第一个效果,就是将在错综复杂的事物、形状、感情或声音上游离不定但却并不对它们加以特别注意的目光定格住。根据这一标准,只有那些让人不得不为之停留的东西,才真正是美的。与其说艺术是在寻求我们的满意和赞同,不如说它是在呼唤我们的注意力。为一件艺术作品集中注意力,与立刻感到一种巨大的快感(比如在一天的辛劳过后惬意地洗一个热水澡)是不一样的。当代思想家阿多诺在他的《美学理论》中说的不无道理:"美学的作用可以定义为产生某种战栗的能力,仿佛鸡皮疙瘩就是美的首要形象。"在我们心中产生激荡的,是那些我们不能熟视无睹的东西,那些让我们揪心、紧紧抓牢我们的东西,也就是真实的、令人眩晕的、猛烈的景象。这些景象如果不是凭借艺术形式,平时显得平淡无奇,是不会引起我们的特别注意的。这就是美的悖论,有时候以令人惬意的方式被体验到,有时候则让人产生战栗。

现代艺术(尤其是当代艺术)的发展轨迹,让我们体验到声音和形象的扭曲,让我们直面奇形怪状、面目可憎的样子,让我们熟悉绝望的心灵的撕裂。然而,也正是通过现代艺术,我们能够感觉到美的震撼人心之处,并且有时还能从强烈的躁动中,隐约窥见某种静谧的形式。这是对美的背叛吗?或许恰恰相反,这是以一种不至于太廉价、太简单和太容易接近的方式呈现美的一种尝试,也就是说,使美更具迷惑力。小说家司汤达曾说过一句令人回味无穷的话:"美就是对幸福的许诺。"但是要维持这个许诺中所包含的对和谐的追求,我们就不得不自始至终都与我们生活于其中的现实中的假、恶、丑打交道。在揭示了所缺乏的东西的同时,也隐约可见未来臻于完美的可能性。显然，这条艺术路径的危险之处在于，容易陷入一个纯粹追求怪异，以及追求一种高度抽象难懂的美学表现形式的陷阱，欣赏这类艺术要求具有十分深厚的理论涵养，才能真正消化让一般人在感官和情感上觉得完全不知所谓的东西。此外，这样做还会造成被市场变得越来越庸俗的大众艺术作品，和只有少数精英（他们既可以是内行也可以是纯粹的学究）才能理解的所谓"伟大作品"之间的尖锐对抗。

这条道路是可逆的吗？我们能够在不放弃所懂得的东西的同时，充满怀旧感地期盼回到已经逝去的和谐状态吗？而这种和谐，也许从来都不像我们今天所想象的那样。乔尔乔内或许是正确的：对于美来说，正如对于我们每一个人、对于一切真实的东西一样，时间从来都是一去不复返，不会为我们驻足的。时间？可是到底什么是时间？我们将这个问题作为"对生命的追问"这一哲学之旅的最后一站。

请思考……

> 塑造人类的社会性的两个基本工具分别是什么？除了快乐和痛苦之外，我们还能有另外一种人生吗？除了纯粹生理上愉快的感觉之外，"快乐"还能怎样表现？除了感官上显而易见的愉悦，以及我们的生理需要的满足之外，还有理性的快乐吗？我们能够说令人快乐的东西不仅是让人舒服的或者有用

的东西，也包括"好"的东西吗？美会产生哪一种快乐？它与文中提到的其他类型的快乐有什么区别？美之所以让人愉悦，是因为它"有用"或者"好"吗？为什么康德说对美的欣赏是一种"不涉及利害关系的利益（快感）"？康德是如何对"自由美"/"纯粹美"和"依存美"进行区分的？美的价值总是与生活中的其他价值截然分离吗？桑塔亚纳关于美的东西和好的东西之间的关系持何种观点？是否有可能高度评价美本身，却对艺术家创造的"美的具体事物"持不信任或鄙视态度？是否发生过大艺术家不信任艺术作品的情况？为什么柏拉图想把诗人和其他艺术家驱逐出他的理想国？柏拉图是否会认为，一个水平高超的艺术家同时也是能够起到好的作用的艺术家？柏拉图是如何对艺术家的教育任务和哲学家的教育任务做出区分的？席勒对柏拉图的观点是如何回应的？游戏与艺术有什么相似之处？艺术教育会有利于培养公民的政治自由意识吗？我们为什么将艺术家而不是科学家称为"创造者"？艺术家是否总是需要千方百计地寻找美，还是同样可以不时地表现丑陋的甚至恶的东西？美学上的"丑"和"恶"一定代表了实际上的"丑"和"恶"吗？为什么现代和当代艺术似乎放弃了"美"的传统概念？在何种意义上美可能成为对幸福的许诺？美是如何让我们为之"驻足"的？它会在我们身上产生一种什么样的"战栗"？

[第十章]

迷失于时间中？

> 时间是一条把我卷走的河流，但我自己就是河流；时间是一只把我撕成碎片的老虎，但我自己就是老虎；时间是一团把我烧成灰烬的火，但我自己就是火。世界很不幸，是真实的；我很不幸，是博尔赫斯。
>
> ——博尔赫斯

如果我们问随便一个人他的日常生活是什么样的，他可能会通过列举生活中的各种活动来回答我们："我在八点钟的时候起床；八点半的时候吃早饭；九点钟的时候我开始工作……"另一个人可能会选择一种令人印象更加深刻的风格来回答："我没有时间干任何事！"还有人可能会选择倾吐心中的秘密："两个月前我开始和一个女孩约会，现在我终于找到幸福了。"一些容易怀旧的人则可能会说：

"我每天所做的，无非就是回忆我们小时候一起在沙滩上玩耍的情景。"如果被问到的是一位老人，他很可能会深深地叹一口气说："我现在开始不紧不慢地过日子了，因为我剩下的时间不多了！"……每个人都会感叹："我的工资已经十年没有涨了，自从佛朗哥去世以来，我们一直盼望能够活得更好。""我们现在已经不像以往那样年轻了。""明天，春天就来了！"……没有人在谈到自己、谈到自己的生活、谈到自己的爱好和恐惧、谈到周围的人和事的时候，能够不马上提及时间。不通过某种时间序列，我们就既无法理解，也无法表达。

因此，可以说，没有什么比时间更让我们感到熟悉的了。我们不断地通过它来表达我们自己，表达我们所做的和发生在我们身上的事情。然而，时间的问题与电脑、传真机、录像机，以及我们家中其他设备的问题一样：我们知道如何使用它们，离开它们我们就无法生活，但是如果有人问我们它们有什么用、它们是由什么构成的（是什么），我们所能做的无非是耸耸肩而已。但与我们对家用电器的无知不同，我们对时间的迷茫由来已久……怎么不是呢？圣奥古斯丁在公元5世纪初说过的话，至今依然是非常有道理的，他说："时间究竟是什么？假使人家不问我，我倒像很明了；假使要我解释起来，我就茫然无绪。可是我敢确切地说：假使什么都没有，那么，也就没有现在的时间。"（《忏悔录》卷十一第九章）

圣奥古斯丁说"如果人家问我"，对此我们应该像在哲学思考中的许多情形一样，将其理解为"如果我扪心自问"，因为与他人的对话,只不过是为同自己的对话(也就是思考)创造契机。每个人的心中都有所有人的声音,我们实际上是在所有人中间思考(请回忆我们在第二章中所说的)。好,只要人家不问我,我自己也不问自己,也就是说只要我不需要展示我所知道的东西,我就知道什么是时间。然而,之后巨大的困难和谜团就开始了。

时间的"神秘"之处在哪儿呢?为什么很难思考时间?这是因为,要思考某种东西,就必须专注于它,将它作为一个固定的对象。而时间则不可能被人固定下来,或是被作为一个固定的对象加以研究。没有一种"静止"地看待时间的方式,就连这样设想都不可能!让我们设想我试图专注于川流不息的时间的某一刻,将这转瞬即逝的一瞬间定格下来,就如同伟大的德国作家歌德笔下的浮士德有一天希望命令某个特定的时刻:"停下来,你是如此美丽……!"但是,我能够在哪个时刻停留下来呢?就在这个时刻——现在吧!然而,刚才的那个"现在"现在已经过去了,已经不再是"现在",而是"过去"、"刚才"了。总之,已经是一个古老的"现在",在那个"现在"中,毫无疑问有成千上万的人出生和死去,有人在缠绵,有人在做梦,有人在交换诺言,有人在获取和遗忘知识等等。它曾经是,但是已经不再是了,因为它已经逝去了。那么,我还能在哪一个"现在"停留下来呢?我所能做的只能是纪念一个已经不是现在的"现在",或者预备一个尚未到来的"现在"。充满悖论色彩的是,已经不复存在的过去的时刻,和尚未来临的未来的时刻,似乎要比当下这一刻更容易把握,当下这一刻刚一来临便即刻消失,或者更确切地说，当我们刚想专注于当下这一刻的时候，它就已经消失了。我们看见当下这一刻来临和远去，但是我们却从来不曾见它停留。一个从来就不停留的东西，我们如何能够决定它"是"什么呢？

让我们重新思考这个问题。时间是一匹很难驾驭的野马，当我们想专注于它的时候，它就会把我们甩下来，我们只能眼睁睁地看着它向远方飞奔而去。但是在当下性的问题上，我们不应该被一种无限还原理论所欺骗。根据芝诺的观点，善于长跑的阿基里斯永远追不上一只慢吞吞的乌龟，只要在比赛一开始的时候乌龟处于阿基里斯前面。如果两者之间的距离是20厘米，阿基里斯必须花上一段很短的时间来跑完这段距离；而在这段时间里，乌龟已经向前略微跨过一段距离了，从而又给两者之间造成了新的差距。尽管阿基里斯以极快的速度跑完这段距离，但这毕竟又花费了一定的时间，而坚持不懈的乌龟利用这段时间再次拉开了距离：如此近，却又如此远，乌龟跑得虽慢，阿基里斯却永远无法追赶上它。然而见鬼的是，我们虽然知道阿基里斯实际上肯定会追上乌龟，但我们却无法令人信服地解释他是如何完成这一巨大业绩的。同理，我们知道我们生活在当下，"现在"恰好就是现在，既不更早，也不更晚。这一点我们当然知道。然而正如圣奥古斯丁所承认的那样，"思考它"却要远远复杂得多。

根据黑格尔所指出的，一个令人惊奇的现象是，那些我们感到最有把握的东西，那些我们最习以为常的东西，那些对怀疑主义提出挑战的东西，那些我们不由自主地命名为"具体"的（比如"现在"、"这里"、"这个")东西,当我们试图对它们进行认真思考的时候,我们却发现它们完全缺少内容。我们极其肯定自己在这里,但问题是,所有的"这里"都是类似的,因此立即就需要更为精确的界定。对于"在哪里"这个问题,回答"在这里"是不够的,因为这个回答完全是一个主观的标准。而我们已经在第二章中指出,理性的任务就是努力将纯粹主观的观点与客观的东西结合起来。因此,我必须这样回答:"我在这里,在某某经度纬度,在位于某个国家某个城市某个街区的我的房间里。"随着我的"这里"逐步获得具体的内容,它的正确性也会慢慢地减少:也许我会搞错哪条街、哪个省、多少经度纬度,但是当我只是简单地说我"在这里"的时候,我永远也不会出错。当我说"这个"的时候,情况也是一样。比如当我用我的一个手指指着某物,或者当我在我所指的事物上敲击两下,"这个是这个",这是毫无疑义的。但是为了确切地思考这个是什么,以及为什么不是另一个东西,我必须对其进行具体说明,比如说,这是一张桌子,是50年前一个叫做某某某的工匠用胡桃木做的,等等。一系列的概念填充了"这个"的具体内容,但同时也增加了疑问和错误的可能性。如果我不顾具体需要,只是最抽象地说"这个是这个",我永远也不会犯错。但是,当我需要向一个不在现场的人解释的时候,我就必须把"这个"变得具体。

　　无论如何,当我想从纯粹的主观性过渡到客观化的跨主观交流的时候,"这里"或"这个"总归是呆在原处不动的。而"现在"则不接受这些限定,当我试图专注于它的时候,它已经转眼间溜走了。

要把这种流动性固定下来，我必须将我想研究的那一刻与另一个不同的运动（作为参照物）联系起来。"现在是什么时候？"回答是："我垂下手臂的时候，当手表上的指针指向十二点的时候，我们远远地望见从提洛岛回来的圣船的时候（处死苏格拉底的'现在'就是这样确定的），马穿越那个标杆的时候，女孩子第一次来例假的时候，独裁者死去的时候，等等。"亚里士多德在《物理学》中指出，时间的概念是与事物的运动内在地联系在一起的。这个运动应该从广义上来理解：从一个地方到另一个地方的位移，一种状态的改变（比如气温的升高和降低、色彩的变化），出生与死亡，衰老，增加和减少等等。时间的流逝是因为事物发生了变化，或者事物身上又发生了别的事情。一个什么事情都不会发生的地方，也就无所谓"时间"的存在。比如在算术中就是这样：对于"什么时候"的问题，我们不能回答说"当二加二等于四的时候"，因为这个关系是永恒存在的，任何变化都不能影响到它。我们刚才说它是永恒的？为了避免沾染神学色彩，或许我们最好说它是"非时间性的"。逻辑真理和数学真理是处在时间"之外"的。尽管在逻辑真理和数学真理上，我们这些与时间有着极其密切关联的人类花费了太多的精力，这一点后面将会讲到。

　　由于对时间的这些特点有着清醒的认识，并且意识到思考它的困难，人们设想了各种方式来规定时间永不停止的步伐。也就是说，人们想出了各种测量时间的方法。可是，当我们测量时间时，我们到底是在"测量"什么呢？如何"测量"某种我们几乎一无所知的东西？测量时间大致上等同于测量影响我们、影响我们的活动和我们所居住的世界的各种变化的间隔。但是由于这类变化可以有无数种，并且我们所运用的测量手段对应于非常不同的标准，在现实中也就不可能只谈论一种唯一的"时间"。我们不得不承认，根据所注意到的变化和所运用的测量标准，有时还要根据社会控制某些特定的重要变化的紧急需要，存在着不同的"时间"。

哲学家和普通人都倾向于认为，对于流逝中的时间的直觉，是所有人都能同样感受到的"自然"的东西。这是一种"非时间"、"非历史"的思维方式，恰好与它力图建立的时间概念是相对立的。埃利亚斯，一位对习俗人类学和社会学有过深入研究的思想家，令人信服地证明了，我们经常把实际上作为我们的文化和历史背景的结果的时间形式，抽象化为"自然"的东西。人类群体以各种不同的方式受到时间的指引。建立时间的仪式和间隔不只是为了满足纯粹理论上的好奇心，也是为了满足准确地界定什么时候适合于进行什么样的社会活动（比如收割、打猎、举行宗教意识等）的需要，以及协调需要与其他人共同完成的任务。我们今天畅游其中的精确的时间之网，有着非常细密的网眼，但是对于亚里士多德和圣奥古斯丁来说，在心智上并不存在分钟和秒钟这样的东西，更不用说现代物理学中的纳米秒了！

对于某些特定的人类群体来说，通过说"当天气很冷的时候"来表示时间就已经够用了；另一些人群会使用"冬天"这个词，然后是"一月"、"二月"，某日某时，等等。有一些人类社群通过月相

("白天"和"黑夜"的交替大概是所有的时间标尺中最普遍、最古老的)、雨季的到来、雨量的增长和涨潮等方式来指示时间,直到发展成现代十分精确的计时方式。有时候,一个历史事件(比如一场战役、耶稣基督的诞生),足以在时间的长河中确定一个指示性的标记。时间的标识取决于一个社群应该完成的活动、关于过去的共同记忆,或者观察自然世界的科学水平。一个农民或一个猎人对时间的精确程度的需要,相比现代社会中的一个工人,是完全不同的。对时间的测量,永远是一个社会需要的问题,但它的目的只是为了根据特定的共同目标,来协调群体中的成员。有时候,只要以田野花开或候鸟回迁(这两者发生的时间间隔并非总是相同)来指示时间就足够了,但另一些时候就必须建立与抽象机制有关的非常精确的计时方式,决不允许变化和例外,比如我们的机械手表中的时间。

无论如何,各种测量时间的方式,是建立某种必不可少的社会共识的必要习俗和规范。没有共同的时间测量方式,就好比没有测量长度、数量和重量的标尺,以合作和交流为基础的社会群体的运转就是不可能的。有些群体只要求很不严格的计时方式,另一些群体则要求极大的精确性。在传统社会中,确定群众集会的时间是一件十分重要的事情;而在现代社会,最重要的则是每个人组织自己的具体活动的方式。当然,这些测量规则反映了一个群体与时间关系的特点。比如,在技术高度发达的社会,我们就生活在准确得令人窒息的时间中,但同时也要比其他集体性社会"私人化"得多。不仅集体活动,而且个人之间的关系也严格地受到时刻表的制约。另一方面，每个人都可以按照自己的意愿安排自己的时间。一个大城市越是现代化，就越容易在任何时间吃饭和购物。尽管如此，还是存在着一些有意义的集体坐标，比如一年的年终、暑假的开始。有些习俗具有超越时代的意义，比如为了一个千年的更替这样一件偶然的事情，有多少人彻夜不眠啊！

我们既然已经采取了这种或那种测量时间的方式，就不由得会想：是否在这些方式之外，还存在着一种不依赖于任何人类习俗的时间？也就是说，无论我们按照什么样的社会性来标识时间，总会有一些自然变化定期发生。天体在自己的轨道上运行一周，总是要用一个固定的时间，细胞都有自己一定的生存期，尽管没有人能够预先规定它；我们并不缺乏精确测量地球绕太阳转一圈的时间的手段，但是没有一个人能够活一千年……无论我们如何突发奇想想要去度量我们的时间，有些事情注定要先于我们来临，而且是不可逆的。比如父亲的出生要先于他儿子的出生，播种要先于收割。虽然现代宇宙学在宇宙的层面上把我们测量时间的方式相对化，甚至于我们可以根据宇宙扩张理论说新的空间和时间无时无刻不被"创造"出来，但却没有人能够因此而认为太阳的出现要晚于它的其他行星，或者哺乳动物在进化史上要先于恐龙出现。除了由我们的集体需要所规定的"社会"时间，以及对应于这些需要的测量方式之外，应该还存在着另一种不依赖于人类规范的"自然"时间，作为引导"社会"时间的基础。只有在卡罗尔的《爱丽丝漫游奇境记》这样颠覆性的想象中，才会发生先因疼痛而喊叫，接着开始流血，最后手指上才被扎了一下的情形。

我们在本章开头已经指出，作为对"什么时候"这个问题的回答的"现在"，可以在我们对时间的理解的三大领域（过去、现在和未来）的任何一个之中被找到。但是这三个之中的两个，过去和未来，只具有一种"虚拟"的现实性。生活总是发生于现在，除了现在之外，没有什么是完全真实的，没有什么具有直接的后果。第二次世界大战中发出的任何一颗子弹都不会伤到我，我也不可能现在晒着2015年夏天的太阳。卡罗尔这个爱开玩笑的家伙发明了一种除今天以外任何一天都能吃的甜美果酱：这就相当于永远只能眼睁睁地看着果酱停留在嘴边，因为我"今天"不能吃到的东西，不论这个"今天"在日历上是几号，我永远都不可能品尝。因此，我们是否应该对过去和未来撒手不管，只专注于现在呢？我们是否不应该让我们的现在充满过去的阴影和对未来的许诺？这就是帕斯卡尔这位严肃而明智的伦理学家的观点，他说："过去不应该让我们忧愁，因为对于过去，我们只能为我们的错误而悲叹。但是未来就更不应该影响我们，因为它与我们毫无关系，或许我们从来就不会到达那一刻。现在是我们唯一真正的时间，我们应该根据上帝的指示把它利用好……然而，我们这个世界是如此的浮躁，人们几乎从来都不考虑我们生活于其中的现在和当下的一刻，而是只考虑我们将要生活于其中的那些时刻。因此，我们总是不断努力地生活在未来，而从来就不是生活在现在。"（《致罗安奈小姐函》，1656年12月）不只是在个人层面上，对过去的悔恨和对未来的担忧会破坏我们实实在在生活于其中的现在,我们同样能看到一些民族、国家和集体不惜牺牲当下的"现在",要为过去所受的凌辱报仇;或是以未来的幸福的名义而牺牲当前这一代人。(为什么这种不确定的幸福要比我们当代人的幸福更值得追求呢?)

如果过去和未来完全压倒了我们的现在,或许我们应该认为,所谓的过去和未来并不是真的"已经过去"和"尚未到来"。可以认为,现在同时也是这样一个时间区域,在这个区域中,过去和未来都是真实的。也就是说,过去和未来能对这个区域产生一定的效果(我想我们只能把那些能够以某种特定的方式影响其他现实的东西称为"真实的",而不能把我们不知道其存在是如何实际上改变了其他任何现存事物的东西称为"真实的")。圣奥古斯丁再次以最有力的方式阐明了这个道理:"我们通常说,时间分三类:过去,现在,将来,这并不准确。说得更准确些,三种时间是:过去的现在,现在的现在,和将来的现在。这三种现在,以一定的方式存在于灵魂中,而在灵魂之外我看不到它们的存在。过去的事情于现在是记忆,现在的事情于现在是直觉,将来的事情于现在是等待。"不论是过去还是未来,都具有现在的效果,因为它就存在于我们的现在之中。在现在中截去对过去的回忆和对未来的企盼,就会使现在变得没有厚度,没有"内容"。

然而,我们和过去的关系,并不等同于我们和未来的关系。我们毋宁可以说过去已经发生的事对现在起作用的方式,与将要发生的事对现在起作用的方式是相反的,只要我们将现在定义为生命在其中发生、我们在其中行动的时刻。在过去中，有我们已经无法改变的已知的东西；在未来中，有现在尚且无法改变的未知的东西。我们的一切行为都无法改变过去，虽然我们的行动中可以包含对过去的了解；相反，未来的任何东西我们都不能完全当真，尽管我们的任何行为都会影响它的发生。我们可以说所有过去的事情都已经在我们的手中（尽管是不可触摸的），而未来的事情则还包裹在神秘的幽暗之中，但是它们允许并要求我们的想象，以使其现实化。如果我们人类的首要特征就是具有主观能动性，那么似乎未来要比过去更有理由归入我们的"现在"。

　　对于这个观点，同样会出现一些反对意见。其中最为教条主义的，我们称之为命运的学说；其中最具假象色彩的，我们称之为未来不确定性理论。那些相信命运的人（比如斯多葛派哲学家）认为，未来发生的所有事情，一直以来就被严格地决定好了，就像过去的一切也早已被注定。根据克吕西波的观点，"命运是一切事物自古就有的天然倾向，决定了每一件事物如何接续和伴随另一件事物，这种倾向是不可违反的"。因此，未来正如人们平时所说的"已经被写好了"：在现实中没有未来，因为在注定将要发生的事情中，没有任何新奇的东西，也没有任何不确定的东西，而只有我们事先不能预见它的无知。宇宙秩序就像一张画布，不紧不慢地展开，画布上除了我们知道事先已经在上面画好的东西之外，不可能出现任何新的图画。在这幅一点点慢慢展开的图画当中，同样有我们每个人的位置，以及所有将在我们的生命中发生的事情。因此，不光是我们的自由，而且我们的行动能力（如果我们把"行动"理解为对现实的路径进行干预而不仅仅是被动地跟从）本身，都受到了严重的威胁。这里可以对我们在第六章中进行的思考做一些必要的修正。我们现在只需指出，如果未来消失，或者说未来已经被上帝或大自然注定，那么自由也会窒息，因为自由只能呼吸未来的空气。

亚里士多德的观点更加敏锐（见《解释篇》第九章），他所捍卫的恰好是未来开放的可能性，反对那些出于严格的逻辑上的理由而否认其开放性的人。假设我们现在处在一场似乎就要发生的大海战的前夕。关于这场不确定的海战，存在着两种可能性："明天会发生一场海战"和"明天不会发生一场海战"。在这两个断言中，今天有且只有一个是正确的，尽管我们现在尚且不知究竟是哪一个。但是，冷峻的逻辑学家会告诉我们：一件事情如果是真理，那就永远都是真理。因此，应该在某个地方写着这个未来，使得这两个断言一个成为真，一个成为假。亚里士多德则以一种理性主义的常识轻松地告诉我们，对于今天来说，唯一正确的是"明天会发生或者不会发生一场海战"，而无论"明天会发生一场海战"还是"明天不会发生一场海战"都尚且不是正确的。也就是说，"关于明天"的正确判断，恰好是对两种甚至更多的可能性的疑问，而不是对其中一者的肯定预言。未来是"不确定的"——有可能这样也有可能那样——既不是命中注定的，也不是必然的。明天发生的事自然会有它自己的原因，其中就可能包括人类有效的行动决心，而它只有在被我们付诸实践时（而不是之前）才能对现实产生影响。当然，也会有完全不依赖于人类行为的不确定的未来。我们所能做的不仅仅是"阅读"已经被写好的未来，更是会参与到书写未来的过程中。谢谢你，亚里士多德。

或许这些对未来的否定方式，在很大程度上缘起于我们对时间的"空间"概念。当我们试图思考时间时，我们从"想象它"开始。但是，想象一种非空间的"形象"，是不是很困难甚至根本不可能呢？我们将时间的流逝"看做"一种在空间移动的东西：时间在"跑"，让我们觉得很"长"。比如我们朝着 2010 年"前进"，我们距离启蒙运动有两个世纪的距离，诗人曼里克说："我们的生活（或者说，我们的生活在时间上的流逝）就是一条条向着大海奔去的河流，而大海就是死亡。"将时间比作"河流"，是一个不断被重复的比喻；我们通常会说一"段"时间，"段"字的词源来自拉丁语中的 labi，也就是"流动"。但是时间也可以是一阵"风"，扬起历史的帆，把我们吹向未来。本雅明在评论克利的画《新天使》（该画画的是一位向后飞翔的天使）时说，他更喜欢把这幅画的内容想象成一场真正的风暴，它"从天堂中降下来，集中在天使的翅膀上。它是如此猛烈，以至于天使无法展翅高飞。这场风暴不由反抗地把它拖向未来，天使却扭转头，背对着未来。同时，风暴留下的一大堆废墟则在天使面前上升至天空。这场风暴就是我们所谓的进步。"犹太—基督教传统对时间的概念，是一支从天堂射向末日审判的不可逆转的箭；在这个神话经过本雅明改编的世俗版本中，这一过程就是"进步"，也就是从比较不好的驶向比较美好的。当然，也不乏一些悲观主义者将这个过程视为一个永恒的"堕落"过程。

许多其他文化，包括西方文化内部的一些思想家，如维科和尼采，都喜欢设想一种循环的时间，如同一个轮回永远不停地围绕着自己转动，使"现在"的舞台上一次又一次地重复发生同样的事。无论是河流、箭，还是轮回、暴风，都是某种运动的能量，将我们从一处移到另一处。它的轨迹与空间中的运动轨迹十分相似。值得一提的是，当代科幻世界原原本本地设想了"时间旅行"，并写了好几本关于这个题材的小说，从威尔斯极其经典的《时间机器》到安德森、布莱伯利等人的创作，以及《回到未来》之类的电影，还有其他越来越复杂的其他类型的作品——这个名单将会变得越来越长（我还记得孩提时期的一部天真的电视连续剧，片名叫《时间隧道》；我写这一章也是出于个人对这部电视连续剧的一种缅怀，因为我觉得要思考时间，必须从回忆出发）。

很多思想家都反对这种将时间"空间化"的做法。在 20 世纪前半叶，柏格森将科学和理性主义视角中"外在化"的时间，与"绵延"的时间对立起来。所谓"绵延"的时间，是指一种内在感受到的连续不断的持续，它拒绝任何空间化的分割。根据柏格森的观点，物理学家的"时间"，是一种类似于电影制作人所复制的"运动"的东西，即被人眼捕捉到的关于表情、比赛和爆炸等东西的一系列连续的镜头或"快照"。在我们这些沉浸于电影内容中的人看来，电影画面的运动并不真是一系列静态的瞬间的接续（小心芝诺陷阱！），而是一种延续性，只有被分解破坏之后，才变成许多片断以极快的速度叠加起来的总和。同理，时间的经过也不是要跑完一系列非时间性的站点（从这里到那里到更远处，总是在同一条公路上），而是没有既定轨迹地流动，通过我们同时出现和消失——它不承载我们，而是超越我们。

空间中的运动和时间的流动，有着许多根本性的区别。其中最重要的一个区别是，空间中的每一个点都只能对应于一个物体，而时间的每一瞬间则可以同时对应于所有的物体，包括从最遥远的星星，到在我们鞋子上爬行的蚂蚁。空间中的每一个点只能容得下某个特定的事物，而在时间的任何一个细分单位中，不论该单位有多小，都能包括不计其数的或者无限多的事物。当然，我们在地球表面的旅行速度使我们习惯于认为，在某种程度上我们也在时间上发生了位移：从马德里出发飞往纽约的飞机，在它的飞行过程中"赚"了好几个小时，因此当我们到达纽约给我们的家人打电话时，他们的手表要比我们的快好几个小时（请回想一下凡尔纳的《八十天环游地球》出人意料的结局：冒险家福克最后发现，由于环游地球所造成的时差的变化，自己打赢了这场赌）。但是这些所谓的时间上的"盈利"和"亏损"，只是就对时间的传统衡量方式而言，而不是时间自身。比如，我与我妻子打越洋电话的时候所处的那个时刻，与大洋彼岸的她所处的那个时刻是一样的，只是有谁亲眼看见了这一点呢？另外，在时间中"旅行"，也从来不会像在空间中向前或向后移动那样，尽管有很多科幻小说家天才地设想了这种可能性，给我们带来了无尽的遐想。问题不仅仅在于这种设想会导致出现很多荒唐的情况（比如我回到过去把自己掐死在摇篮中使自己不能成长，这样我就永

第十章　迷失于时间中？

远也到不了我进行时间旅行的年龄；又或者我向未来旅行，遇见我自己，向这个未来的"我"诉说这一穿越时间的旅行，而那个"我"在与我相遇之前必定已经知道这一切了，因为之前已曾经历过，等等）。所有这些矛盾之处，都说明了时间上各个接踵而来的"地方"，不是像在空间中的"地方"一样互相并列的，而是具有一种内在的链接关系，它不能被颠倒，否则就会破坏时间本身的"时间性"。但是事实上，任何时间上的"位移"，都意味着一段时间的流逝，不管这段时间有多短暂。我们不知道这段时间是属于过去还是属于未来，也不知道如何计算它。也就是说，当我们在空间旅行的时候，我们总是能够知道自己位于哪里，而在时间旅行中，我们在时间上则不能位于任何一个地方。因此，空间上总是有一个确定的地方，有一段确定的路程，让我们去跑完它。而时间则似乎并不是这样。时间并不是"在那里"，而是我们"携带"着它。稍后我们会重新回到这个问题上来。

空间和时间还有一个十分重要的差别，为法国当代思想家卡斯托里亚迪斯一直所坚持。在空间中会出现不同的东西，但是只有在时间中才会出现根本不同的东西，也就是真正的变化。在空间中可以复制本质上是同一种东西的不同形式，但是创造精神只有在时间中才能变得成熟，才能树立真正不一样的、之前从来没有见过的新东西，无论是一首诗，还是一个工具、一个科学发现、一首交响乐、一条法则或一场革命。古希腊人使用"kairos"这个词，来表达做以前不可能去做的事，以及（因人类的精神劳动而）出现在现实世界中的前所未有的新"想法"的恰当时机。时间性的最重要的一点是，永远都存在着 kairos 的开放的可能性，存在着与常规和可预见的东西相决裂的未来时刻，以在宇宙中开启自觉生活的全新图景。总之，存在着一个将想象付诸实践的时刻。在空间中，我们可以探索未知的领域，发现我们之前不知道存在于那里的事物。但是唯有在时间中，才能出现我们所想象的、与纯粹可在现实中被证实的事物相决裂的东西。

1902 年 12 月 31 日，凡尔纳在他的日记中写道："一年是从时间中切下来的一小片，而时间仍然是完整的。"除了人类学上关于时间的测量方式的各种解说，以及时间性在各种文化中所扮演的不同角色之外，除了物理学家关于宇宙中的时间所作的苦思冥想之外，时间让我们人类最惊愕的一点是，它作为一种永远从我们身边逃离而不能被抓住的东西，却在某种程度上永远是完整无缺的，而我们则不可避免地会被它的漩涡所吞噬。究竟时间是逃犯，还是身处时间之中的我们是逃犯？16 世纪法国诗人龙萨表达了我们内心最深处的信念：

> 时间飞逝，时间飞逝，我的小姐；
> 啊，不是时间，而是我们在走。

我们喜欢认为时间在走，但实际上我们知道时间总是在那里，不停地流逝，尽管它既不增加也不减少。不停地流逝和减少的不是时间,而是我们的时间。既然时间的特性就是一种无可挽回的流逝——当我们从时间本身去考量它时,时间自身并不受到任何影响,相反,受到影响的反而是我们——那么,时间岂不是不多不少恰好就是我们人类本质的维度吗？富有洞察力的奥古斯丁当年早就有过这样的怀疑:"我觉得时间是种延长。什么东西的延长,我不得而知。我怀疑时间就是灵魂自身的延长。"(《忏悔录》卷十一第十三章)不是我们害怕时间,而是我们害怕处于时间之中的我们自己——如果不是时间害怕我们的话!

因此,我们或许不得不重新提出时间的问题,更加直接地将其同人类自身的特征（至少是在现代西方意义上所理解的"人类"的特征）联系起来。这正是海德格尔在20世纪最有声誉又最受争议的哲学著作《存在与时间》中所做的事情。海德格尔在发表这部巨著的三年前,在一次以"时间的概念"为主题的大会上作发言总结时,以另一种方式提出了"什么是时间"这个古老的问题。他说:"'什么是时间'这个问题已经变成了'时间是谁'。确切地说,时间是否就是我们自己？或者更为确切地说:我是否就是我的时间？"海德格尔对这个问题的回答是肯定的：所谓的"存在",即现实存在的人,正是由转瞬即逝的"时间"构成的。这个命题在本质上是与博尔赫斯在一篇题为《对时间的新批判》的论文中（这是一个形而上学的命题,但博尔赫斯最终没有完成它）所总结的观点相一致的。博尔赫斯说:"时间是一条把我卷走的河流,但我自己就是河流；时间是一只把我撕成碎片的老虎,但我自己就是老虎；时间是一团把我烧成灰烬的火，但我自己就是火。世界很不幸，是真实的；我很不幸，是博尔赫斯。"

这样，我们就再一次遇上了死亡这一不可避免的现实，我们在第一章里正是从死亡这个问题上路的。无论是海德格尔还是博尔赫斯都认为，人由时间构成，便意味着人面临着死亡，一刻不停地滑向死亡（这也是博尔赫斯批判时间的主要原因！）。如果我们认为自己是不朽的，那么时间的一切形式和测量方式都是无所谓的！我们就会像小孩子一样对时间完全不闻不问，无论别人问我们"你还记得昨天……"还是关于去年夏天或者今天早上的事情，都没有什么两样！但是，一旦有了时间性，也就意味着意识到我们向死亡的过渡，意味着向我们所爱的一切事物的终结和毁灭的过渡。因此，我们感到急迫，感到焦虑，感到忧郁，感到面临挑战……在我们终有一死的意义上，我们活得长还是活得短，并没有什么区别。葛拉西安讲过一个故事：有一个国王准备建造一个大宫殿，但是在开始建造之前，他想知道自己能活多久，才能使得建造宫殿的花费真正有所值。他的星象学家们告诉他能活一千年，于是国王就放弃了自己的计划，说对于这么短的一段时间，任何一间茅屋就已经足够了。具有时间性（我们知道自己是有时间性的），永远意味着活得"短"，但是即便如此，也能让我们在短暂的一生中体验到一种强烈的感受。生命永远不会让我们无动于衷，因为它总是处于一种即将结束的状态：死亡的觊觎，能够使哪怕最平淡无味的时刻都有趣得让人心碎。

把我们同时间和有死性决定性地捆绑在一起的，是我们的身体。

第十章 迷失于时间中?

在我们身体的每一个细胞中都隐藏着时间的毒汁,一点一滴地将我们腐蚀掉。作为"有死的时间"的我们,完全有理由认为,人类的每一个成员都对应于其器官的演变过程,这是生理上一个必然的要求。作为一种物质"产品",我们的基因上都刻着我们的有效期。专家们这样告诉我们——比如我桌上有份题为《岁月时钟》的关于衰老过程的科学研究报告,这份报告揭示了这个不可逆过程中的各个生物化学步骤——我们的衰老和死亡是"程序"般地被规定好了的。由于我们的身体时不时地会犯病,因此我们也就会经常性地感到恐惧,无论这种恐惧是模糊的、不具体的还是迫在眉睫的(或许在我们开始有意识的生命之初,我们的恐惧是模糊的和不具体的,随着岁月的流逝,这种恐惧逐渐变得紧迫)。这种恐惧是我们这种生物被拖向生命终结这一必然命运在时间意识上的反映。正如当代哲学家马塞尔·贡什在其《时间和命运》一书中所阐释的:"一种四下弥漫的恐惧,是我们人类的根本情感,是人类情感的根本色调。恐惧永远存在着。一件无意义的琐事就会让我们感到恐惧,至于这件琐事,谁知道呢?或许它并不是一件琐事,或许它就是死亡。"正是由于身体的本性无时无刻不将我们赤裸裸地置于死亡的威胁之下,因此在历史上的每个时期,人们都怀有这样的理想,即我们身上有一种无形的、因而也是非时间的东西的存在。这种东西不会受伤,能在生命的所有能导致致命后果的过程中保持安然无恙。它没有广延,坚不可摧,在所有方面都不同于身体的特征……它是永不消逝的。马塞尔·贡什指出:"纯粹精神或灵魂的概念,即一种无形的、不可分的东西的概念，似乎是恐惧的结果。人类对死亡怀有如此深刻的恐惧，以至于不得不为自己造出这样一种观念——没有身体的人＝灵魂，想要借此逃避死亡的必然命运。"这样一来，灵魂就把时间设想成一种只对身体起作用的东西，虽然灵魂是通过对身体的无止境的消耗来维持自身的。

然而，不会死的东西就真的会活着吗？也许诞生和死亡并不只是我们的命运的开始和终结，而是在我们的整个生命中不断重复的成分。在生命的每一个轨迹中，童年的死亡为青年的诞生开辟了道路，一次失恋或者一项任务的完成，使我们踏上了新的征程。旧的不去，新的不来，如果我们不舍弃过去，我们就不可能拥抱未来，无论未来是糟糕的还是美好的。未来向我们迎来，终结了我们的过去，但是未来同时也是一个未知的世界。我们就像义无反顾的探险者一样，不断地进入未来世界，在那里，我们会发现陷阱，也会发现珍宝。让我们再次引用一位诗人的话，要知道，诗人是思想的伟大引路人。叶芝说："人在他的两次永生中，已经活着和死去许多次了。"这种生命和死亡交替的境遇，正是我们在不放弃我们的自由的同时，可以称之为"人的命运"的东西。而对于永生，我们注定是无缘的。

> **请思考……**
>
> 如果不诉诸时间的参照物，我们能够意识到我们的生命吗？难道还会有某种比时间更让我们感到"熟悉"的东西吗？

然而，我们是否真的知道什么是时间？思考时间的困难在哪里？我们能够把现在，即当下这一刻"定格"住吗？为什么在过去时中或者在对未来的期盼中谈论"现在"要更加容易？为什么我们要通过诉诸运动来确定时间上的每一刻？各种测量时间的方式是内在于人类特征的，还是与不同社会的不同文化和历史背景有关？为什么每个社会都要为其成员规定统一的测量时间的方式？为什么现代人的时间要比其他文化和时代中的时间同时更加令人窒息和更加"私人化"？人类除了社会性地测量和运用时间的方式以外，还存在着其他方式吗？过去和未来具有与现在同样的"现实性"吗？过去和现在是否可以同样包括在现在中？对于人类（一个具有主观能动性的主体）来说，过去和未来是否具有同等的重要性？命运决定论是在什么样的意义上否定未来的？为什么我们关于时间的"形象"几乎总是空间性的？时间中的时刻和空间中的地点有什么区别？我们能够进行时间"旅行"吗？究竟是时间本身在运动，还是我们在时间中运动？人类在本质上是由时间"构成"的吗？我们对时间问题的兴趣和我们对死亡的担忧之间有什么关系？身体是我们身上唯一要被时间磨损的"部分"吗？对死亡的恐惧，是否使我们倾向于想象在我们身上有某种无形的、非身体的东西？不会死的东西是否就真的活着？从什么意义上讲，诞生和死亡是我们的时间性存在的两个常在因素？

[结语]

没有缘由的生命？

> 我是且我在。我呼吸。
> 深沉的东西是空气。
> 现实创造了我。
> 我是你的传说。你好！
>
> ——（西）纪廉

  与哲学本身一样古老的，就是嘲笑哲学家的传统。关于最早的一位哲学家泰勒斯，我们知道这样一则故事：有一次，他一边走路一边仰望星空，全神贯注地进行天文学研究，一不留神掉进井里，引起了经过那儿的两个女仆的一阵嘲笑。幽默大师们也是不会放过那些天然具有喜剧色彩的人物的。在《云》这部喜剧中，阿里斯多芬无情地戏谑了他的同时代人苏格拉底，对苏格拉底的智慧极尽嘲讽之能事。苏格拉底是以这样一个搞笑的方式出场的：他端坐在悬于空中的篮子里，以便更好地研究星象。同时阿里斯多芬还指责苏格拉底教青年打自己的老子，这是一个十分危险的玩笑，因为它使得苏格拉底面临败坏青年的指控，最终导致苏格拉底被判死刑。讽刺大师吕西安写过一部非常逗乐的对话录：《拍卖哲学家》。主要内容是：宙斯本人在赫耳墨斯的帮助下，公开拍卖最优秀的哲学家，仿佛他们只是奴隶或妓女。买者根据这些被拍卖的哲学家的理论（它们都被以一种喜剧的方式加以概括）对他们生活的有用性来出价购买。最后标价最高的是苏格拉底和柏拉图，每人值两个塔兰特；亚里士多德的标价只不过二十米那（一个塔兰特等于二十米那），而伊壁鸠鲁则真正成了一件便宜货，才值两个米那。赫拉克利特和德谟克利特因为没人能够理解他们的思想，从而没有买者问津，被弃之如敝屣！当然，莫里哀在他的喜剧作品中，也曾塑造过不止一位可笑的智者。比如，有人问为什么鸦片能使人睡眠，医生郑重其事地以一种名为"vis dormitiva"的"隐蔽性能"来解释鸦片的催眠效果（也就是说，强调鸦片之所以能让人入睡，是因为它具有一种唤作"催眠促进力"的属性）……以及诸如此类的故事。

有时，对哲学家的嘲笑也会带上一种同情或者至少是怜悯的色彩。在意大利歌剧大师罗西尼与自由主义者费列迪合作改编的歌剧《灰姑娘》中，暗中保护灰姑娘并安排了王子与她的婚姻的仙女母亲，换成了哲学家阿利多罗。这位聪明人于是摇身一变,变成了一个乐善好施但却不真实的人物,即所谓"好得不可能是真的"。他的仙女表妹们也属于此类人物。不久以前,英国作家费希尔出版了一部十分新颖的小说《思想家团伙》,小说的主角是人生失意、成天喝得醉醺醺的哲学教授费雷特罗。他每天所考虑的事情,就是如何根据最著名的思想体系抢劫银行。这位哲学家匪徒不时地记下他最深刻的思考,有些思考还与本书的主题非常相关,比如:"我们极其艰辛地穿过一直淹没到我们腰身的各种问题和答案的海洋,它们淹没了这个世界。如果我们能够将其中的一些问题和答案相匹配,这也是一个巨大的成就……"作为抢劫银行的方法,哲学体系在这部小说中表现得比在其他领域有用得多。

  为什么无论对于喜欢他们还是不喜欢他们的人来说,哲学家总是显得非常可笑呢?首先,这很可能是因为他们一方面具有非同一般的理论野心(他们喜欢对一切发问,总是一遍又一遍地问"为什么?"),另一方面,他们实际取得的成果却又如此稀少(几乎所有的回答都像最初的问题一样令人焦虑不安,从来不能依靠他们的回答来做任何"实际有效"的事情)。此外,哲学家们还经常违反显而易见的常识和令人敬畏的传统(一般人通常是不会怀疑它们的)。更有甚者,他们经常使用一种让一般人难以理解的术语,充满了陈旧的和外来的词汇,而这些词汇原本并不是直接为了用于这样的场合而被发明的。他们还不屑于同那些使用日常语言的人争论,而是高高在上地俯视他们。他们可能偶尔也会谦虚一番,比如"我只知道自己一无所知"，但是对于芸芸众生他们却傲慢得有些无理："没有人知道得像我那样多！"有些哲学家喜欢制定崇高的道德戒律，但是他们自身却很少根据自己宣扬的道理生活。最要命的是，他们还有"文人相轻"的毛病，相互之间的关系往往处理得非常糟糕，对于同行的理论总是抱持一种完全不信任的态度。若是用几个主要词语来概括他们，那就是迂腐、傲慢、无用、不敬、虚伪和以自我为中心。还有谁会比他们更不像话呢？

尽管上述对哲学家的种种指控中，有不少夸张之处和不公正的定性，但必须承认，这些说法也并非全都是信口雌黄。我们这些哲学教授时不时也会指责一下哲学大师身上的这些缺陷。50年前，何维勒写过一本非常有争议也很值得争论的小册子，题目叫做《为什么是一些哲学家》。这本书至今仍值得重读。它指出了今天的哲学教学中仍在普遍抱怨的一些问题。比如，将我们专门的术语神圣化，拒绝同没有掌握这些术语的人讨论问题："你先去读读康德或黑格尔的书，我们再来讨论。"尽管哲学用语在很多情况下都有些多余（经常没有别的用意，只是为了用一些外来词炫耀自己的博学，仿佛只有用德语和希腊语才有资格对现实提问），但是哲学上对于技术性语言的偏好，却也能使我们的理解力变得更加敏锐，使辩论更加准确。毕竟，哲学是一个古老的传统，有一些术语是非常宝贵的成果，使我们能够从已经被思考过的东西出发，而无须每次都从零开始。但是，这并不意味着哲学家或哲学研究者就应该将自己封闭起来，鄙视非哲学专业但却是聪明的人士所提出的问题。通过对过去的思考产生的更加准确的充满意义的语言，很可能会有助于我们对现实的讨论，但是关键问题仍在于现实，而不是我们作为理解现实工具的语言。克尔恺郭尔劝告我们不要相信任何只能以一种特定的方式"表达"的所谓思想，偶尔更换一下表达方式才是诚实的标志。克尔恺郭尔的话不无道理：一个思想与一种"语言表达法"并不是一回事。有时分析我们自然而然地运用的日常语言中的表达法，要比突然换成更为专门的术语有趣得多。这些专门术语表面上似乎满足了我们的好奇心，实际上却扼杀了它，自己把自己变成了僵化的偶像。哲学家们应该努力解答人们的疑问和不安，而不是将自己封闭成一个小圈子，闭门造车地讨论一些琐碎的术语。

我们在本书的前言中已经讨论了哲学研究和科学研究之间的区别。但是从某种意义上讲，它们是完全井水不犯河水的两个世界，而不是互相对立的两个世界。在我们这个时代，没有什么比那些看不起科学家的形而上学家更为可笑的了。有些哲学家十分鄙夷科学家对纯粹"实证"的东西的"经验主义"热情，更为糟糕的是，他们还经常去搬"人文主义"教育的救兵，仿佛人文主义就是背诵西塞罗的一些名言，以及对现代量子力学一无所知。事实上，哲学这种智力活动"晚于"而不是"早于"对人类其他各个认知领域的积极了解。哲学家并没有任何一种先天的知识，能够在对人类学或心理学一无所知的情况下去谈论总体的人类，能够在不知道任何一个语言学词汇的情况下对语言进行深入的研究，能够在从来不参观博物馆、不读小说和不看电影的情况下对美学进行思考。今天，一个对当代所有物理和化学知识都一无所知却又想在相关方面提出严肃的哲学问题的人，只能是一个巫师或精灵，绝不可能是一个哲学家。如果这样，哲学就会变成一堆蒙昧主义的废话，与它在人们心目中真正智慧的特征完全背道而驰。哲学的任务是对我们生活于其中的文化进行思考，不仅找出其客观的意义，还要找出其对于我们来说主观的意义。很明显，为了达到这个目的，就必须拥有尽可能好的文化素养。虽然不是所有有文化修养的人都是哲学家，但却没有任何一个哲学家是完全没文化的，而科学则是文化不可或缺的一部分，而不是纯粹工具化的兴趣的偏离。没有一定的文化准备，研究再多的哲学，也只是记住了一些虽不是完全没有意义、但也是相当狭隘的公式而已，只能在充斥于各种媒体的悼念活动，或是关于正义和真理的讨论中，故作深奥地说上一句："我们什么也不是。"

哲学不是要走出疑问，而是走进疑问。当然，许多哲学家，甚至包括一些大哲学家，都会得出一些永久性的结论，让人觉得他似乎已经发现了一些问题的终极答案，但实际上，这些问题从根本上来说，从来都不可能，也不应该被一个人的智慧"封闭"起来（请参见本书前言部分）。我们感谢他们的贡献，但是我们不会盲从他们的教条。有四点重要的内容，任何一个好的哲学老师都不应该向他的学生隐瞒：

第一，从不存在"唯一"的哲学，而只存在各种"不同"的哲学，尤其是哲学思考。"哲学不是一条安静的长河，让每个人都在其中钓到自己的真理；而是一片海洋，千百朵浪花互相撞击，千百个洋流互相对抗,相遇,有时候互相混合,分离,又重新相遇,对抗……每个人都在这片海洋中尽力航行,这才是我们所谓的哲学思考。"确实存在一种哲学的视角(相对于科学视角和艺术视角来说),但不幸的是,它是一个多面体。

第二,哲学研究不是因为有像亚里士多德和康德这样的天才献身哲学而变得有趣,而是这些天才之所以让我们感到有趣,恰恰是因为他们思考了这些对人类理性的和文明的生活具有深远意义的问题。换言之,哲学探索本身,要比任何一位献身于它的哲学家(无论其取得的成绩是大是小)都有趣得多。

第三,就连那些最好的哲学家也曾说过一些明显是荒唐的话,或者犯过严重的错误。那些最敢于在智慧上走人们从前不曾走过的路的人,也是最容易犯错误的人。这是一句赞扬的话,而不是一种批评。因此,哲学教师的任务就不仅仅是帮助学生理解那些大哲学家的理论,也不仅仅是帮助学生理解他们的理论在其时代的特定含义,更重要的是如何正确地理解他们的思想和推理过程,以帮助我们在今天更好地理解我们所生活于其中的现实。哲学不是考古学的一个分支,更不是对一个著名人物所讲的一切内容的简单的崇拜。哲学研究应该给予我们比学位或某种徒有虚名的"高等文化"更有意义的东西。

第四,对某些最为一般的问题学会很好地提问,同时也就是学会质疑太过武断的回答。我们从我们已知的东西出发,对我们尚且不知的东西进行哲学思考,对那些似乎我们永远都不可能知道的东西

结语 没有缘由的生命？

进行哲学思考。在很多情况下，我们都要对我们已知的东西进行哲学上的否定，也就是说，对我们自以为知道的东西重新进行思考和质疑。那么，我们是否从来就不可能得出任何明白无误的东西呢？也不尽然。我们还是有成果的，至少我们能够更好地指引我们的疑问和信念。此外，谁不能学会在疑问中生活，谁就永远不可能真正地进行思考。

哲学家们另一个可笑的地方，就是他们试图同宗教在对人生意义进行救赎式的探索方面进行竞争。关于这种"意义"的问题，本身已经是宗教式的了，哲学在这方面唯一能做的，就像我现在努力去做的那样，就是揭示这类问题的宗教色彩，并以另一种方式提出这些问题，使其具有哲学上的意义。当我们说我们在寻找或是已经找到生命的意义的时候，我们指的是哪种"意义"呢？我们所说的意义，是指那些想要通过另一件事物来表达某种内容、或者根据某种特定的目的来被思考的东西。一个词语或一个句子的意义，是它想要表达的内容；一个信号的意义，是它想要指示的（比如一个方向、一种类型的人等等）或想要体现的内容（比如一个危险、起床的时间、行人的路过等等）；一个物体的意义，是它想要服务的东西（比如喝汤、杀死敌人、跟远方的人说话等等）；一部艺术作品的意义，是其作者想要表现的内容（比如一种美的形式、对现实的再现、对现实的不满，以及对理想的幻想等等）；一个行为或一种制度的意义，是想要通过它来获得的东西（比如爱情、安全、娱乐、财富、秩序、公正等等）。

在每种情况下，决定某件事物意义的，都是其背后的意图。人类的各种符号、作品、行为和制度中，充满了我们的意图所赋予它们的意义。动物的行为，甚至植物和纤毛虫的向性，也是如此。在每种情况下，意图都是与生命紧密相连的，都在于保存生命、繁衍生命、使生命多样化……没有生命的地方，也就没有意图，因而也就不存在意义。我们能够解释一场洪水、一场地震，甚至黎明的原因，却不能解释它们的"意义"。因此，如果生命的意图是对意义这个问题唯一可以理解的回答，那么生命本身如何能够有"意义"呢？如果所有的意图都以生命作为最终的依归，那么生命本身在其总体上又能有什么样的"意图"呢？

一件事物的"意义"，是它对另一件事物而不是对自身的意图。这些意图可以是主体的自觉目的和其本能，归根结底也就是生命的自我保存、自我调节和繁衍。但是如果我们问"生命的目的是什么？"唯一可能的回答——生活，活得更久——只不过是让我们重新回到我们所问的生命本身。为了找到生命的意义，我们应该寻找"另一件东西"，一种既非生命也不是活着的东西，也就是处于生命之外的事物。假设我们这样回答："有机生命的意义就是生命从中产生的无机宇宙的展开。"为无机的东西赋予意义，似乎是一种很不恰当的做法，前提必须是把"意图"一词的外延加以扩展，脱离我们平常所理解的含义。但在这里，让我们姑且接受这种说法。这样，迫在眉睫的问题就变成：无机宇宙的意义是什么？为了避免以一种同义反复的方式回答它，也就是避免"宇宙的意图是继续成为宇宙，直到永远"之类的回答，我们必须涉及某种不是作为宇宙本身组成部分的东西，也就是说，它不能是我们所认识的自然的组成部分，而必须是一种"超自然"的东西，亦即诉诸一种真正未知的东西，因为没有人真正知道一种"超自然"的东西会是什么样的。维特根斯坦在其《逻辑哲学论》中说得很有道理："世界的意义应该在世界之外寻找"（6，41）。很好，但是在哪里呢？世界具有"外部"吗？（请参照本书第 5 章）是否在世界终结的地方，关于意义的问题也就终结了？抑或是，可以在世界"之外"的地方对意义继续追问？

宗教思维（作为哲学思维的直接对立面）的典型特征，就是用"上帝"来回答关于宇宙的意义和意图的问题。正宗的宗教思维会认为，一旦给出了"上帝"这样崇高的回答，就有理由停止对意义问题的追问了。由于上帝的存在，事物才有了意义，但是如果继续追问上帝有什么意义，那就是一种大不敬的表现。然而，从哲学观点看，追问上帝的意义与追问世界的意义和生命的意义一样合理而急迫。如果这样的问题不被允许，或者以伟大的神的名义就可以不回答它（比如认为"上帝就是意义，在上帝之外，渺小的人类什么也不可能知道"），我们何不在很久以前就感到满足呢？我们本可以一开始就接受诗人佩索亚《牧羊人》中的两句诗的教导：

事物没有意义，只有存在，
事物是事物唯一隐含的意义。

承认上帝就是终极意义，即赋予一切意义以意义的东西，比起回答说所有意义的意义就是生命的意图或人类的意图，是一种更加与蒙昧相妥协的做法。至少是在哲学上，还有理由不把对意义的追问扩展到生命之外，也就是不将其扩展到"意图"一词的习惯用法之外。一旦越过了这个壁垒，人们就再也无法停止追问，再也无法感到满足。而宗教与其说希望在这个问题上走得更远，倒不如说认为提出"上帝"之后就有理由停止追问了。也有一些哲学家试图通过提出一整套成体系的回答，以和宗教相类似的方式终结对"意义"问题的追问，无论其是否诉诸超自然的内容。他们同任何一个教皇和宗教法庭的法官一样，习惯于对自己的回答采取一种专横的教条主义的态度（尽管一般来说，他们手头并没有那种镇压性的力量来惩罚异端）。西塞罗身后出版的《手稿》中的一句话，对他们形容得恰如其分："一个哲学体系就是一个宗教，但是要乏味得多。"

　　如果生命没有"意义"（正因为所有其他的"意义"都直接或间接地来自它），我们是否就应该悲观地得出结论说：生命是荒诞的？不，决不。我们把那些本应该有意义但实际上却没有的东西才称为"荒诞的"，而不是那些本来就不"应该"有意义的东西，因为它们处于"有意图的"领域之外。就如同只有一个人或一只动物看不见的时候，我们才称他（它）是"盲"的，但我们绝不会因为一块石头看不见东西就说它是瞎子，除非是采用一种拟人化的修辞手法。因为根据人和动物的自然本性，他（它）是"应该"能够看见东西的，而我们并不要求一块石头具有视力。因此，"生命就其总体而言没有意义"这一点并不荒诞，因为在生命的意图之外，我们不知道还有其他意图；在"有意图"的领域之外，我们不知道还能对意义进行追问……那里根本就不存在意义！真正"荒诞"的不是生命缺乏意义，而是执著地要求生命应该具有意义。

事实上，对生命的"意义"的追寻，并不是由于关心一般意义上的生命，也不是由于关心抽象的"世界"，而是由于关心人的生命以及我们居于其中并在其中受苦的这个世界。当我们追问生命是否有意义时，我们实际上想要知道的是：我们道德上的努力是否有所回报？诚实工作、尊重他人是否值得？洁身自好是否与自甘堕落犯下罪行没有什么分别？一句话，我们在生命之外是仍有所期许，还是认为除了显而易见的坟墓之外别无他物？其中一位提出如此残酷的问题的思想家，正是平时显得十分温和的康德。在《判断力批判》的结尾，康德谈到一位正直的人（康德以斯宾诺莎为例决不是随意的）相信既没有上帝也没有来世。"这样一来，他将怎样通过他实际上尊崇的道德法则来证明自己应负有道德义务呢？虽然他本人是正直的、和气的、善意的，但是欺诈、暴行和嫉妒却也将总是在他周围横行；而且他在自身之外还遇到的那些诚实的人，无论他们怎样配享幸福，却由于对此不管不顾的自然，而仍然与地球上的其他动物一样，遭受着贫困、疾病和夭折这一切不幸，而且还会一直这样延续下去，直到一个辽阔的坟墓把他们全都吞噬掉（在这里，正直还是不正直都是一回事），而那些能够自信是创造的终极目的的人们，则被抛回他们曾经从中超拔出来的物质的无目的的混沌的深渊中去。"

在描述了这样一幅暗淡的画面之后，康德认为，正直的人为了保卫自己的正直而又不感到自己的努力是徒劳的唯一方式，就是接受一个道德上的创世者、即一个上帝的存在。这样才能为自己的善良意志，它很可能会在接下来的此世生活中得到十分悲惨的回报，确保一个幸福的来世的"意义"。

我当然不会轻率地对待像康德这样一位具有卓越的智慧和正直的心灵的人在这个问题上所作的思考，我只敢指出在这个问题上存在另一种思维方式的可能性，这种思维方式同样为一些著名人士所认同（我认为他们占了康德之后哲学界的主流）。确实，没有一个人能因为表现得很有道德，和为人类世界争取更多的友谊和公正而奋斗，就可以逃脱人类注定必死的共同命运。同样，任何努力，无论其多么正直，都不能彻底从我们的共同生活中铲除由畸形的社会经济结构所导致的欺骗和暴力，这就永远为每个人的自由行动提供了可能性。但是，这是否就必然地意味着除了有一些超自然力量的报应偶尔确证了道德的意义之外，道德计划只是一个没有意义的肤浅的装饰品？一个正直而明智的人所求的是活得更好，而不是逃避必死的本性。他之所以试图做好事，正是因为他清楚世界上永远都会存在着恶，因此才要从必然性中捍卫他认为更加值得追求的宝贵的东西，尽管它们往往是脆弱的。他之所以按照道德行事，不是为了获得某种奖赏和报酬，而是为了使自己通过自己的所作所为，感到自己的人性更加充分，更加自由。总而言之，他之所以活着，不是为了死亡，也不是为了永生，而是为了在有限的时间里让生命达到完满的境界。这就是斯宾诺莎可能答复康德的话,至少我是这么认为的。

让我们换一种方式来说。人知道自己是有死的,正是这种命运激发了他思考的使命。他对死亡之必然性的第一个反应(只要他不否认死亡,不在某种关于来世的幻想中寻求逃避),是一种焦虑的绝望感,理由正如上一段中康德所解释的那样。绝望会导致他做出什么样的行为呢?毫无疑问,首先是对一切有可能加速死亡到来的事物的恐惧(贫穷、敌意、疾病等等)。同时则会伴随着尽可能多地积累貌似能够保护自己免于死亡的事物的贪婪(财富、安全、社会地位、名望等等),以及对那些与他争夺这些利益和强迫他拿出这些利益与其共享的人们的仇恨:一个害怕虚无的人,必然会需要一切。恐惧、贪婪和仇恨,是生活在绝望之中的人的典型特征。自然,这些情感并不能将任何人从他必死的命运中拯救出来,相反,还会使他生活的每一刻都充满对死亡的不安,甚至就连在他最快乐的时候也不例外。

当一个人克服了恐惧感,他就会发现,与他终有一死同样确定的是现在他活着这一事实。如果死亡就是在任何地方都不能以任何一种方式存在,那么我们每个人都已经将死亡打败过一次,而且是决定性地打败过一次。怎么打败的?通过出生。对于我们来说,没有永远的死亡,因为我们已经活着了,而且仍然活着。我们活着,这是光荣地得到确证的,不会因为死亡的确定性就被抹杀或宣布无效。因此,我们有权利追问,正如《圣经》中所问的:"死亡啊,你的胜利在哪里?"有一天,死亡会阻止我们继续活下去,但这并不能妨碍我们现在活着,也不能否认我们已经活过。死亡能把我们的身体、我们的爱情和我们的事业化为灰烬,但却不能否定我们的生命是真实存在的。既然当下的生命已经战胜了死亡的漫漫长夜,为什么未来的死亡对生命还如此重要呢?为什么我们并不身处其中的死亡,要比我们身处其中的生命对我们更有影响力呢?每个人都有理由同诗人洛特雷阿蒙一齐说:"除了出生之外,我不知道还有其他恩惠。一个公正的心灵会发现它已经是完整的。"

当一个人证实了自己在生命中的存在时,他就会变得异常激动。对于这种激动的确证,我们可以称之为快乐。快乐在死亡和绝望面前肯定了生命,承担起生命。快乐并不庆祝生命中的具体事件,这些事件有时候是残酷的,而是庆祝生命本身,因为生命就意味着没有死去,因为生命不是"不"而是"是",因为相对于虚无来说,生命就是全部。但是快乐并不等于纯粹的迷狂,而是一种活动,它要走得更远:它要同给我们带来恐惧、贪婪和仇恨的对死亡的绝望不安作斗争。快乐永远不可能完全战胜绝望(在我们每个人身上都同时存在着绝望和快乐),但是它也永远不会向绝望投降。从快乐出发,我们努力将生命从死亡不祥的重压下"解脱"出来。绝望只认识威胁着我们每一个人的虚无,而快乐则寻找支撑,并将其积极的同情心扩展到我们的同类——终有一死但却仍在活着的人。社会是由千万个同舟共济者构成的纽带,它将每一个自知终有一死的人联系起来,共同确证生命的存在。

结语 没有缘由的生命？

如果死亡是遗忘，那么社会就是纪念；如果死亡是最终的平等化，那么社会就是各种差异的开端；如果死亡是寂静和缺乏意义，那么社会的轴心就是将一切赋予意义的语言；如果死亡是完全的虚弱，那么社会就是寻找力量和能量；如果死亡是无知无觉，那么社会就是创造和增强各种感觉，就是各种感觉的充盈；如果死亡是最终的孤独，那么社会就是为不幸营建情感伴侣和团结互助；如果死亡是静止不动，那么社会就是对旅行和速度的奖励，没有什么能够使它们停止；如果死亡是同一件事物的重复，那么社会就是新事物的创造，以及永远像爱新事物一样去爱生命中的旧事物，爱和我们一样的新人，爱有死者桀骜不驯的子孙后代；从死亡的畸形的腐烂败坏中将培育出美来，这是一个死亡和复活反复交替的游戏，是意义的巨大转变。每个社会都是将有死者变得不朽的机器，使他们明白虽然人终有一死，但却不再听从它那让人感到毁灭性的绝望的教导。当然，人类的所有社会事业，也都带有绝望所导致的恐惧、贪婪和仇恨的标记。但是具有创造力的不是绝望，而是快乐。伦理学唯一的教导，就是要求人们记住这一点。正因如此，斯宾诺莎才把正直的人称为"快乐"的人。这是一个多么有见地的看法啊！

我们人类生活于其中的这个世界，就其自身来说，并没有任何意义或含义。有什么证据？证据就是它拒绝一切，无论是什么东西。正如卡斯托里亚迪斯指出的："正由于世界本身没有内在的意义，因此，人们才应该赋予它各种各样互不相同的意义，并且事实上人们也正是这样做的。"意义是人类面临混沌的无意义的深渊，赋予生命和世界的某种东西。人们战胜了这个深渊就是出生，屈服于这个深渊就是死亡。胜利是意义深远的，失败则是微不足道的，因为死去的是个人，而不是个人想要赋予生命的意义。意义留给了我们，留给了整个人类同胞。但是，这个混沌的深渊，同时也作为一个对立面，深深地隐藏在我们所有的意义之中。我们生活在深渊之上，并充分意识到它的存在。因此，人类的理性并不仅仅是制造工具的工厂，也不满足于找到非终极问题的答案。也正因为如此，哲学不仅仅是理性，也是富有创造力的想象："哲学是对想象的事物和不可检验的（诗意的）事物的调停，是虚构的可能性（谎言），是句法向着明天的不停的跳跃，将所有的男男女女都变成饶舌者，窃窃私语者，诗人，哲学家，设计师，先知和死亡的背叛者。"（斯坦纳：《勘误表》）

宗教许诺拯救灵魂，唤醒身体；哲学则既不能拯救，也不能使人复苏。它只想把人类意义的探索路程尽可能地延伸到远方。它不像神话那样拒绝死亡的现实，也不绝望地沉浸在由死亡而导致的恐惧和仇恨之中：哲学试图思考生命的内容及其局限性，仿佛生命本身就包含在它之中似的！它是如此全力以赴地去做这些事情，因此，有时它难免会引起人们的讥讽和嘲笑。

告别

我们不停地问自己,
一遍又一遍,
直到一抔泥土
让我们闭上嘴巴……
可是,这能算是一个回答吗?

——(德)海涅

[编后记]

哲学的邀请，心灵的慰藉

　　古语云：天地生人。生命是自然的恩赐，美好的生活却是智慧的馈赠。人生存在天和地之间，生活在人与人之间，生长在自己的内心里，相应也就难免要跟人与物、人与人、人与自己的问题打交道。从本质上来说，人与自己的问题远比人与物、人与人为重，因为人与物、人与人总会离分，惟有人与自己却绝对是一生一世的事。人与自己无法离分，因为你就是你自己，因为人的生命只有一次，那么如何安顿我们永远浮沉不定的魂灵呢？且往哲学里寻。

　　一提起哲学，人们往往敬而远之；一说起哲学家，则往往不屑一顾，觉得他们不是疯子就是傻子，要不就是变态———一句话，不可接近。其实哲学家像我们一样热爱生活，最大的不同也许在于，他们认为有智慧地活着要胜过糊里糊涂一辈子，他们不仅想弄清世界的真实面目，还想弄清自己活在世上有无意义。有人可能会说：有必要把事情弄那么清楚吗？没有哲学不一样活得好好的吗？这样说的人不明白，哲学可以让他们活得更好。也有人认为：搞哲学的都是吃饱了撑的，一般人为生存所迫、为生活所困，哪有闲工夫去想那些虚空无聊的东西！其实，每个人都是哲学家，因为在生活中，每个人都在不断反思自己，发现自己，探索自己的人生，关注周围世界，企盼人生幸福。哲学离我们并不遥远，当你对自然或人生中的问题感到惊讶并开始认真思考时，你就在靠近哲学；当你真正思考到问题中去时，你就可能已置身哲学。哲学并不是一门学问，而是一种仅仅属于每个思考者个人内在的精神生活。作为一种与生活密切相关的学问，它不是给予我们拿起和放下的东西，而是给予我们拿起和放下的勇气，和拿起什么放下什么的判断力。它解决不了"生命之重"，但却可以帮助我们承受"生命之轻"。

哲学家之所以追问"人为什么活着"或"生命的意义是什么"，是想证明：虽然人的生命只有一次，但是只有一次的生命自有它的价值与意义。人是一种追寻意义的动物。哲学的根本问题就在人的超越。理解哲学，在一定意义上，就是理解超越日常生活之道——人活在世上的真正价值。冯友兰先生认为哲学的任务就是使人成为人，而不是某种东西，并将人可能有的境界分为自然境界、功利境界、道德境界、天地境界。从境界说来看，哲学的意义就在于使我们不断摆脱低层次的境界和追求，不断向更高层次的境界和追求靠近。也许这种境界我们终其一生也达不到，但哲学的意义就在于让我们意识到有这种境界，并将其当做我们的追求，让我们的魂灵栖息在那里，自由地呼吸。

哲学是一场没有目的地的旅行，因为它是一场思想的冒险，它敞开自己，始终都在路上，恰似无尽的人生。它可以带给我们不一样的看风景的心情，告诉我们看世界、想问题的不同路径。作为一种内在于我们生活之中的东西，哲学总是会潜移默化地影响我们的成长，让我们在日常生活中找到自己成长的动力，给予我们心灵的慰藉。

***

在人类的历史上，从来没有像哲学这样迷人而让人困惑的东西。就像本书作者萨瓦特尔说的那样，即使在 21 世纪的今天，我们依然无法从人类古老而简单的哲学困扰中解脱出来：为什么死亡让人无法面对？为什么我们往往一无所知却以为自己无所不知？为什么世界是一堆混乱无序的垃圾？为什么说我们是一根会思考的芦苇？为什么说语言是人类真正的遗传密码？为什么人生而自由却无往而不在不自由中？为什么人身上最自然的一点就是人从来都不是完全自然的？为什么大同世界可望而不可即？为什么美会让人战栗不已？为什么时间无处可见却又无处不见？为什么说我们最终会迷失在时间中？为什么生命是没有缘由的？生命的意义到底何在？……古往今来曾有无数人思考过这样的问题。尽管不可能得出人人信服裨益众生的"真理"，毕竟生活是流动的，思想也是流动的，但那对人生执著的追问，就像洒落夜空的无数星光，为我们画下道道通向智慧的迹痕。我们可以不必像哲学家那样对人生苦苦追索，但却有必要了解他们的所思所想——这也正是为什么阅读《哲学的邀请》的缘故。尽可放心，你看到的不是故作高深的那种哲学书，而是一本"大家写的小书"，一本趣味盎然、晓畅易读的哲学入门书。

徐文宁